LINDA GEORGIAN

Liebe
und Spiritualität

Ein Wegweiser
zum Beziehungsglück

Aus dem Amerikanischen
von Angelika Hansen

WILHELM HEYNE VERLAG
MÜNCHEN

HEYNE ESOTERISCHES WISSEN
Herausgegeben von Michael Görden
13/9811

Die amerikanische Originalausgabe erschien unter dem Titel
How To Attract Your Ideal Mate
bei Fireside, New York

Umwelthinweis:
Dieses Buch wurde auf
chlor- und säurefreiem Papier gedruckt.

Deutsche Erstausgabe 12/99
Copyright © 1999 by Linda Georgian
Copyright © der deutschsprachigen Ausgabe 1999
by Wilhelm Heyne Verlag GmbH & Co. KG, München
http://www.heyne.de
Printed in Germany 1999
Lektorat: Angela Kuepper
Umschlaggestaltung: Atelier Bachmann & Seidel, Reischach
Umschlagillustration: C. Andrews/
Cover Art Agentur Walter Holl, Aachen
Satz: Schaber Satz- und Datentechnik, Wels
Druck und Bindung: Presse-Druck, Augsburg

ISBN 3-453-16244-7

Inhalt

INHALT

Einleitung

Sich zu verlieben ist in Wahrheit die machtvolle
Erfahrung des Gefühls, daß sich das
Universum durch dich hindurchbewegt.
Der andere ist ein Kanal für dich geworden, ein
Katalysator, der dir den Impuls gibt,
dich für die Liebe, die Schönheit und das Mitgefühl
in deinem Inneren zu öffnen.

SHAKTI GAWAIN

Von dem Augenblick an, als ich meinen Freunden im College zum ersten Mal von meiner hellseherischen Begabung erzählte, drehten sich die meisten Fragen, die mir seitdem gestellt wurden, um Liebe und Beziehungen. Jeder will wissen: »Wann werde ich meinen Seelenpartner treffen?«, »Kenne ich ihn schon?«, »Werde ich jemals etwas von ihm oder ihr hören?« Oder: »Wo kann ich meinen Traumpartner finden?« Jeder Mensch sucht nach dem idealen Gefährten, mit dem er seinen Lebensweg gemeinsam beschreiten kann. Ohne Liebe fühlen sich die Menschen leer und einsam.

Liebe ist die Nahrung, die unsere Seelen benötigen, um uns die Kraft zu geben, unsere Aufgabe auf der Erde erfüllen zu können. Das ist der Grund, warum sie sich so gut anfühlt. Wenn wir verliebt sind, haben wir das Gefühl, daß es nichts gibt, was wir nicht erreichen können. Unser Körper, unser Verstand und unsere Seele sind gesünder. Es ist kein Wunder, daß Sie – wenn Sie nicht verliebt sind – sich nichts sehnlicher *wünschen*, als verliebt zu sein. Und eben das ist der Grund, warum wir bereit sind, die notwendigen Risiken auf uns zu nehmen, um unserem idealen Lebenspartner zu begegnen: Wir lassen uns auf arrangierte Treffen ein, antworten auf Bekanntschaftsanzeigen, lesen entsprechende Bücher, nehmen an Seminaren teil, rufen Hellseher an, beten – und das alles, um unseren Seelenpartner zu finden.

Der Prozeß, Ihren idealen Partner zu finden, ist eine Gelegenheit für Sie, sich selbst kennenzulernen und sich über Ihre Lebensaufgabe klarzuwerden.

Die Begegnung mit Ihrem Seelenpartner ist mehr als nur ein universaler »Zufall«. Es stimmt, daß die meisten Menschen ihrem idealen Gefährten dann begegnen, wenn sie gar nicht damit rechnen; doch ist diese Begegnung eine Art Nebenprodukt der Energie, die sie lange, lange Zeit in das Universum ausgestrahlt haben. Die Reise hin zur Begegnung mit Ihrem idealen Partner beginnt damit, zunächst sich selbst kennenzulernen, sich zu respektieren und zu lieben. Meine geliebte Mutter, Marie Georgian Simmons, hat mir, als ich heranwuchs, immer wieder gesagt, wie wichtig es ist, mich selbst als Mensch zu entwickeln. Genau das würde mir schließlich erlauben, einen anderen, vollständigen Menschen in mein Leben treten zu lassen. Sie sagte: »Deine bedeutendste irdische Beziehung ist die zu *dir selbst*.«

Es ist wichtig zu verstehen, was Sie *wirklich zu* jedem gegebenen Zeitpunkt in Ihrem Leben von einer Beziehung erwarten, denn das ist genau das, was Sie anziehen werden. Eine gute Freundin von mir, die seit einiger Zeit geschieden ist, hat oft zu mir gesagt, daß sie jemanden suche, mit dem sie Spaß haben könne, ohne eine ernsthafte, langfristige Beziehung eingehen zu müssen. Die Männer, die in ihr Leben traten, waren ebenfalls nicht an einer festen Beziehung interessiert. Schließlich klagte sie darüber, daß keiner der Männer, mit denen sie eine Affäre hatte, zu einer tieferen Beziehung bereit war. Ich erinnerte sie daran, daß sie immer wieder betont hatte, sie wolle einfach Spaß haben, ohne irgendwelche Verpflichtungen. Dies war die Botschaft, die sie in das Universum ausstrahlte, und es war genau das, was sie erhielt. Es dauerte nicht lange, und sie änderte zwar ihre Vorstellung von dem, was sie wollte, jedoch nicht ihre Bitte an das Universum. Während wir durch die verschiedenen Phasen unseres Lebens gehen, wird sich auch unsere Definition dessen, was ein idealer Partner ist, ändern und sich unseren jeweiligen Bedürfnissen anpassen.

Zu bestimmten Zeiten in Ihrem Leben können Sie die Lektionen genießen, die sich aufgrund der Beziehungen mit verschiedenen Menschen anbieten. Unter Umständen glauben Sie auch, daß es einen idealen Seelenpartner für Sie gibt, und Sie werden viel Zeit und Energie investieren, eine Beziehung mit diesem Menschen aufzubauen und aufrechtzuerhalten. Manchmal denken Sie vielleicht, daß Sie eine klare Bitte ausgesandt haben, und wundern sich, warum Sie immer wieder etwas anderes bekommen als das, was Sie sich wünschen. Dies ist der Augenblick, in dem Sie eine Inventur Ihrer *wirklichen* Glaubenssätze in bezug auf Beziehungen und Ihren idealen Seelenpartner vornehmen sollten.

Das Universum hört immer auf unsere Bitten. Vor einiger Zeit hatte eine meiner Klientinnen ungefähr seit einem Jahr eine Beziehung mit einem Mann, der bis jetzt weder seinen Gefühlen über ihre Beziehung Ausdruck verliehen noch ihr gesagt hatte, ob er überhaupt bereit war, diese unter Umständen langfristig weiterzuführen. Während sie eines Nachmittags die Autobahn entlangfuhr, sagte sie in einem Zustand der Verzweiflung laut vor sich hin: »So, jetzt reicht es mir. Ich will wissen, was er will!« Zu ihrer großen Überraschung – obwohl sie eigentlich nicht hätte schockiert sein sollen, da sie ja das Universum indirekt um eine Information gebeten hatte – brachte ihr Liebhaber am selben Abend – und ohne von ihr in irgendeiner Form dazu aufgefordert worden zu sein, dieses Thema nicht nur zur Sprache, sondern gab darüber hinaus von sich aus zu, daß er sie sehr gern hatte und sich wünschte, daß die Beziehung andauerte.

Während manche Leute dieses Ereignis als puren Zufall abtun werden, wissen viele von uns, daß wir immer eine Antwort bekommen, wenn wir das, was wir gemeinhin als Universum oder Gott bezeichnen – oder welchen Namen auch immer wir der schöpferischen Macht geben, mit der wir so eng verwoben sind –, um Information bitten beziehungsweise unseren Gefühlen Ausdruck verleihen. Und diese Antwort kommt oft sehr schnell. Irgend jemand oder irgend etwas »da draußen« lauscht ununterbrochen – und ist tatsächlich *hier*, um Ihnen zu helfen. Wie es viele spirituelle Führer ausgedrückt haben: Das Universum verschwört sich, um all unsere Träume Wirklichkeit werden zu lassen.

Wie die folgende Geschichte beweist, können Sie allerdings auch verbale oder nonverbale Botschaften ins Universum senden, von denen Sie wünschen, Sie hätten sie nie geschickt. Auch dies ist ein Zeichen für unsere enorme Macht, alles manifestieren zu können, was wir wollen.

Als eine meiner Klientinnen sich vor einigen Jahren auf eine Affäre mit einem Mann einließ, in den sie sich verliebt hatte, bekam er es aufgrund der starken Gefühle, die er für sie empfand, mit der Angst zu tun. Seit vielen Jahren hatte er den Gedanken aufgegeben, daß er seine ideale Seelengefährtin finden könnte, und in der Zwischenzeit hatte er eine Frau geheiratet, von der er wußte, daß sie nicht die Richtige für ihn war. Nachdem diese Ehe gescheitert war und er meine Klientin kennenlernte, erkannte er bald, daß sie all das darstellte, wonach er stets gesucht hatte, und daß sie perfekt zusammenpaßten. Meine Klientin fühlte das gleiche.

Doch wo war nun das Problem?

Nachdem der Mann seinen tiefen Gefühlen Ausdruck verliehen hatte, schien er sich plötzlich in Ausflüchten zu ergehen. Da meine Klientin wußte, daß er Angst hatte, war sie sehr geduldig und verständnisvoll und sprach ihm Mut zu. Eines Abends zeichnete sie auf den Rat einer Freundin hin Bilder von allem, was sie sich zu diesem Zeitpunkt in ihrem Leben wünschte. Nach einigen Skizzen, die mit ihrer Karriere zu tun hatten, zeichnete sie auf ein Blatt Papier sich selbst und einen Mann, wobei sich beide an den Händen hielten. Um sie herum zeichnete sie eine strahlende Sonne, eine Palme und einen Strand – eine schöne romantische Szene. Auf ihren linken Finger zeichnete sie einen Verlobungs- und einen Ehering. Um sicherzugehen, daß man die Identität des Mannes und der Frau nicht mißverstehen konnte, malte sie sogar ihrer beider Initialen auf die T-Shirts, die ihre Figuren trugen.

Einige Tage lang lag die Zeichnung auf ihrem Küchentisch. Doch da ihr das Ganze ein wenig peinlich war und sie nicht wollte, daß irgend jemand die Zeichnungen sah (aus Angst, derjenige könnte meinen, sie sei abergläubisch, kindisch oder sogar nicht ganz bei Sinnen), legte sie sie in das oberste Regal ihres Schlafzimmerschranks, gleich neben die Pullover.

Sie erzählte dem Mann nichts von diesem Bild. Der einzige Mensch, der darüber Bescheid wußte, war die Freundin, die ihr den Rat gegeben hatte, eine Zeichnung anzufertigen.

Innerhalb von achtundvierzig Stunden, nachdem sie das

Bild in ihren Schrank gelegt hatte, sagte ihr der betreffende Mann, daß er Angst vor seinen Gefühlen hatte und mehr Zeit brauchte, um über die Situation nachzudenken.

»Ich muß dich für kurze Zeit ›in ein Regal stellen‹«, meinte er.

Als sie diese Worte hörte, erstarrte sie, da er die Bezeichnung »ins Regal stellen« gewählt hatte. Als sie an diesem Abend nach Hause kam, nahm sie die Zeichnung sofort aus dem Regal in ihrem Schrank.

»Ich stand da mit dem Bild in der Hand«, erzählte sie mir, »und hatte keine Ahnung, wohin ich es nun legen sollte. Es fiel mir sehr schwer zu glauben, welch große Macht diese Zeichnung tatsächlich hatte.«

Während der nächsten Wochen probierte sie verschiedene Plätze in ihrem Haus aus, wobei sie jedesmal dafür sorgte, daß sie die Zeichnung nicht an einen Ort legte, der auch nur im entferntesten an ein Regal erinnerte. Dann sprach sie ein kurzes Gebet, in dem sie ihre Liebe für diesen Mann bejahte, und bat das Universum, sie beide wieder zusammenzubringen. Schließlich warf sie die Zeichnung weg und überließ alles Weitere dem Universum.

Innerhalb von wenigen Monaten hatte der Mann sie »vom Regal genommen«, und die beiden nahmen ihre Beziehung wieder auf.

Ein ähnliches Beispiel widerfuhr vor fünfzehn Jahren einem anderen meiner Klienten, als er mit einem Freund in einem Café saß und Eis aß.

»Ich weiß, nach welcher Frau ich suche«, sagte er zu seinem Freund, »doch ich habe sie einfach noch nicht gefunden.«

»Das geht mir genauso«, erwiderte der Freund.

»Warum versuchen wir nicht einfach mal was – nur so zum Spaß«, schlug mein Klient vor. »Jeder von uns schreibt jede einzelne Qualität und jedes Detail auf, das uns einfällt und das die jeweilige Frau beschreibt, nach der wir suchen, und dann lesen wir uns laut vor, was auf unserer Liste steht.«

Sie nahmen sich jeder eine Serviette und machten ihre Liste. Dabei ließen sie nichts unerwähnt. Sie kamen sich sogar beide ein wenig albern vor, weil ihre Listen sowohl die Jahreszeit beinhalteten, in der ihre Traumfrau Geburtstag haben würde, als auch die Form ihrer Hände und selbst die kleinsten Einzelheiten in bezug auf ihre Familie, ihre Lebensaufgabe und ihre Interessen.

Als sie fertig waren, lasen sie sich gegenseitig ihre Listen vor, und mein Klient sagte zu seinem Freund: »Sollte ich deine Frau kennenlernen, schicke ich sie umgehend zu dir; und wenn du meiner begegnest, schick sie zu mir.«

Bereits am Nachmittag des nächsten Tages lernte mein Klient im Zusammenhang mit seiner Arbeit eine Frau kennen. Nach einer Woche begannen sie sich zu treffen, und bald stellte er fest, daß sie genau der Frau auf seiner Liste in dem Café entsprach.

Zweieinhalb Jahre später heirateten sie.

Dieses Buch handelt von all den Prinzipien, die ich im Laufe meiner Karriere als Hellseherin und spirituelle Lebensberaterin gelernt und an die Menschen, die zu mir gekommen sind, weitergegeben habe. Außerdem führe ich Fallbeispiele von wirklichen Beziehungen auf, bei denen die Menschen entweder gelernt haben, welche Art von Bindung sie sich wünschen (ihre eigenen spirituellen Lektionen), oder bei denen sie tatsächlich ihre Seelenpartner getroffen haben und ihr gemeinsamer Weg seinen Anfang genommen hat.

Im ersten Teil konzentrieren wir uns auf das »Gesetz der Liebe«. Zuerst müssen Sie sich selbst lieben, um Liebe an andere weitergeben zu können. Beziehungen mit idealen Gefährten basieren auf vielen Arten der Liebe, je nachdem, was Sie zu einem bestimmten Zeitpunkt in Ihrem Leben brauchen und wollen. Wir werden besprechen, warum Sie zunächst ein *ganzer* Mensch werden und in Liebe leben müssen, um die Energie zu schaffen, die Ihren idealen Partner anzieht.

Im zweiten Teil untersuchen wir das »Gesetz der Vorbereitung und der Anziehung«. Um das anzuziehen, was Sie sich *wirklich* bei einem Partner und in einer Beziehung wünschen, ist es notwendig, daß Sie sich vorbereiten, indem Sie lernen, was Sie von einer Beziehung wollen und brauchen. Oft kommt es vor, daß wir unsere Energie in etwas Bestimmtes investieren, obwohl wir eigentlich etwas ganz anderes wollen. Das ist so, als würde man Pizza mit Käse bestellen, und wenn sie gebracht wird, ist man enttäuscht, weil man eigentlich erwartet hat, daß Peperoni drauf sind. Sie müssen sicherstellen, daß das, was Sie sich wünschen, und das, um was Sie bitten, ein und dasselbe ist.

Im dritten Teil betrachten wir, wie wichtig es ist, das

»Gesetz der Erhaltung« zu praktizieren, sobald Sie Ihren idealen Partner gefunden haben. Sie müssen Ihre Beziehung nähren, um gegenseitiges Wachstum zu gewährleisten, das die spirituellen, gefühlsmäßigen geistigen und körperlichen Aspekte der Beziehung unterstützt. Ich werde Ihnen dabei helfen, Wege zu erkennen, eine Beziehung von dem Moment an zu entwickeln, in dem Sie einem möglichen Lebensgefährten begegnen und Sie beide dazu bereit sind, eine feste Verbindung einzugehen. Selbst Beziehungen mit idealen Partnern erfordern Mühe und Achtsamkeit, um zu gewährleisten, daß die Romanze immer weiter erblüht.

Im vierten Teil konzentrieren wir uns auf das »Gesetz des Loslassens«. Einige Beziehungen sind Teil Ihres Wachstumsprozesses als spirituelles Wesen, allerdings sind sie nicht für ein ganzes Leben gedacht. Doch nur weil eine Beziehung nicht ewig gehalten hat, heißt das nicht, daß der andere in jenem Zeitraum nicht der ideale Partner für Sie gewesen ist. Dieses Kapitel wird außerdem zeigen, wie Sie vergangene Beziehungen in Liebe loslassen, damit Sie weitergehen und neue Verbindungen eingehen können.

In jedem Kapitel werden Sie sowohl Klienten von mir begegnen, denen ich die Prinzipien der Anziehung ihres idealen Partners beigebracht habe, als auch anderen Personen, die mir die Geschichten ihrer Beziehungen erzählt haben. Mit Hilfe dieser wahren Lebensgeschichten von Menschen, die geliebt haben, weiser geworden sind und wissen, wie es ist, eine Beziehung mit einem idealen Partner zu führen, werden Sie die Wirkungsweise der universalen Gesetze erleben. Ihr Herz und Ihre Seele werden voller Inspiration sein, wenn Sie bereit sind zu glauben, daß dieses Glück auch Ihnen widerfahren kann.

Vergessen Sie nicht, Ihr Wille ist äußerst machtvoll! Während Sie im wahrsten Sinne des Wortes Ihr Leben selbst erschaffen, bedenken Sie folgendes:

In dieser Welt gibt es nur zwei Tragödien: die eine ist, daß man nicht bekommt, was man will – und die andere ist, daß man es bekommt.

OSCAR WILDE

ERSTER TEIL

Das Gesetz der Liebe

Liebe ist nicht etwas, das wir finden –
sie ist etwas, das wir tun.

CLINT BLACK, »Something That We Do«

$\mathcal{W}$ie heißt das einzige Wort mit fünf Buchstaben, das Sie nicht oft genug hören können? *Liebe.* Wir alle wollen es hören, wollen Liebe spüren und erfahren. Wir reisen durch die Welt und suchen nach ihr. Wir hoffen und beten, daß wir sie finden mögen. Wir gehen zu Hellsehern, zu Heiratsvermittlern, nehmen an Seminaren teil, gehen in die Kirche und zur Therapie; wir lesen Bücher zu dem Thema und haben unzählige Rendezvous in dem Versuch, sie zu finden – oder zumindest die Landkarte, die uns den Weg zu ihr weist. Wir wären über alle Maßen entzückt, wenn der Bestellservice sie uns verkaufen, sie einpacken und der Paketdienst sie am nächsten Morgen an unserer Tür abliefern würde.

Jeder weiß, warum wir bei der Suche nach der Liebe ein Risiko nach dem anderen auf uns nehmen. Es gibt auf der Welt kein herrlicheres Gefühl als das Verliebtsein. Liebe ist das stärkste natürliche Aphrodisiakum. Essen, Alkohol oder Drogen können sie nicht ersetzen. Liebe ist eine heilende Kraft; sie ist unsere Verbindung zu den universalen Kräften des Lebens, zu Gott.

Liebe ist die Hüterin des Tores, die es uns ermöglicht, alle anderen Emotionen zu erfahren. Wenn wir ohne

Liebe leben, umgeben wir unser Herz mit einer Mauer aus Stein und können irgendwann überhaupt nichts mehr fühlen, es sei denn, die Mauer wird abgerissen. Liebe ist es, die uns erlaubt, Freude und Schmerz zu empfinden; sie schenkt uns Lachen und Tränen; sie gibt uns die Kraft, für andere da zu sein, und ruft in uns das Bedürfnis wach, gehalten zu werden. Liebe ist ein Seinszustand, der es uns gestattet, alles zu erleben. Sie ist nicht etwas, das Sie finden; sie ist eine Lebenseinstellung.

Wenn jemand nach der großen Liebe seines Lebens sucht, muß er sich von Grund auf darüber im klaren sein, was Liebe *für ihn* bedeutet. Stellen Sie sich die Liebe wie ein Haus vor. Selbstliebe ist das Fundament Ihres Hauses. Wenn Sie ein schwaches Liebesfundament haben, wird das Haus auf wackeligen Beinen stehen. Haben Sie jedoch andererseits ein solides, starkes Fundament, sind Sie in der Lage, ein Haus zu bauen, das so voller Liebe ist, wie Sie es sich kaum vorstellen können. Die Tatsache, daß Sie sich selbst lieben, bedeutet nicht, daß Sie zu einigen der Menschen, die Material von unzureichender Qualität in Ihr Haus der Liebe einbringen wollen, nicht »nein« sagen können. Es gibt eine Menge Schwindler auf der Welt, die uns auf die Probe stellen, um herauszufinden, ob wir Dinge in unser Liebeshaus einbringen werden, die ungesund sind oder nicht unseren Bedürfnissen entsprechen. Nennen Sie jedoch ein solides Fundament Ihr eigen, so haben Sie weniger wiederaufzubauen beziehungsweise werden sich schneller erholen, falls Sie versehentlich einmal schadhafte Produkte in Ihr Haus eingebracht haben.

Glücklicherweise können Sie Ihr Fundament jederzeit verbessern oder verändern. Darüber hinaus ist es eine Tatsache, daß die Erhaltung eines starken Fundaments eine lebenslange Aufgabe ist. Verschiedene Teile Ihres Fundaments können zu verschiedenen Zeiten Ihres Lebens schwächer werden. Manchmal müssen Sie vielleicht mehr an dem Fundament arbeiten, das Ihre Familie unterstützt; dann wieder, indem Sie etwas für sich selbst tun; und zu wieder anderen Zeiten arbeiten Sie an dem Fundament der Beziehung mit Ihrem Lebenspartner. Allem Anschein nach werden manche Räume des Hauses mehr benutzt als andere. Und das Fundament, das diese Räume trägt, braucht eine entsprechende Instandhaltung. Doch wenn Sie stets dafür sorgen, daß Ihre Basis stark ist, werden Sie die meiste Zeit Ihres Lebens in lebendiger Liebe verbringen.

Wenn Sie in einem Zustand der Liebe leben, ist das Dasein ein Abenteuer. Jeden Tag bietet uns das Leben Erfahrungen, die voll von Möglichkeiten sind, unsere Existenz hier auf der Erde zu genießen. In Liebe zu leben heißt, in der Gegenwart, im Hier und Jetzt zu sein. Wenn Sie sich auf den gegenwärtigen Augenblick einstimmen anstatt auf die Zukunft oder die Vergangenheit, können Sie – von seltenen Ausnahmen abgesehen – glücklich sein und sich in einem fortwährenden Zustand der Liebe befinden. Liebe ist unser üppigster natürlicher Reichtum.

Wenn Sie in einem Zustand der Liebe leben, ist es schwierig, böse, ablehnend oder verbittert zu sein. Unglücklicherweise jedoch leben wir in einer Kultur, zu deren Vorlieben es gehört, Bestandsaufnahmen an den Handlungen anderer vorzunehmen und Schulden und Guthaben sorgsam aufzulisten. Gute Taten bedeuten Guthaben, und jedes Vergehen zieht eine Schuld nach sich. Irgendwann im Laufe unserer Beziehung betrachten wir die Bilanz, um zu sehen, ob alles – unserer Meinung nach – auch ausgeglichen und gerecht gewesen ist. In einer vollkommenen Welt stünden Schulden und Guthaben stets in einem ausgewogenen Verhältnis zueinander. Wir leben jedoch auf dem Planeten Erde. Wir alle nehmen hier an einem menschlichen Experiment teil und müssen unsere individuellen spirituellen Lektionen lernen. Aus diesem Grund schaffen wir uns Beziehungen, in denen die Schulden und die Guthaben nicht immer ausgeglichen sind.

Selbst wenn Sie das Gefühl haben, Ihre innere Bilanz sei nicht ausgewogen, haben Sie dennoch in Ihrer Seele Zugang zu einem unendlichen Vorrat an Liebe, die Sie heilt, damit Sie den nächsten Schritt tun können. Natürlich wird es Ihnen leichter fallen, sich aus Ihrem unendlichen Liebesvorrat zu bedienen, wenn Sie in einem Zustand der Selbstliebe leben.

Was ist Selbstliebe?

*Sich in sich selbst zu verlieben ist das
erste Geheimnis des Glücklichseins. Mir erging es so,
als ich viereinhalb Jahre alt war.
Und sollte sich irgendwann herausstellen, daß Sie
kein guter Gesellschafter sind, können
Sie immer noch Ihre eigene Gesellschaft genießen.*

ROBERT MORLEY

Das beste Beispiel für einen Zustand der Selbstliebe ist ein Baby. Liebe ist die reine Essenz seines Wesens. Das können Sie spüren, wenn Sie ein Baby im Arm halten. Babys leben völlig im Augenblick. Wenn sie Nahrung brauchen, eine trockene Windel oder jemanden, der sie in den Arm nimmt, dann lassen sie es Sie wissen. Wenn ihr Bedürfnis gestillt ist, werden Sie dafür mit einem strahlenden Lächeln, Brabbeln und leuchtenden Augen belohnt. Babys entdecken das Leben frei von Angst vor dem Unbekannten. Jede Entdeckung – wenn sie ihre Zehen finden, Lichter anschauen oder auf ihren Spielsachen herumkauen – ist eine Quelle großen Entzückens. Sie denken nicht: »Gestern wäre ich niedlicher gewesen, wenn ich nur ein anderes Lätzchen umgehabt hätte«, oder: »Ich war schon mal dünner«, oder: »Heute fallen

27

meine Haare aber gar nicht gut.« Wenn sie gehen lernen und hinfallen, stehen sie auf und versuchen es wieder, denn etwas Neues zu lernen ist ein Abenteuer. Hinzufallen war kein Versagen; es war lediglich ein Moment in der Vergangenheit, ein Teil des Prozesses, der erforderlich ist, um irgendwann rennen zu können. Natürlich wissen Babys noch nichts von dem Druck, den die Gesellschaft auf den einzelnen ausübt, von Verurteilungen und Kritik, von all den Dingen, die so oft eine Herausforderung an unsere Fähigkeit darstellen, zu lieben und zu akzeptieren.

Selbstliebe beginnt damit, in den Spiegel zu schauen und denjenigen zu mögen, den man sieht. Sie äußert sich darin, daß Sie freundlich und geduldig mit sich selbst sind – schließlich sind Sie, wie jeder andere, ein »Projekt, das in Entwicklung begriffen ist«. Selbstliebe heißt, gut mit sich selbst umzugehen und sich so zu entwickeln, daß Sie der Beste sind, der Sie sein können. Sie hat etwas damit zu tun, ein produktives Mitglied der menschlichen Rasse zu sein. Selbstliebe beinhaltet auch, im Augenblick zu leben und das zu mögen, was Sie sind und was Sie tun.

Wenn Sie ein produktives Mitglied der menschlichen Rasse sein wollen, müssen Sie sich zuerst um Ihr physisches Selbst kümmern. Tun Sie das nicht, ist die Gefahr groß, daß Sie sich völlig verausgaben und jeder in Ihrer Umgebung unter den Folgeerscheinungen zu leiden hat. Wenn Sie erschöpft sind, krank und gestreßt, ist es so gut wie unmöglich, Frieden und Gelassenheit zu finden und ein Gefühl zu hegen, das auch nur im entferntesten der Liebe gleicht. Wir alle wissen, was es heißt, auf unseren Körper achtzugeben: Wir müssen für ausreichenden Schlaf sorgen, uns richtig ernähren und irgendeine Art regelmäßiger körperlicher Betätigung ausüben. Es bedeutet, den Genuß schädlicher Substanzen wie Alkohol, Drogen, Nikotin, Junkfood und Zucker einzuschränken oder gar einzustellen. Bedauerlicherweise setzen wir unsere physische Gesundheit jedoch oftmals an die letzte Stelle unserer Prioritätenliste, obwohl sie ein Geschenk Gottes ist, das geschätzt und bewahrt werden sollte. Wenn Sie erschöpft und ausgebrannt sind, so hören Sie auf Ihren Körper, der danach schreit, sich einen Tag lang ausruhen zu können. Wenn ein Baby schreit, würden Sie nicht auf die Idee kommen, ihm das vorzuenthalten, was es braucht, nur weil Sie zuviel zu tun haben. Sie würden das Baby trösten. Lassen Sie sich selbst die gleiche Fürsorge zuteil werden. Die Tatsache, daß Sie gelernt haben, wie man kommuniziert, ohne lauthals zu brüllen, heißt nicht, daß Ihre Seele nicht mit der gleichen Intensität danach schreit, daß Sie besser auf sich selbst achten. Das eigene körperliche Wohlbefinden außer acht zu lassen, hält Sie davon ab, Selbstliebe zu finden.

Leben Sie nicht in einem Zustand der Selbstliebe, ist es sehr schwierig, Liebe zu empfangen. Stellen Sie sich vor, daß Sie etwas auf dem Küchentisch verschütten. Sie holen einen Schwamm, um es aufzuwischen. Doch zuerst machen Sie den Schwamm naß. Tun Sie das nicht, braucht er länger, um die verschüttete Flüssigkeit auf dem Tisch aufzusaugen, da der trockene Schwamm eine harte, rauhe Oberfläche hat. Sie ähneln in vieler Hinsicht einem Schwamm. Wenn Sie von Liebe erfüllt sind, ist es leichter, Liebe von anderen zu empfangen – nicht nur von Ihrem Liebespartner, sondern auch von Familienmitgliedern, Freunden und dem Leben selbst. Sind Sie nicht verliebt in das Leben, ist es schwierig, einen Partner zu finden, der das Leben liebt.

Wenn Sie ein harmonisches, ausgeglichenes Dasein führen, ist es leichter, das Leben zu lieben. Es hilft Ihnen, sich als Mensch zu entwickeln und zu wachsen. Sie werden neue Leute treffen, neue Freunde gewinnen und sich dabei selbst kennenlernen.

Diane ging ihre erste Ehe ein, als sie Anfang Zwanzig war, weil sie glaubte, daß es an der Zeit war zu heiraten. Ihr war klar, daß sie besser keinen Party-Löwen heiraten sollte – wie der, mit dem sie auf dem College eine Affäre gehabt hatte –, und so heiratete sie einen Mann, der hart arbeitete, aber leider auch etwas langweilig war und weder ihr noch ihren Kindern seine Zuneigung zeigen konnte. »Nach zehn Jahren«, sagte sie, »glaubte ich, zu vertrocknen und abzusterben, da meine emotionalen Bedürfnisse nie befriedigt wurden. Der Gedanke, mit ihm alt zu werden, war mehr, als ich ertragen konnte. Also verließ ich ihn. Außerdem hatte ich angefangen, zuviel zu trinken.«

Dianes zweiter Mann war das genaue Gegenteil: Er war charmant und zärtlich, konnte jedoch nie lange bei derselben Arbeitsstelle ausharren. Zudem war er Alkoholiker. Ein unge-

heurer Druck lastete auf Diane, da sie immer härter arbeiten mußte, um sie beide finanziell über Wasser zu halten. Sie hatte ein erfolgreiches Unternehmen, doch es brachte sie schier um, tagsüber so hart zu arbeiten und jede Nacht auszugehen. Dennoch hielt sie diesen Zustand elf Jahre lang aus, bevor sie zugeben mußte, daß sie diese Lebensweise nicht fortführen konnte, weil sie zu müde und erschöpft war.

Zu diesem Zeitpunkt begab sich Diane in ein Rehabilitationszentrum für Alkokoliker und begann zu genesen. Sie beschloß, im Hinblick auf ihren Lebensstil positive Veränderungen vorzunehmen und in Zukunft gesündere Beziehungen zu führen. Als sie sich auf dem Weg der Besserung befand, lernte sie, wieder zu vertrauen – doch vertraute sie den falschen Menschen.

Ihr nächste Beziehung hatte sie mit einem reifen Mann, der gute Manieren besaß, gebildet und wohlhabend war. Er arbeitete im Bereich der Rehabilitation, daher glaubte sie davon ausgehen zu können, daß er ehrlich war. Er verdrehte ihr den Kopf, indem er ihr Geschenke kaufte und sie an wunderschöne Orte mitnahm. Lange Zeit machte sie sich keine Gedanken darüber, wohin die Beziehung führen würde, bis sie irgendwann herausfand, daß sie auf Lügen aufgebaut war. Ihr Partner hatte sie angelogen und ihr unter anderem weisgemacht, er sei geschieden und leide an einer unheilbaren Krankheit.

Diane bekam es mit der Angst zu tun, da sie glaubte, nicht zu wissen, wie man eine gesunde Beziehung zu einem anderen Menschen aufbaute; sie fürchtete, diese Beziehung aufzugeben, nur um irgendwann eine neue Verbindung einzugehen, die ebenfalls nicht gut für sie war.

Sylvester des gleichen Jahres verbrachte sie allein. In jener Nacht beschloß sie, daß sie von den Lügen ihres Liebhabers genug hatte und die Beziehung beenden würde.

»Ich brauchte ein paar Wochen, um meine Gefühle der Wut und des Hasses ihm gegenüber zu verarbeiten«, sagte Diane. »Außerdem war ich dabei, mein Geschäft zu verkaufen; ich stand einfach sehr unter Streß.«

Bei einem Treffen bei den Anonymen Alkoholikern schlug ihr ein Mann namens Ed vor, gemeinsam einen Kaffee zu trinken. Sie hatte ihn schon einmal drei Jahre zuvor getroffen, kannte ihn jedoch nicht besonders gut. Im Laufe einer Woche begannen sie, sich regelmäßig zu sehen.

Innerhalb von zwei Monaten wurde die Beziehung zwischen Diane und Ed ernst. Sie erkannte, daß sie jemanden an ihrer Seite hatte, der für sie da war, wenn sie krank war oder Probleme mit dem Auto hatte. Zum ersten Mal fühlte sie sich sicher in einer Beziehung, was eine neue Erfahrung für sie darstellte.

»Ich hatte bereits am Anfang klar gesagt, daß ich nicht an einer Sackgassen-Beziehung interessiert war«, fuhr Diane fort. »Falls diese Verbindung gut lief, wollte ich wissen, ob er an einer festen Bindung interessiert war. Wenn nicht, dann wollte ich meine Zeit nicht mit ihm verschwenden.«

Sechs Monate lang gingen sie miteinander aus, und dann heirateten sie.

»Durch diese Erfahrung wurde mir klar, daß man zuzeiten, wenn man mitten in einem Sturm steckt, tatsächlich nicht sehen kann, was danach kommt«, sagte Diane. »Als ich mich erst einmal aus einer negativen Situation befreit hatte, ent-

stand plötzlich Raum für etwas Positives, das nun in mein Leben kommen konnte.«

Obwohl Diane und Ed beide nicht mehr arbeiten, kommt es oft vor, daß sie tagsüber getrennte Wege gehen. Am Abend erzählen sie dann einander, was sie den Tag über erlebt haben.

Diane weiß, daß die wirkliche Freude von kleinen Dingen herrührt: jemanden zu haben, der einem den Kaffee bringt oder die Wange tätschelt, »einfach so«. Das ist es, was für sie die Liebe ausmacht.

Andere sagen oft: »Zu schade, daß ihr nicht schon vor Jahren geheiratet habt.« Doch Diane und Ed sind sich darüber im klaren, daß ihre Beziehung nie funktioniert hätte, wären sie sich früher begegnet. Damals war Ed in seinem Beruf sehr viel auf Reisen, und Diane hätte es widerstrebt, die Kinder allein aufzuziehen. Außerdem waren beide früher Alkoholiker.

Während sie miteinander ausgingen, gab jeder von ihnen dem anderen ein Geschenk, in das die Worte »Der richtige Zeitpunkt ist alles« eingraviert waren. »Wir beide glauben, daß alles so, wie es gekommen ist, ein Teil des göttlichen Planes war«, sagt Diane.

Ein ganzheitliches, ausgewogenes Leben: das Fundament für Selbstliebe

*Wenn wir uns an jemandem
festklammern, verlieren wir uns selbst und
werden zu dem anderen. Wenn wir loslassen, finden
wir uns selbst und werden unsere eigene Person.
Nur dann ist Liebe möglich.*

SUSAN JEFFERS

Seit jeher habe ich geglaubt und gelehrt, daß man sich selbst als Person entwickeln muß, bevor man seinen idealen Partner anzieht. Um das zu erreichen, müssen Sie ein ausgewogenes Leben führen. Sie dürfen nicht Ihre gesamte Aufmerksamkeit nur auf einen Bereich Ihres Lebens konzentrieren, in dem Sie wachsen und Fortschritte machen wollen. Damit will ich sagen, daß Sie nicht vierundzwanzig Stunden am Tag nur Ausschau nach der Liebe halten oder nur arbeiten oder sich nur um Ihre Kinder kümmern sollten. Sie müssen auch andere Interessen und Fähigkeiten entwickeln und sich zudem mit einigen der emotionalen Themen beschäftigen, vor denen Sie Angst haben. Ich nenne diesen Prozeß das »Entfernen der Spinnweben aus Ihrem emotionalen Schrank«. Das Leben ist ein Spiegel: Sie ziehen Menschen an, die Ihre besten und schlimmsten Wesenszüge mit Ihnen teilen. Wenn Sie sich selbst fortwährend weiterentwickeln, verstärken Sie damit Ihre besten Eigenschaften, was Ihnen ermöglicht, anderen Menschen zu begegnen, die diese Eigenschaften widerspiegeln.

In dem Buch *Selbstvertrauen gewinnen* von Dr. Susan Jeffers wird das Konzept eines ganzheitlichen, ausgewogenen Lebens auf eine sehr schöne und einfache Weise dargestellt. Die Autorin fordert den Leser auf, eine Schatulle zu zeichnen, in der sich neun kleinere Schachteln befinden. Jede der neun Schachteln steht für einen Bereich Ihres Lebens, auf dessen Entwicklung Sie einige Zeit verwenden sollten. Da wir in einer praktischen Welt leben, können Sie unmöglich jeden Tag gleich viel Zeit auf jede dieser Schachteln verwenden. Vielmehr ist es angebracht, daß Sie stets den Bereichen Ihres Lebens Priorität einräumen, die entsprechend Ihren Bedürfnissen zu diesem Zeitpunkt nach mehr Aufmerksamkeit verlangen. Es geht nicht um den Aufwand von Zeit, den Sie in die Entwicklung jeder einzelnen »Schachtel« investieren, sondern darum, bewußt zu sein und dem Bedürfnis nachzukommen, sich in all den verschiedenen Bereichen Ihres Lebens weiterzuentwickeln – und dies auch tatsächlich zu tun. Wenn Ihnen ein bestimmter Bereich besonders gut gefällt, werden Sie sich auch mehr Zeit dafür nehmen.

Dr. Jeffers schreibt, daß Sie Ihr Leben in den folgenden Bereichen entwickeln müssen, um ein ganzheitliches Leben zu kreieren: einen Beitrag leisten, Hobbys, Muße und Freizeit, Familie, Zeit zum Alleinsein, persönliches Wachstum, Beruf und Karriere, Ihre Liebesbeziehung und Freunde.

Einen Beitrag leisten. Dieser Bereich bezieht sich auf das, was Sie anderen geben. Dabei kann es sich um freiwillige Aufgaben für die Pfadfindergruppe Ihres Kindes handeln, darum, ein »großer Bruder« oder eine »große Schwester« zu sein oder einem Nachbarn zu helfen. Es muß nicht heißen, daß Sie die Welt retten. Es sollte etwas sein, das Sie in reiner Absicht als Geschenk hergeben. Geschenke sind Dinge, die ohne jegliche Erwartungshaltung, dafür etwas zurückzubekommen, gegeben werden, und das schließt auch emotionale Erwartungen mit ein.

Hobbys. Dieser Bereich bezieht sich auf etwas, das Sie aus purer Freude machen, etwas, das Sie nicht auslaugt oder streßt; im Gegenteil, es hilft Ihnen, sich zu entspannen. Das heißt, daß Sie sich nicht ständig kritisieren oder mit anderen vergleichen, ob Sie das, was Sie tun, auch gut genug tun. Ihr Hobby mag Golfspielen sein, Malen oder Tanzen. Was immer es ist, sorgen Sie dafür, daß es Ihnen Spaß macht, daß Sie lachen können und daß die Zeit nur so verfliegt, wenn Sie damit beschäftigt sind.

Muße und Freizeit. Genehmigen Sie sich Entspannung, wenn Sie allein sind – nicht nur die Entspannung, die Sie spüren, wenn Sie unter Freunden sind, sondern genießen Sie sich selbst. Vielleicht schauen Sie sich einen Film an oder lesen ein Buch, das Ihnen Freude macht (das schließt Bücher zum Thema »Selbsthilfe« aus). Vielleicht haben Sie Lust, sich auf Ihren Balkon zu setzen und die Sterne zu betrachten. Muße – und auch Freizeit – bedeutet etwas Entspannendes: Sie suchen nicht nach Lösungen für Probleme und sind auch nicht damit beschäftigt, irgendwelche Dinge herauszufinden oder Ihr Haus sauberzumachen.

Familie. Jeder hat irgendwo eine Familie, und sie erfordert einen gewissen Aufwand an Zeit und Energie. Bei der Familie kann es sich um Ihre Eltern handeln, um Geschwister, Großeltern, Tanten, Onkel, Kusinen, Neffen oder Kinder. Es sind Menschen, denen Sie helfen und von denen Sie Hilfe bekommen. Manchmal scheint es verlockend, diese Personen an die unterste Stelle Ihrer Prioritätenliste zu setzen, doch das sollten Sie nicht tun. Ihrer Familie ist es ein Bedürfnis zu wissen, daß sie Ihnen am Herzen liegt, und es ist wichtig, daß Sie zu ihrem Leben dazugehören.

Alleinsein. Dies ist die Zeit, in der Sie meditieren können, einmal tief durchatmen oder in Ihr Tagebuch schreiben. Es ist die Zeit, die Sie sich nehmen, um darüber nachzudenken, wo Sie sich gerade in Ihrem Leben befinden und wohin Sie gehen. Das kann zum Beispiel auch die Viertelstunde sein, die Sie sich stehlen, wenn Sie ein Bad nehmen. In jedem Fall ist es wichtig, daß Sie Zeit für sich selbst finden, und wenn es sich nur um wenige Minuten handelt.

Persönliches Wachstum. Dies ist die Kategorie, die all jene Selbsthilfebücher, Audio-Kassetten, Seminare und Workshops beinhaltet, an denen Sie teilnehmen, oder die Fortbildungskurse, für die Sie sich eingeschrieben haben. Hierbei handelt es sich um *alles*, was Sie tun, um sich selbst zu helfen, als Person zu wachsen und die Ziele zu erreichen, die Ihnen wichtig sind.

Beruf und Karriere. Dies ist der Bereich, in dem Sie jede Woche einen Großteil Ihrer Zeit verbringen. Sorgen Sie dafür, daß Sie das, was Sie tun, gern tun. Ihr Beruf ist eine Möglichkeit, Geld zu verdienen, am Aufbau der Gesellschaft teilzunehmen und professionelle Fähigkeiten zu entwickeln. Wenn Sie Glück haben, sind Sie begeistert über die Art und Weise, wie Sie Ihr Geld verdienen, doch macht Ihre Arbeit nicht Ihre Identität als Person aus. Wenn Sie im Sterben liegen, werden Sie kaum denken: »Ich hätte mehr Zeit im Büro verbringen sollen.« Sorgen Sie dafür, daß diese Schachtel nicht diejenige wird, in die Sie Ihre Zeit, Mühe und Energie stecken. In unserer materialistisch ausgerichteten Kultur fällt es uns leicht, unsere gesamte Energie, hierauf zu konzentrieren und zu vermeiden, andere Bereiche unseres Lebens zu entwickeln. Doch diese anderen Bereiche können der Ort sein, wo Sie Ihren idealen Partner finden.

Liebesbeziehung. Dies ist nur *ein* Bereich einer ganzheitlichen, ausgewogenen Existenz. Es ist *eine* Schachtel, nicht alle. Natürlich ist es wichtig, daß Sie sich Zeit für Ihre Beziehung und diesen einen wichtigen Menschen in Ihrem Leben nehmen, doch sollte dies nie Ihr ganzes Leben ausmachen. Lebenslange Beziehungen werden von zwei ganzen Persönlichkeiten gestaltet, die sich gegenseitig damit einverstanden erklären, ihr Leben zu teilen. Ihre Liebesbeziehung sollte zwar *eine* Priorität haben, doch nicht Ihre einzige.

Freunde. Sie sollten sich stets die Zeit nehmen, alte Freundschaften zu pflegen und neue zu beginnen. Hatten Sie jemals Freunde, von denen Sie nichts mehr hörten, sobald ein Lebenspartner in deren Leben auftauchte, und die erst dann wieder vor Ihrer Tür standen und sich an Ihrer Schulter ausweinen wollten, wenn die Beziehung nicht mehr funktionierte? Es ist wichtig, Ihre Freundschaften aufrechtzuerhalten, selbst wenn Sie durch Ihre Arbeit, Ihre Familie oder Ihre Liebesbeziehung stark eingebunden sind.

Wenn Sie etwas tun, dann tun Sie es in dem jeweiligen Augenblick hundertprozentig. Wenn Sie mit Ihren Freunden zusammen sind, dann sehen Sie zu, daß Sie wirklich anwesend und voll präsent sind. Das heißt, daß

Sie nicht die ganze Zeit damit verbringen, sich darüber zu beklagen, was alles in Ihrer Beziehung und Arbeit schiefläuft. Wenn Sie arbeiten, dann geben Sie Ihr Bestes. Doch wenn Sie am Abend nach Hause gehen, sollten Sie Ihre Arbeit hinter sich lassen. Geben Sie hundert Prozent von sich in jedem Moment, was immer es ist, was Sie gerade tun. Lassen Sie die Vergangenheit und Zukunft genau da, wo sie hingehören.

Wenn Sie ein ganzheitliches, ausgewogenes Leben führen und die Schachtel für Liebesbeziehungen leer ist, werden Sie diese Leere in Ihrem Inneren fühlen; doch wenn der Wunsch nach einer Beziehung nicht das einzige ist, worauf Sie sich in Ihrem Leben konzentrieren, werden Sie diese Leere nicht ganz so tief und vernichtend empfinden, sondern immer noch ein erfüllendes, produktives Leben führen. Sie werden weniger die Neigung verspüren, Affären mit Menschen einzugehen, die nicht Ihren wahren Bedürfnissen entsprechen, nur weil Sie auf diese Weise in den Genuß eines wärmenden Körpers kommen. Damit will ich nicht sagen, daß die Leere einfach verschwindet, doch anstatt sich auf sie zu fokussieren, nehmen Sie aktiv an Ihrer eigenen Entwicklung zu einem ganzheitlichen Menschen teil. Wenn sich Ihr ganzes Leben nur darum dreht, einen Partner zu finden, werden Sie bedürftig. Und wenn Sie bedürftig sind, ziehen Sie bedürftige Menschen an. Das ist das Gesetz der Widerspiegelung. Sie müssen die Person werden, mit der Sie zusammensein wollen.

Einige Bereiche Ihres Lebens werden sich überschneiden. Vielleicht verbringen Sie einen Teil Ihrer Freizeit mit Freunden oder der Familie. Ihre Firma mag sich bereiterklären, unentgeltlich ein Haus für eine Wohltätigkeitsorganisation zu bauen. Vielleicht gehen Sie auch gern ins Fitneß-Center und stellen fest, daß dies eine gute Art ist, Streß abzubauen, woraufhin Sie dies zu Ihrer Freizeitgestaltung machen; oder Sie hassen Sport und Aerobic, und dann wird das Ganze zu Ihrem persönlichen Wachstumsprojekt. Selbst nachdem Sie Ihren Seelenpartner gefunden haben, ist es wichtig, eine ausgewogene Lebensweise beizubehalten. Wenn Ihre Schatulle nur Ihre Liebesbeziehung beinhaltet, wird Ihr persönliches Wachstum gebremst, und Sie werden bald andere Arten von Leere empfinden. Dann wird es nicht lange dauern, und Ihre Liebesbeziehung wird Sie frustrieren, da sie nicht all Ihre Bedürfnisse erfüllt und diese auch gar nicht erfüllen kann.

Zunächst mag es Ihnen wie eine überwältigende Herausforderung erscheinen, all diesen verschiedenen Aspekten Ihres Lebens in gleichem Maße Aufmerksamkeit zu schenken. Machen Sie kleine Schritte. Wenn Ihr Leben erfüllter und harmonischer wird, werden Sie in der Lage sein, sich selbst und anderen mehr zu geben. Sie werden stärker mit Ihren Gefühlen in Kontakt sein und im großen und ganzen das Leben genießen. Wenn Sie sich wohl fühlen, ist es beinahe unmöglich, nicht in einem Zustand der Liebe zu sein. Ein ausgewogenes, harmonisches Leben ist der erste Schritt zu einem Dasein, das auf Liebe basiert.

Kelly bekam am Labor Day* Besuch von ihrer Mutter und ihrer Schwester. Am Abend beschlossen die Frauen, in eine Bar zu gehen, wo eine Band spielte, die sie hören wollten. In der Bar kam ein hochgewachsener, gutaussehender Mann auf Kelly zu und fing eine Unterhaltung mit ihr an. Er stellte sich als James vor und sagte, er sei übers Wochenende zu Besuch hier. Kelly, die erst kurz vorher eine zweijährige Beziehung beendet hatte, lud ihn ein, sich zu ihnen an den Tisch zu setzen. Zu ihrer Überraschung bat er Kelly um ihre Telefonnummer, bevor er sich verabschiedete.

Am nächsten Tag rief er sie an und bat sie um ein Rendezvous am folgenden Wochenende. Kelly wohnte in der Stadt, und James war ein Rancher und lebte auf dem Land. Sie konnte sich nicht vorstellen, daß das Ganze mehr als nur eine kurze Affäre werden würde, daher ließ sie sich von dem offensichtlichen Unterschied in ihrer Lebensführung bei ihrer Entscheidung, James näher kennenzulernen, nicht beeinflussen. Obwohl Kelly von Natur aus unabhängig war, hatte sie sich seit der Trennung von ihrem Exfreund ein wenig einsam gefühlt und genoß die Aufmerksamkeit, die James ihr entgegenbrachte.

An jenem Wochenende verbrachten sie eine herrliche Zeit miteinander. Kelly kam es so vor, als würde sie James schon ihr ganzes Leben lang kennen. Den Monat darauf kam er jedes Wochenende in die Stadt, um sie zu besuchen und mit ihr auszugehen, und er rief sie jeden Abend an. Nach ein paar

---

* Amerikanischer Feiertag im September, Beginn des neuen Schuljahres. – *Anm. d. Übers.*

Wochen fragte James sie, ob sie nicht Lust hätte, zu ihm auf die Ranch zu kommen. Und obwohl eine Ranch nicht das war, was sie sonderlich interessierte, mochte sie James wirklich sehr und wollte gern einmal länger mit ihm zusammensein. Außerdem fand sie es nur gerecht, selbst eine Weile zwischen Stadt und Land hin- und herzupendeln. Von nun an verbrachten sie jeweils ein Wochenende auf seiner Ranch und das nächste in ihrem Apartment in der Stadt.

Innerhalb von vier Monaten hatte sich das Arrangement nach und nach so entwickelt, daß Kelly jedes Wochenende zu James auf die Ranch fuhr. Er sagte: »Das Hinundherfahren ist problematisch für mich, da ich jeden Tag die Kühe füttern und mich um das Getreide kümmern muß.«

In der Umgebung der Ranch gab es meilenweit nicht einmal einen Lebensmittelladen. Die nächst gelegene Stadt war eine halbe Autostunde entfernt. Also verbrachte Kelly die meiste Zeit auf der Ranch. Im Anfang machte ihr das nichts aus, denn es gab James und ihr die Möglichkeit, allein zu sein und sich wirklich kennenzulernen. Sie war dabei, sich in ihn zu verlieben.

Das hieß natürlich, daß sie wesentlich weniger Zeit mit ihren Freunden verbrachte, mit denen sie die Dinge getan hatte, die ihr Freude bereiteten: Live-Musik kören, ins Ballett gehen, Kunstgalerien und kulturelle Veranstaltungen besuchen, die neuesten Filme sehen und gut essen gehen.

Nachdem sie sechs Monate zusammen waren, machte James ihr einen Heiratsantrag. Kelly nahm ihn auf der Stelle an, doch erkannte sie, daß ein Leben auf der Ranch sie nicht glücklich machen würde. Als sie dies mit James besprach, einigten *sie sich, daß sie innerhalb von zwei Jahren in die Stadt ziehen und James seinen Beruf wechseln würde.*

Da Kelly Vertreterin für eine Herstellerfirma war und von zu Hause aus arbeitete, war es kein Problem für sie, ihr Büro auf die Ranch zu verlegen, obwohl dies einen längeren und umständlicheren Arbeitsweg bedeutete, wenn sie zu einem geschäftlichen Termin in die Stadt mußte. Sie dachte, daß sie aufgrund ihrer Liebe zu James alle Schwierigkeiten überwinden könnte, selbst wenn das bedeutete, zwei Jahre auf einer Ranch zu leben.

Im darauffolgenden Jahr heirateten die beiden. Obgleich Kelly nicht glücklich war, glaubte sie, daß dies allein auf das Leben auf der Ranch zurückzuführen war, zumal sie ihre Freunde und das Stadtleben vermißte. Sie klammerte sich an die Vorstellung, daß sie im kommenden Jahr umziehen würden.

Im Laufe des Jahres bemerkte Kelly, daß James nicht die geringsten Anstrengungen in bezug auf einen Umzug unternahm. Er hatte sich noch nicht nach einer neuen Arbeit umgesehen; er wußte nicht einmal, was er überhaupt anderes tun wollte. Kellys Traurigkeit wirkte sich auf ihre Gesundheit aus; sie nahm zu und bekam einen zu hohen Blutdruck. Sie war ständig depressiv, und James und sie stritten sich die ganze Zeit.

Am Ende des zweiten Jahres wurde ihr klar, daß James wahrscheinlich nicht die geringste Absicht hatte umzuziehen. Obwohl Kelly ihn liebte und wußte, daß er sie liebte, hatte sie ihr »Selbst« verloren. Nie tat sie irgendwelche Dinge, die ihr Freude bereiteten, und der Kontakt zu den meisten ihrer

Freunde in der Stadt war längst eingeschlafen. Mit den Frauen der anderen Rancher in der Umgebung hatte sie wenig gemeinsam und demzufolge keine neuen Freundinnen gefunden. Ihre Isolation und Trauer nahmen sie emotional, physisch und spirituell sehr mit.

Nach einem weiteren Jahr in dem Versuch, Zufriedenheit in ihrem Leben auf der Ranch zu finden, zog Kelly in die Stadt zurück. Und obwohl sie die schmerzhafte Erfahrung einer Scheidung von James machen mußte, lernte sie, daß eine Beziehung nicht ihr ganzes Leben ausmachen durfte. Sie mußte als Person glücklich sein und auch mit dem Leben, das sie führte, bevor sie es mit einem anderen Menschen teilen konnte.

Kelly und James sind Freunde geblieben. Sie hofft, daß er ein nettes Mädchen vom Lande finden wird.

Im Namen der Liebe

Es gibt nur eine Art von Liebe,
aber tausend verschiedene Variationen.

LA ROCHEFOUCAULD

Denkmäler sind errichtet, Lieder sind geschrieben und selbst der englische Thron ist im Namen der Liebe aufgegeben worden. Menschen haben im Namen der Liebe andere getötet, verfolgt und mißhandelt. Ist es daher ein Wunder, daß das Wort *Liebe* Verschiedenes für verschiedene Menschen bedeutet?

Was bedeutet Liebe für Sie? Wenn Sie in einer Familie aufgewachsen sind, wo Sie nur Liebe bekommen haben, wenn Sie etwas Wunderbares taten, den Mund hielten oder sich wild gebärdeten, wie hat das Ihr Konzept von Liebe beeinflußt? Haben Ihre Eltern vor Ihren Augen miteinander gestritten und Ihnen gesagt, daß sie das nur taten, weil sie einander liebten? Haben sie nie aus Liebe miteinander kommuniziert? Sind Sie oft umarmt und geküßt worden, weil man Sie liebte? Wenn Sie glauben, daß Liebe »besitzen« heißt, gegenseitiges Sichanbrüllen und viele Probleme beinhaltet, dann werden Sie genau das immer wieder aufs neue in Ihrem Leben kreieren.

46

Sind Sie andererseits davon überzeugt, daß Liebe eine Beziehung bedeutet, in der sich die Partner gegenseitig unterstützen und die es ihnen erlaubt, als Mensch zu wachsen, dann werden Sie genau solche Beziehungen kreieren. Der Schlüssel hier liegt in dem, was Sie *glauben*, nicht, was Sie *denken*. Ihre Glaubenssätze sind in Ihrem Unterbewußtsein verankert; Ihr Bewußtsein schafft den Spiegel für das, was Sie in Ihr Leben bringen. Ziehen Sie Situationen und Beziehungen an, die nicht mit dem übereinstimmen, was Sie zu wollen glauben, dann ist es an der Zeit, daß Sie Ihre *Glaubenssätze* überprüfen. In den meisten Fällen haben sich Ihre Glaubenssätze bereits in der Kindheit eingeprägt.

Die Art und Weise, wie Liebe verbal und nonverbal in Ihrer Familie zum Ausdruck kam, als Sie heranwuchsen, ist das Fundament für Ihre Ansicht darüber, was Liebe ist und wie sie gelebt wird. Als sie älter wurden und selbst Ihre ersten Beziehungen eingingen, hat man Ihnen vielleicht gesagt: »Wenn du mich magst, dann gehst du mit mir ins Bett«, »Wenn du mich liebst, dann nimmst du Drogen mit mir«, oder: »Wenn du mich liebst, dann wirst du vierundzwanzig Stunden am Tag für mich da sein, sieben Tage in der Woche.« Sie reagieren auf Forderungen und Ansprüche entsprechend Ihrer Vorstellung, wie der Liebe Ausdruck verliehen werden sollte.

Sie werden unter Umständen auf jedes noch so kleinste Bedürfnis Ihres potentiellen Partners eingehen, auf all seine Wünsche und Bedenken, ohne dabei auch nur im geringsten Ihre eigenen Bedürfnisse zu berücksichtigen, wenn Sie darauf konditioniert sind, daß dies die Definition von Liebe ist. Wenn Sie darum kämpfen, Ihre Identität zu bewahren, da Sie als Kind das Gefühl hatten, Sie würden emotional ertrinken, werden Sie vielleicht die Entscheidung treffen, sich nie wieder auf Kompromisse oder Diskussionen einzulassen, bis hin zu dem Punkt, wo Ihr Starrsinn es anderen schwermacht, Sie zu lieben.

Suchen Sie nach Ihrem idealen Partner, dann ist es wichtig für Sie zu wissen, was *Sie* »im Namen der Liebe« tun. Machen Sie eine Liste. Entscheiden Sie, was Sie von dem, was Sie als Folge der Liebe tun, *mögen* – und was Sie gern *verändern* würden.

Wenn Sie zum Beispiel gelernt haben, daß Liebe bedeutet, Ihrem Partner Ihre Gefühle nicht ehrlich mitzuteilen, dann werden Sie Menschen anziehen, die nicht gut mit ehrlicher Kommunikation umgehen können. Selbst wenn Sie Ihrem Partner sagen möchten, wie Sie sich fühlen, wird es Ihnen vielleicht nicht möglich sein, weil man es Ihnen nie beigebracht hat oder weil Sie in der Vergangenheit schlechte Erfahrungen mit Ihrer Ehrlichkeit gemacht haben. Sie selbst müssen Ihr Verhaltensmuster ändern. Fangen Sie an, ehrlich zu Ihren Freunden zu sein. Wenn zum Beispiel jemand anruft und Sie fragt, ob Sie sich gemeinsam einen Film anschauen wollen, der Sie nicht interessiert und wo Sie normalerweise entweder trotzdem mitgehen oder aber eine Entschuldigung vorbringen würden, versuchen Sie zu sagen: »Ich kann gewalttätige Filme nicht ausstehen, aber danke, daß du mich angerufen hast. Ich habe gehört, daß X gut ist;

sollen wir uns vielleicht diesen Film anschauen?« Irgendwann werden Sie dieses Prinzip der Ehrlichkeit auch in anderen Bereichen Ihres Lebens zur Anwendung bringen, und das schließt Ihre Liebesbeziehung mit ein.

Doch was ist andererseits mit den Botschaften über Liebe, die Ihnen gefallen? Haben Sie Ihren Eltern immer einen Gutenachtkuß gegeben? Hat man Sie gelehrt, Ihre Familie und Ihre Freunde liebevoll zu umarmen? Hat Ihre Mutter Ihnen Ihre Lieblingsplätzchen gebacken, wenn sie glaubte, daß Sie einen schlechten Tag hatten? Wenn Sie positive Erlebnisse in bezug auf Liebe hatten, die Sie wiedererschaffen wollen, dann tun Sie das.

Wenn Sie in einem Zustand der Liebe leben, so heißt das nicht, nur den Menschen gegenüber liebevoll zu sein, zu denen man sich romantisch hingezogen fühlt. Es heißt vielmehr, daß man die goldene Regel befolgt: »Behandle andere so, wie du willst, daß man dich behandelt.« Das bedeutet nicht, sich einige Menschen auszusuchen, die man entsprechend behandelt, sondern es bezieht sich auf die Menschheit im allgemeinen. Sind Sie Ihren Freunden gegenüber rücksichtsvoll und liebenswürdig? Wenn jemand krank ist, bieten Sie an, ihm Hühnersuppe zu bringen? Wenn jemand unglücklich und traurig ist, leihen Sie ihm dann vorurteilslos Ihr Ohr und hören zu? Feiern Sie die Erfolge Ihrer Freunde und Familienmitglieder? Können Sie sich aufrichtig mit anderen freuen, wenn in deren Leben alles gut läuft? Oder sind Sie Fremden gegenüber offener und liebevoller als Ihren Freunden und Ihrer Familie gegenüber? Bieten Sie anderen fortwährend ungebetene Ratschläge an? Versuchen Sie – offen oder versteckt – die Handlungen und Verhaltensweisen anderer zu kontrollieren? Sind Sie neidisch auf das Glück Ihrer Mitmenschen?

Meine Frage lautet: Wie verhalten Sie sich anderen gegenüber im Namen der Liebe? Wenn Sie nicht liebevoll zu Menschen sind, mit denen Sie keine romantische Beziehung haben, wird es Ihnen so gut wie unmöglich sein, mit einem Liebespartner in einem Zustand der Liebe zu leben.

Liebe heißt für jeden etwas anderes. Da wir alle unterschiedliche Vorstellungen in bezug darauf haben, was Liebe ist oder nicht ist, sind auch unsere Erwartungen, Handlungen und Reaktionen darauf unterschiedlich. Einige Leute sagen, daß Frauen offener und empfänglicher für Liebe sind als Männer. Das sehe ich anders. Ich glaube, daß jeder schon einmal Schmerzen im Namen der Liebe erlitten hat. Und wenn wir einmal Schmerzen gefühlt haben, dann werden wir versuchen, die Wiederholung einer solchen Erfahrung um jeden Preis zu vermeiden. Das bedeutet, daß die meisten von uns an irgendeinem Punkt eine Mauer um ihr Herz errichten, um es vor dem möglichen Schmerz zu beschützen, der mit Liebe einhergeht. Verschiedene Leute errichten verschiedene Arten von Mauern. Manche sind ganz aus Stein, ohne ein Tor oder ein Fenster. Andere sind mehr wie Zäune, mit vielen Türen für diejenigen Personen, denen der Besitzer gestattet, ein und aus zu gehen. Andere wiederum haben ihre Tore abgeschlossen und die

Schlüssel weggeworfen, und wieder andere haben Zäune aus dünnen Fäden um ihre Herzen errichtet; die es allen gestatten, einzutreten – selbst solchen Menschen, denen eigentlich kein Zutritt gewährt werden sollte. Glücklicherweise ist es *Ihr* Zaun – und Sie können Ihre Mauer aus Stein einreißen oder die Wächter auswechseln oder die Voraussetzungen zum Hereingelassenwerden verschärfen. Sie errichten den Sie beschützenden Zaun aufgrund Ihrer Vorstellungen, Ihrer Auffassung und Ihrer Erfahrungen von Liebe. Im Namen der Liebe können Sie ihn umbauen, niederreißen oder die Schlüssel finden, um das Tor wieder aufzuschließen.

Einen Sicherheitszaun um das Fundament Ihrer Liebe zu errichten bedeutet, gesunde Grenzen zu haben. Das ist nicht egoistisch; es hat vielmehr etwas damit zu tun, zuerst sich selbst zu lieben.

Selbstliebe im Gegensatz zu Egoismus

Egoismus bedeutet nicht, so zu leben,
wie man möchte, sondern von anderen zu erwarten,
daß sie so leben, wie man möchte.

OSCAR WILDE

Wenn Sie Selbstliebe praktizieren, indem Sie auf sich achten, mögen andere Sie als egoistisch bezeichnen, da Sie sich nicht deren Vorstellungen unterwerfen. Es ist wichtig, den Unterschied zwischen Selbstliebe und Egoismus zu erkennen.

Selbstliebe hat was damit zu tun, die Verantwortung für die eigenen physischen, emotionalen, geistigen und spirituellen Bedürfnisse zu übernehmen. Sie hat etwas mit der Erkenntnis zu tun, daß Sie nicht in der Lage sind, anderen Menschen Liebe – oder was auch immer – zu geben, wenn Sie nicht zuerst Ihre eigenen Bedürfnisse berücksichtigen. Das Praktizieren von Selbstliebe heißt, die Bedürfnisse Ihres eigenen Körpers zu erkennen und zu achten. Dies bedeutet zum Beispiel, zu Hause zu bleiben und einen Film anzuschauen, anstatt mit Ihren Freunden auszugehen, wenn Sie krank oder müde sind.

Egoismus andererseits hat damit zu tun, das zu wollen, was für Sie am besten ist, ohne Rücksicht darauf, was für die anderen am besten ist. Es bedeutet, daß Ihre Motive, Handlungen und Interaktionen ausschließlich auf Ziele ausgerichtet sind, die Ihnen allein dienen. Zum Beispiel ruft Sie jemand an, den Sie mögen; Sie sind nicht zu Hause, also hinterläßt derjenige eine Nachricht auf Ihrem Anrufbeantworter. Sie beschließen jedoch, nicht zurückzurufen, weil Sie wollen, daß derjenige Ihnen »nachläuft«. In dem Fall haben Sie ein egoistisches Motiv für Ihr Handeln, und dies ist keine liebevolle, freundliche Verhaltensweise. Hätten Sie es gern, wenn jemand, den Sie mögen, *Sie* nicht zurückruft, weil er es vorzieht, wenn Sie ihn öfter anrufen? Würden Sie jemanden öfter anrufen wollen, der nicht einmal genug Anstand hat, Sie zurückzurufen?

Wenn Sie Selbstliebe praktizieren, wird dies von anderen Menschen leider oft als Egoismus ausgelegt. Sollten Sie jemals dessen oder etwas Ähnlichem bezichtigt werden, dann schlage ich Ihnen vor, die folgenden zwei Dinge zu tun: Als erstes schauen Sie sich an, von wem die Behauptung kommt; ist die Quelle zuverlässig, schauen Sie sich das Thema näher an. Als zweites vergessen Sie nicht, daß der Ankläger zuerst sein eigenes Leben im Spiegel betrachten sollte, bevor er das Ihre unter dem Vergrößerungsglas untersucht. Wenn Sie beschlossen haben, Ihr Leben gemäß den spirituellen Grundsätzen zu führen, besteht immer die Tendenz, sich mit der Philosophie der »bedingungslosen Liebe« auseinanderzusetzen. Es mag Ihnen vielleicht so vorkommen, daß Sie bei der Ausübung von Selbstliebe andere Menschen nicht bedingungslos lieben. Doch Selbstliebe heißt, sich selbst *zuerst* bedingungslos zu lieben, damit Sie diese Liebe dann der Welt widerspiegeln können. Es bedeutet, gesunde Grenzen zu haben.

Gesunde Grenzen gehören zur bedingungslosen Liebe dazu. Wenn Sie gesunde Grenzen haben, dann wissen Sie, was in Ihrem Leben funktioniert und was nicht; Sie wissen, was Sie an Menschen, mit denen Sie Beziehungen eingehen, und an Ihrer eigenen Lebensweise mögen und was nicht. Manche Leute lieben es, bis um vier Uhr morgens zu feiern, während andere um diese Zeit lieber süße Träume haben. Manche Leute sind gern draußen in der Natur, schwimmen und spielen Ball, während andere es vorziehen, ins Kino, Museum oder Theater zu gehen. Es bedeutet nicht, daß etwas falsch ist, eine Sache zu mögen und eine andere nicht, oder daß Menschen mit den unterschiedlichsten Interessen keine glücklichen Verbindungen eingehen können; doch es hat etwas mit dem Wissen darüber zu tun, was zu Ihrem Leben paßt und was nicht. Natürlich sind einige Grenzen dazu da, Dinge aus unserem Leben fernzuhalten, die uns weh tun. Wenn jemand Sie verbal oder physisch mißbraucht, weder Ihre Ziele noch Ihre Träume unterstützt und nicht dafür sorgt, daß Sie sich in Ihrer Haut wohl fühlen, dann bedeutet das Ausschließen einer solchen Person aus Ihrem Leben, sich selbst vor Verletzungen zu schützen.

Bedingungslos zu lieben heißt, Liebe nicht mit Bedingungen zu belasten, und das bedeutet, andere nicht zu be- oder verurteilen. Die indianische Philosophie zum Beispiel besagt: »Verurteile nie jemanden, bevor du eine Meile in seinen Mokassins gelaufen bist.« Bedingungslose Liebe erlaubt anderen, ihr eigenes Leben zu leben und ihre Lektionen zu lernen, wenn sie dazu bereit sind. Bedingungslose Liebe ist das Vertrauen darin, daß der Lehrer erscheinen wird, wenn der Schüler bereit ist, und sie ist das Erkennen und Akzeptieren, daß Sie nicht jedermanns Lehrer sind. Das heißt, daß Sie vielleicht manche Personen nur aus der Ferne lieben können. Ihr Ziel sollte es sein, allen Menschen gegenüber liebevolle Gedanken zu hegen, selbst jenen, die sich Ihnen gegenüber Ihrer Meinung nach falsch verhalten haben. Sie können sich jedoch durchaus dafür entscheiden, daß eine bestimmte Person nicht Teil Ihres täglichen Lebens sein soll. In einem Zustand der Liebe zu leben bedeutet nicht, ein Märtyrer zu sein. Wenn Sie jemanden lieben, der Sie ausnutzt oder schlecht behandelt, sage ich nicht, Sie sollten aufhören, denjenigen zu lieben. Gott weiß, daß gerade diese Menschen alle Liebe brauchen, die sie bekommen können. Doch sage ich, daß Sie sich in bezug auf die Rolle, die diese Personen in Ihrem Leben spielen, abgrenzen zu müssen. Wenn jemand Sie verbal angreift, dann würde ich denjenigen nicht zum Abendessen einladen, nur weil ich darum bemüht bin, in einem Zustand der Liebe zu leben. Laden Sie jemanden ein, der wie Sie bestrebt ist, in Liebe zu leben; dann werden Sie den Abend auch genießen können.

Selbstliebe ist nicht egoistisch. Sie bedeutet, daß Sie sich um Ihr eigenes physisches, geistiges und seelisches Wohlergehen kümmern, was Ihnen wiederum die Kraft, Geduld und Toleranz gibt, andere Menschen tatsächlich bedingungslos zu lieben.

Rob und Jill gingen miteinander, seit Jill fünfzehn Jahre alt war. Sobald sie achtzehn wurde, wollte Rob sie heiraten, doch Jill hatte noch nicht das Gefühl, daß sie dazu bereit war.

An ihrem zwanzigsten Geburtstag nahm sie Robs Heiratsantrag an. Innerhalb von vierundzwanzig Stunden, nachdem sie seinen Verlobungsring am Finger trug, war sie von Kopf bis Fuß mit roten Flecken übersät.

»Mein ganzer Ringfinger schwoll an, und bald hatte ich überall einen Ausschlag«, erzählte Jill. »Es war sehr offensichtlich, daß ich nicht heiraten wollte. Mein Finger war rot und brannte. Das einzige, was ich denken konnte, war: ›Ich muß diesen Ring von meiner Hand runterkriegen!‹«

Sie ging mit ein paar Freundinnen zum Strand, und ihre Hand tat so weh, daß sie den Ring am liebsten runtergerissen und im weiten Bogen von sich geworfen hätte. Es handelte sich um einen einkarätigen Brillantring, nicht unbedingt die Art von Schmuck, die man einfach so wegwirft. Doch Jill sagte: »Ich konnte es nicht ertragen, also warf ich den Ring im hohen Bogen weg.

In dem Moment, als ich ihn los war, fühlte ich mich richtig erleichtert«, fuhr Jill fort. Sie spürte, daß ihr Körper augenscheinlich wußte, wie unangenehm ihr die Vorstellung von einer Verlobung war, ganz zu schweigen von einer Hochzeit.

Am selben Abend sagte sie Rob, daß diese Verlobung für sie nicht das richtige war und sie wahrscheinlich so bald nicht bereit sein würde zu heiraten. Sie fühlte sich gar nicht wohl, als sie ihm dies sagte, denn ihre Beziehung hatte sich in Richtung Ehe entwickelt, und sie hatte ihn nie wissen lassen, daß ihr der Gedanke ans Heiraten unangenehm war.

Dieses Erlebnis zeigte ihr, wie wichtig es für ihr körperliches Wohlergehen war, in jeder Situation mit ihren Gefühlen in Kontakt zu sein und sie auch zum Ausdruck zu bringen.

Arten der Liebe

Überall lernt man nur von dem,
den man liebt.

J. W. VON GOETHE

Ich glaube, daß es fünf Arten der Liebe in Beziehungen gibt: die körperliche, die spirituelle, die geistige, die emotionale und die ganzheitliche. Es ist sehr gut möglich, daß man nur eine der ersten vier Arten von Liebe mit jemandem teilt. Sie mögen die geistige Anregung lieben, die Sie empfinden, wenn Sie mit jemandem kommunizieren, sich aber nicht körperlich zu ihm hingezogen fühlen. Oder die körperliche Anziehung zu einem Menschen ist stark ausgeprägt, ohne daß die anderen Arten der Liebe vorhanden sind. Sie können sogar eine seelische Verbindung spüren und liebevolle Gefühle für jemanden hegen, ohne daß die restlichen Arten der Liebe Sie verbinden. Damit eine Beziehung mit einem idealen Partner ein Leben lang funktioniert – mit anderen Worten: um eine ganzheitliche Liebesbeziehung führen zu können, muß die Verbindung auf *allen* Ebenen bestehen.

Körperliche Liebe ist sexueller Natur. Sie ist die unerklärliche Anziehung, die Sie für jemanden empfinden.

Manche von uns fühlen sich von einem speziellen Körperbild angezogen, einer bestimmten Haar- oder Augenfarbe oder von etwas, das wir einfach nicht erklären können. Physische Anziehung zu einem Menschen entwickelt sich normalerweise nicht im Lauf der Zeit, sondern ist in der Regel schon bei der ersten Begegnung spürbar. Doch während Sie einen Menschen näher kennenlernen und sich in seiner Gesellschaft seelisch, geistig und emotional immer wohler fühlen, spüren Sie vielleicht Ihre wahren Empfindungen für denjenigen und erlauben den eventuell unterdrückten oder verdrängten Gefühlen der körperlichen Anziehung aufzulockern. Wenn Sie jedoch einen Menschen gleich bei der ersten Begegnung nicht als attraktiv empfunden haben, so ist es unwahrscheinlich, daß sich später eine sexuelle Anziehung entwickelt, selbst wenn Sie diese Person auf allen anderen Ebenen lieben und verehren sollten.

Körperliche Liebe hat außerdem mit der Vereinbarkeit im Hinblick darauf zu tun, auf welche Weise wir der Liebe Ausdruck verleihen. Einige von uns sind unheilbare Romantiker, während andere die erregende Stimulierung von Leder, Handschellen und Augenbinden vorziehen. Manche Leute lieben Rollenspiele, während andere verschiedene Partner haben wollen und wieder andere sich Kerzenlicht, romantische Musik und Rosenblüten im Bett wünschen. Bei all diesen Dingen geht es darum zu wissen, wie Ihrer Meinung nach der körperlichen Liebe Ausdruck verliehen werden soll, und demzufolge Ihre Grenzen abzustecken und nur so weit zu gehen, die es Ihnen angenehm ist. Vergessen Sie dabei nicht, daß sich Ihre Vorstellungen über einen angemessenen Ausdruck körperlicher Liebe gleichermaßen wandeln können wie Ihre Beziehungen.

Im Anfang basieren die meisten Beziehungen auf körperlicher Anziehung. Diese Anziehung kann sich in Küssen, Umarmungen, Händchenhalten oder sexuellen Begegnungen äußern. Doch unabhängig davon, auf welche Weise Sie Ihrer körperlichen Liebe zu einem anderen Menschen Ausdruck verleihen, ist es wichtig, nicht zu vergessen, daß Sie alle Arten der Liebe entwickeln müssen und nicht bei der körperlichen Liebe stehenbleiben dürfen.

Spirituelle oder *seelische Liebe ist* göttlich, nicht sexuell; sie ist kosmisch, bedingungslos und allumfassend. Wenn Sie im Zustand dieser Liebe einem anderen in die Augen schauen, kann es sein, daß Sie das Gefühl haben, als würden Sie ihn schon seit ewigen Zeiten kennen. Sie sind verwandte Seelen. Auf der spirituellen Ebene wollen Sie das, was für den anderen am besten ist. Das ist der Liebe vergleichbar, die eine Mutter für ihr Kind oder ein Kind für seine Eltern empfindet. Was immer die andere Person auch tun mag, Sie werden sie immer lieben, selbst wenn Sie ihre Handlungen nicht gutheißen. Spirituelle Liebe beinhaltet die Erkenntnis, daß Sie die Lebensreise eines anderen Menschen weder kontrollieren noch manipulieren können. Sie bedeutet, zu vertrauen und den Glauben zu haben, daß alle Dinge so geschehen, wie sie geschehen sollen, selbst wenn es Ihnen nicht gefällt oder Sie es nicht verstehen. Spirituelle Liebe erlaubt den Menschen, ihre Flügel auszubreiten und zu fliegen.

Darüber hinaus müssen Sie in bezug auf Ihre Vorstellungen, wie Spiritualität ausgedrückt werden sollte, zueinander passen. Spiritualität betrifft Ihr Verhältnis zu Gott oder zu den universalen Kräften. Wenn Spiritualität Ihrer Meinung nach heißt, jede Woche in die Kirche oder in die Synagoge zu gehen, während Ihr potentieller Partner nicht einmal an Gott glaubt, oder wenn Sie meinen, daß Sie nicht mehr tun müssen, als zu meditieren, um mit Gott zu kommunizieren, aber mit jemandem eine Liebesbeziehung eingehen wollen, der Pfarrer werden will, dann werden Sie beide einen Kompromiß eingehen müssen, um eine gemeinsame Ebene im Hinblick auf den Ausdruck Ihrer Spiritualität zu finden.

Geistige Liebe ist die intellektuelle Anregung, die sie spüren, wenn Sie mit einem anderen Menschen kommunizieren. Sie verleiht der Beziehung die Kraft und Leidenschaft, die Sie zum Denken anregt. Vielleicht kann Ihnen die andere Person Einsichten in Ihr eigenes Selbst vermitteln, die Ihnen bisher niemand geben konnte; vielleicht bringt er oder sie Ihnen Dinge bei, die Sie schon immer wissen wollten; oder es kann sein, daß der andere einfach Samen der Weisheit pflanzt, deren Früchte Sie irgendwann einmal ernten werden. In einer Liebesbeziehung sollte gegenseitige geistige Liebe und Bewunderung füreinander gegeben sein. Sie und Ihr Partner sind Experten in verschiedenen Bereichen, doch wenn Sie Ihr

Leben miteinander teilen, dann sollte es eine geistige Verbundenheit geben, die beide Partner energetisiert.

Beziehungen können auf vielen verschiedenen geistigen Anregungen basieren. Es ist nicht nötig, daß Sie beide gleich intellektuell ausgerichtet sind, doch müssen Sie gewisse gemeinsame Interessen haben, mit denen Sie sich beschäftigen und die Sie zusammen erforschen können.

Emotionale Liebe schließt die intensiven Gefühle ein, die ein anderer Mensch in uns wecken kann. Dies umfaßt *alle* Gefühle, sowohl die positiven als auch die negativen. Sie mögen Liebe und Haß empfinden, Freude und Traurigkeit oder Gelassenheit und Schmerz, und das alles in einer einzigen Begegnung mit einem anderen Menschen. Jemand, den Sie emotional lieben, ist in der Lage, Sie in den siebten Himmel zu katapultieren – oder an der Schnur zu ziehen, die Sie fallen und knallhart auf dem Boden aufschlagen läßt, und zwar schneller, als Sie diesen Satz lesen können. Wenn Sie jemanden emotional lieben, öffnen Sie damit eine Tür zur Ihrer Verwundbarkeit. Wenn der andere leidet, leiden Sie; wenn er glücklich ist, sind Sie es auch. Sofern diese emotionale Liebe nicht gegenseitig ist, kann sie eine äußerst kräftezehrende Art der Liebe sein. Fühlen Sie sich emotional mit einem Menschen verbunden, und das Gefühl wird nicht erwidert, dann sind Sie schutzlos den Verletzungen ausgeliefert, die der andere Ihnen zufügen kann, ob aus Absicht oder aus Versehen. Es ist möglich, daß derjenige gar nicht erkennt, welch tiefgreifende Auswirkungen seine Reaktionen oder Handlungen auf Sie haben. Wenn das Gefühl aber gegenseitig ist, versuchen beide Partner, sich emotional zu unterstützen und rücksichtsvoll zu sein. Dies erlaubt beiden, sich gefühlsmäßig sicher und geborgen zu fühlen, und so kann die Liebe zwischen ihnen erblühen und wachsen. Wenn Ihre emotionale Liebe stärker wird, ermöglicht sie Ihnen, Risiken einzugehen, die Sie in der Vergangenheit aus Angst heraus nie auf sich genommen hätten.

Emotionale Liebe sollte mit Rücksicht auf angemessene Grenzen geschenkt werden, um unnötigen gefühlsmäßigen Schaden zu vermeiden. Es ist wichtig, daß Sie emotionale Risiken eingehen, doch ist es klug, vorher ein Sicherheitsnetz zu spannen oder aber nicht zu springen, bis Sie ganz sicher sind, daß Sie weich landen. Wenn Sie in der Vergangenheit durch emotionale Liebe verletzt worden sind, müssen Sie vielleicht zunächst diese Art der Liebe in kleinen Schritten praktizieren. Sie können damit anfangen, sich selbst zu erlauben, in den Beziehungen zu Ihren Freunden emotional verletzbar zu sein. Und wenn Sie sich erst einmal in diesen Beziehungen sicher fühlen, werden Sie auch in der Lage sein, einem Liebespartner gegenüber emotionale Verletzbarkeit zuzulassen.

Ganzheitliche Liebe in einer Beziehung umfaßt Liebe auf der körperlichen, geistigen, emotionalen und seelischen Ebene. Eine Verbindung dieser Art ermöglicht den beteiligten Partnern das größtmögliche Wachstum als Individuum und ebnet den Pfad für unendliches Wachstum in einer Beziehung. Ist Ihre Verbindung nicht von der Art, daß Sie Liebe gleichzeitig auf der körperlichen, geistigen und emotionalen und seelischen Ebene erleben, werden Sie irgendwann eine Leere empfinden und versuchen, sie anderweitig zu füllen. Es kann sein, daß es Zeiten gibt, in denen Ihre Beziehung in einem Bereich mehr Wachstum erlebt als in einem anderen, aber dennoch im Gleichgewicht ist. Ganzheitliche Liebe ist ein notwendiges Fundament für eine lebenslange, liebevolle Beziehung.

Während Ihrer Reise auf der Suche nach Ihrem idealen Gefährten kann es sein, daß Sie Liebespartner treffen, mit denen Sie nur eine Verbindung in einem oder zwei Bereichen haben. Dies ermöglicht Ihnen, in einem bestimmten Bereich Ihres Lebens zu wachsen, indem Sie herausfinden, was Sie in einer Beziehung wollen und was Sie nicht wollen. Zum Beispiel könnten Sie jemanden treffen, mit dem Sie eine geistige Verbindung haben und stundenlang reden können. Infolge dieser Beziehung erleben Sie vielleicht, daß ein anderer Ihre Gedanken und Vorstellungen akzeptieren kann. Unter Umständen stellen Sie fest, daß Sie sich beide für gewisse Dinge interessieren, die intellektuell anregend sind. Jedoch kann es sein, daß die körperliche Anziehung oder andere Aspekte eine ganzheitliche Beziehung nicht stark genug sind. Damit ist nicht gesagt, daß Sie nichts über sich gelernt haben und als Person gewachsen sind, oder daß die Beziehung nicht ein wichtiger Teil der Erfahrungen ist, die Sie schließlich zu Ihrem idealen Partner führen werden.

Sich selbst für eine ganzheitliche Beziehung mit Ihrem Seelenpartner vorzubereiten bedeutet, daß Sie Ihre körperlichen, seelischen, emotionalen und geistigen Liebesbedürfnisse und -wünsche verstehen. Es geht darum, sich selbst und andere in all diesen Bereichen lieben zu dürfen, und um die Erkenntnis, daß alle Beziehungen, die Sie erleben, Möglichkeiten sind zu lernen, einen anderen Menschen körperlich, emotional, seelisch und geistig zu lieben. Im Laufe der Zeit und mit viel Übung werden Sie irgendwann feststellen, daß Sie sich in einem Zustand der ganzheitlichen Liebe befinden.

Glauben, vertrauen und loslassen

Bei der wahren Liebe
wollen Sie, daß es der anderen Person
gutgeht. Bei der romantischen Liebe
wollen Sie die andere Person.

MARGARET ANDERSON

Wenn du etwas liebst,
laß es frei. Wenn es zu dir zurückkommt,
gehört es dir.
Wenn es nicht zurückkommt, hat es dir nie gehört.

ANONYM

In einem Zustand der Liebe zu leben setzt voraus, daß Sie daran glauben und darauf vertrauen, daß es im Leben eine höhere, universale Ordnung gibt. Es bedeutet, daß Sie darauf vertrauen, daß Sie, wenn Sie einen anderen lieben – selbst wenn diese Liebe nicht erwidert wird, wie Sie es erwarten oder sich wünschen –, auf diese Weise eine Erfahrung machen, die für das Wachstum Ihrer Seele von größter Bedeutung ist. Es erfordert das Loslassen von Erwartungen. Wenn Sie erwarten, daß Menschen auf die Liebe, die Sie ihnen geben, reagieren oder sie in gleichem Maße erwidern, dann ist dies eine Liebe, an die Bedingungen geknüpft sind. Bedingte Liebe hat mehr mit Macht und dem Ego zu tun als damit, in Liebe zu leben.

Wenn Sie etwas geben, um etwas zurückzubekommen, verändern Sie den Fluß der Liebesenergie. Liebe zu geben ist nicht das gleiche, wie einkaufen zu gehen und der Verkäuferin Geld im Austausch für eine Ware zu geben, die Sie sich ausgesucht haben, um Ihre Bedürfnisse zu erfüllen; die Gesetze des Universums funktionieren nicht auf die gleiche Art wie die Gesetze des Konsums. Sie können nicht bestimmen, was Sie für die Liebe erhalten, die Sie anderen zukommen lassen. Wahre Liebe hat etwas mit dem Loslassen aller Erwartungen in bezug auf das zu tun, was Sie dafür zurückbekommen, während Sie gleichzeitig Ihren Glauben bewahren und darauf vertrauen, daß Sie der höchsten Aufgabe Ihrer Seele gerecht werden, nämlich der Aufgabe, andere zu lieben. Das universale Gesetz sieht vor, daß Sie alles zehnfach zurückbekommen, was Sie anderen ohne Erwartung geben; doch legt es sich nicht darauf fest, was, wann und in welcher Form Sie es erhalten.

In einem Zustand der Liebe zu leben bedeutet zu glauben und darauf zu vertrauen, daß die Erfahrung in Ihrem eigenen besten Interesse ist, selbst wenn Sie nicht wissen, wo diese Liebe, die Sie geben, hinführt. Das ist hart, vor allem wenn Sie das Gefühl haben, mehr Liebe zu geben, als zu empfangen. In solch einem Fall kann es hilfreich sein, sich darauf zu besinnen, wieviel Liebe Sie aus anderen Quellen bekommen. Zu manchen Zeiten mag es Ihnen so vorkommen, als würden Sie eine Nadel in einem Heuhaufen suchen, doch es ist wichtig, daß Sie sich all der Segnungen in Ihrem Leben bewußt sind. Schreiben Sie in Ihr Tagebuch, oder listen Sie all die liebevollen Dinge auf, die in Ihr Leben kommen; dies wird Ihnen helfen.

Wenn Sie Liebe nicht auf die gleiche Weise zurückbekommen, wie Sie sie ausdrücken oder ausgedrückt haben wollen, betrachten Sie Ihre Definition von Liebe und die Ware, wie sie Ihrer Ansicht nach zum Ausdruck gebracht werden sollte. Vielleicht ist es nötig, daß Sie Ihre Grenzen deutlicher abstecken. Das heißt nicht, eine Mauer zu errichten, die weder ein Tor noch einen Schlüssel hat, doch es kann bedeuten, daß Sie kritischer werden im Hinblick darauf, wie Sie Ihrer Liebe Ausdruck verleihen. Im Zustand der Liebe zu leben hat nichts damit zu tun, sich selbst Schmerz zuzufügen. Wenn also ein Mensch Ihre Zuneigung und liebevollen Bemühungen unerwidert läßt, sollten Sie nicht weiter versuchen, an seinem Leben teilzuhaben, nur um sich in einem Zustand der Liebe zu befinden. Vielmehr sollten Sie denjenigen loslassen und ihm liebevolle Gedanken schicken. Sie sollten ganz allgemein Ihre Bereitschaft loslassen, Menschen aktiv an Ihrem Leben teilhaben zu lassen, die Ihre Gefühle und Gesten nicht erwidern. Selbst wenn die betreffenden Personen nicht in Sie verliebt sind, sollten sie dennoch freundlich und rücksichtsvoll mit Ihnen umgehen.

Das Prinzip von Glauben, vertrauen und loslassen ist

eines der härtesten, wenn es darum geht, es in die Tat umzusetzen. Es bedeutet, sich von Ihrem Ego zu trennen und Ihrer spirituellen Natur zu gestatten, die Führung zu übernehmen. Das ist eine schwierige Aufgabe, da wir in einer Kultur leben, in der viel Wert darauf gelegt wird, wer recht hat und wer nicht. Sie müssen jeden Tag die bewußte Entscheidung treffen, in einem Zustand der Liebe zu leben, während Sie »Glauben, vertrauen und loslassen« praktizieren. An einigen Tagen ist es vielleicht notwendig, diese Entscheidung von Moment zu Moment neu zu treffen, vor allem wenn Sie sich in einem dieser Abschnitte in Ihrem Leben befinden, wo Ihnen gemäß Murphys Gesetz einfach nichts zu gelingen scheint. Sie sollten »Glauben, vertrauen und loslassen« nicht nur in Ihren Beziehungen üben, sondern in allen Bereichen Ihres Lebens.

Natürlich gibt es hin und wieder Menschen, die das Praktizieren von »Glauben, vertrauen und loslassen« ins Extrem steigern: Diese drei Prinzipien zu leben bedeutet nicht, daß damit sämtliche Handlungen und Bemühungen überflüssig werden. In einem Zustand der Liebe zu leben heißt vielmehr, daß Sie zuerst dafür Sorge tragen, daß es Ihnen gutgeht. Und das beinhaltet, daß Sie sich Ziele setzen, Ihren Nächsten lieben und die notwendigen Anstrengungen unternehmen, um das zu bekommen, was Sie sich wünschen. Und schließlich bedeutet es, Ihre Erwartungen loszulassen, zu glauben und darauf zu vertrauen, daß all Ihre Erfahrungen ein Teil von Gottes Plan für Sie sind.

Gwen traf ihren ersten Ehemann, Tony, als sie noch ins College ging. Er spielte Football, und sie war Cheerleader. Sie heirateten, bekamen zwei Kinder, und nach dem College wurde Tony Profi-Football-Spieler. Die Lebensweise eines professionellen Football-Spielers paßte nicht gut zu Gwens Vorstellungen von einem idealen Leben. Sie erlebte mit, wie sich ihr Mann von dem Menschen, den sie geheiratet hatte, in jemanden verwandelte, den sie nicht wirklich kannte. Gwen sagt dazu: »Er begann das, was in der Presse über ihn stand, zu glauben.«

Gwen war sehr an Körperarbeit interessiert, mit dem Ziel, den Alterungsprozeß zu stoppen. Als sie ihr eigenes Unternehmen eröffnen wollte, antwortete ihr Mann: »Ich brauche keine Frau, die arbeitet; ich brauche jemanden, der sein gesamtes Leben mir allein widmet.«

Dies war ein Wendepunkt in ihrer Beziehung; nach zwölf Jahren Ehe beschloß Gwen, sich scheiden zu lassen. Sie konzentrierte sich völlig auf ihr Projekt und ging ihrem Traum von der Körperarbeit nach.

Außerdem beschloß sie, Spaß zu haben, und ging oft aus. Eines Abends im November beobachtete Gwen in der örtlichen Bar Bob, der mit den Händen den Rhythmus der Musik auf den Tresen klopfte. Sie gesellte sich zu ihm und sagte: »Wenn Sie soviel Energie haben, dann können Sie die sicher viel besser einsetzen.«

Sie redeten miteinander, und Gwen gab Bob ihre Visitenkarte. Er sagte, er würde sie anrufen.

Bald darauf verlor Bob seine Brieftasche mit Gwens Visitenkarte. Nach ungefähr sechs Wochen machte er sich Sorgen,

denn er wollte nicht, daß sie dachte, er würde etwas verspre-
chen und es dann nicht halten. Er erinnerte sich an den
Namen ihrer Straße und daß sie einen Jeep mit dem Num-
mernschild eines anderen Bundesstaats hatte. Er fuhr die
Straße entlang und sah schließlich einen Jeep, von dem er
dachte, es könnte ihrer sein. Gwen und ihre Freundin, mit der
sie die Wohnung teilte, verließen das Haus genau in dem
Moment, in dem er vorbeifuhr.

Gwen sagt dazu: »Man muß das Unerklärbare respektieren.
Er suchte nach mir und fand mich.«

Sie wurden schnell Freunde und unternahmen bald alles
gemeinsam. Keiner von beiden beabsichtigte, jemals wieder zu
heiraten. Gwen hatte den Spielkameraden gefunden, nach dem
sie gesucht hatte.

Eines Tages befand sie sich auf einer Reise in einem anderen
Teil des Landes, als sie einen Anruf erhielt, in dem ihr mitge-
teilt wurde, daß Bob bei einem Raubüberfall auf seinen Laden
angeschossen worden war. Gwens erster Gedanke war: »Ich
will nicht, daß er stirbt.« In diesem Moment erkannte sie, wie
gern sie Bob hatte.

Gwen half ihm, wieder gesund zu werden. Im April bezogen
die beiden eine gemeinsame Wohnung, und im September fand
die Hochzeit statt. Mittlerweile sind sie fünfzehn Jahre ver-
heiratet. Gwen hatte nach einem Freund Ausschau gehalten
und ihn in Bob gefunden. Freunde erlauben einander, sie selbst
zu sein; sie helfen und unterstützen sich gegenseitig. Gwen
und Bob sind Spielkameraden fürs Leben.

Gwen wußte genau, was sie an einem Partner wollte, doch
überließ sie es Gott, die »Verpackung« für ihren Wunsch zu

finden. Sie war dem Mann gegenüber offen, der sich als der richtige herausstellen würde. Es sollte nicht unerwähnt bleiben, daß Gwen und Bob aus unterschiedlichen Kulturkreisen stammen.

Gwen hat erkannt, daß Bobs Unfall der Auslöser war, der ihr bewußt machte, wie stark ihre Gefühle für ihn waren. Manchmal teilt uns das Leben seltsame Karten aus, und es liegt an uns, wie wir damit spielen.

Akte der Freundlichkeit

Wo immer ein Mensch ist,
ist eine Gelegenheit für Freundlichkeit.

SENECA

Eine der besten Möglichkeiten, anderen Menschen unsere Liebe zu zeigen, besteht darin, ihnen absichtslose Freundlichkeit zuteil werden zu lassen. Absichtslose Akte der Freundlichkeit sind genau das, was die Worte besagen – liebenswürdige Dinge, die zu tun Sie sich entscheiden, ohne irgend etwas zurückzuerwarten. Das bedeutet, daß Sie ein guter Samariter sein können und weder Anerkennung noch Dank dafür erhalten. Die Person, die von Ihrer guten Tat profitiert hat, mag noch nicht einmal wissen, daß Sie Ihr heimlicher Engel waren.

Einige Beispiele für diese absichtslosen Akte der Freundlichkeit sind:

- jemandem die Tür aufzuhalten
- Fremde auf der Straße anzulächeln
- jemanden anzurufen oder zu besuchen, der krank ist oder dem es sonst in irgendeiner Weise schlechtgeht
- jemandem ein Kompliment zu machen

- einem Kollegen Blumen auf den Schreibtisch zu stellen
- die Zeitung des Nachbarn vor seine Tür zu legen
- einem anderen Autofahrer auf der Straße zu erlauben, sich einzufädeln.

Vielleicht denken Sie, daß diese Dinge zu einfach sind und daß jeder sie tun kann. Sie haben recht, sie sind einfach. Wie viele Akte der Liebenswürdigkeit führen Sie an einem Tag aus? Jedesmal, wenn Sie eine freundliche, liebevolle Geste machen, ohne etwas dafür zurückzuerwarten, befinden Sie sich in einem Zustand der Liebe. Ein absichtsloser Akt der Freundlichkeit muß kein Geld kosten oder groß geplant werden. Er ist vielmehr das Erkennen eines Moments, in dem Sie etwas Nettes für einen anderen Menschen tun können, und das Umsetzen dieses Erkennens in die Tat.

Wenn wir das Gefühl haben, daß unser Leben nicht so ist, wie wir es gern hätten, oder wenn wir emotional leiden, bietet sich uns eine der besten Gelegenheiten, die Kraft der Liebe zu spüren, wenn wir einem anderen Menschen helfen. Jeder von uns erlebt Zeiten, in denen er sich mitten in einem der Gewitterstürme seines Lebens befindet: Sie haben sich von Ihrer großen Liebe getrennt, Ihr Chef ist nicht nett zu Ihnen, oder es kommen große, unerwartete Geldausgaben auf Sie zu, zum Beispiel wegen einer Autoreparatur. Doch selbst wenn Sie sich niedergeschlagen fühlen, gibt es immer jemand anderen, der ein freundliches Wort, ein Lächeln oder eine Umarmung in gleichem Maße braucht, wie Sie davon profitieren, wenn Sie ihm diese Zuwendung geben. Letzten Endes versetzt Sie das Geben in die Lage, selbst zu empfangen.

Wenn wir ohne Erwartung etwas Liebevolles tun, dann erleben wir in diesem Moment Liebe. Absichtslose Akte der Freundlichkeit geben Ihnen die Gelegenheit, in Liebe zu leben, und wenn es sich dabei nur um einen kurzen Augenblick handelt. Doch die Augenblicke summieren sich. Und wenn Sie schließlich irgendwann die Akte der Freundlichkeit gewohnheitsmäßig ausüben – wer weiß, wie viele kostbare Momente der Liebe Sie dann erleben werden?

Jappy, die in Fort Lauderdale lebt, erzählt uns ihre Geschichte in ihren eigenen Worten.

»Freddy und ich waren die besten Freunde. Er wurde beinahe mein Stiefsohn, denn sein Vater und ich waren verlobt und wollten heiraten, doch leider starb sein Vater drei Monate vor dem geplanten Hochzeitstermin. Eines Abends aßen Freddy und ich gemeinsam zu Abend. Ich bemerkte, daß er traurig aussah; und fragte: ›Was ist los?‹

Er antwortete: ›Es gibt zu wenig Mädchen hier, vor allen Dingen keine, die Golf spielen.‹

Freddy liebt Golf und ist ein ausgezeichneter Golfspieler. Wir überlegten uns, wie wir die Situation ändern könnten, und beschlossen, einen Club zu gründen und ihn ›Golf Lovers‹ zu nennen. Bald hatten wir achtzig Mitglieder, sowohl Männer als auch Frauen, und zehn verschiedene Golfclubs nahmen daran teil.

Nachdem wir den Club ins Leben gerufen hatten und er gut lief, stieg ich aus, denn ich spielte kein Golf. Doch Freddy blieb weiterhin dabei.

In der Zwischenzeit sah ein Mann namens Bill Ryan, der ein Jahr zuvor seine Frau verloren hatte und gerade nach Fort Lauderdale gezogen war, eine Anzeige von ›Golf Lovers‹ in der Zeitung und trat dem Club bei. Es gefiel ihm dort. Als Freddy ihn kennenlernte, entschied er, daß er andere Pläne für Bill hatte als nur das Golfspielen.

Er schlug Bill vor, mich anzurufen, und gab ihm meine Geschäftsnummer. Ich hatte keine Ahnung, daß ich ›verkuppelt‹ werden sollte. Anstatt mich anzurufen, kam Bill in den Laden, in dem ich arbeitete. Es war ein regnerischer Tag, und Bill hielt eine langstielige rote Rose in der Hand. Er stellte sich vor. Ich war völlig überrascht. Er schien ein netter Mann zu sein, also gingen wir in der darauffolgenden Woche zum Essen. Er war hochgewachsen, schlank und schüchtern. Wir verstanden uns vom ersten Moment an wunderbar, und innerhalb von vier Monaten waren wir verheiratet.

Zu unserer ersten Verabredung brachte er mir ein Geschenk mit. Bill ist ein Gentleman der alten Schule, der noch weiß, wie man nett ist.

Wir sind jetzt seit vier Jahren verheiratet, und alles nur wegen ›Golf Lovers‹. Ironischerweise hat Freddy, für den wir den Club gegründet haben, seine Traumfrau bis heute noch nicht gefunden.«

Die Kunst des Empfangens

Liebe ist nichts anderes als die
Entdeckung unserer selbst in anderen und das
Entzücken, das diese Erkenntnis begleitet.

ALEXANDER SMITH

Um in einem Zustand der Liebe leben zu können, müssen Sie in der Lage sein, sich selbst und anderen Liebe zu geben, doch es ist genauso wichtig, sie auch empfangen zu können. Das ist das Gesetz der Widerspiegelung. Geben ist notwendig, doch es ist nur die eine Hälfte der Gleichung. Wenn Sie nicht wissen, wie Sie Liebe von anderen annehmen können, wird es unmöglich sein, eine für beide Seiten als liebevoll empfundene Beziehung zu gestalten. Sie werden voll mit Geben beschäftigt sein und irgendwann wütend und verbittert werden, daß Sie im Gegenzug für Ihre Energie und Bemühungen nichts zurückbekommen. Eine einfache Art festzustellen, ob Sie Liebe annehmen können, besteht darin, Ihre Reaktion auf ein Kompliment, das man Ihnen macht, näher zu betrachten. Wenn zum Beispiel jemand sagt: »In diesem Kleid siehst du hübsch aus«, wie lautet dann Ihre Antwort darauf? Sagen Sie: »Danke schön«

und fühlen sich wohl in diesem Moment? Oder entgegnen Sie: »Ach, dieses alte Ding« und tun so, als müßten Sie sich dafür entschuldigen, gut auszusehen?

Die Kunst des Annehmens ist eine, die wir allzuoft einfach nicht beherrschen. Auch gibt es eher wenige Beispiele oder Vorbilder, von denen wir lernen könnten. Viele haben Angst, in Erwiderung eines Kompliments einfach nur »Danke!« zu sagen, weil alles andere den Eindruck erwecken könnte, man sei ichbezogen. Wenn uns jemand ein Geschenk macht, das entweder materieller Art ist oder dessen Zeit in Anspruch nimmt, wundern wir uns vielleicht: »Was will er (oder sie) damit?« oder: »Habe ich das verdient?« In jedem Fall ist es schwierig für uns, etwas einfach nur dankbar anzunehmen. Frauen haben es schwer mit dem Annehmen, da uns die Gesellschaft von Geburt an beigebracht hat, daß wir die Gebenden und Nährenden sind. Jedoch fällt auch den Männern das Annehmen kaum leichter, weil sie das Gefühl haben, etwas anzunehmen sei unmännlich, oder weil sie befürchten, der Gebende wolle dafür etwas zurückhaben. Keine dieser beiden Verhaltensweisen, weder die des Mannes noch die der Frau, ist leichter zu ändern; sie sind nur verschieden.

Sind Sie in der Lage, freundliche Gesten von anderen zu akzeptieren? Vergessen Sie nicht, daß es sich hierbei nicht um Akte von Freundlichkeit Ihnen gegenüber handelt, die Sie von jemandem erwarten, den Sie lieben. Vielmehr sind Freundlichkeiten gemeint, die Ihnen jemand spontan erweist – Familienmitglieder, Freunde,

Liebhaber, Mitarbeiter, Nachbarn und sogar Fremde. Erkennen Sie, wenn in Ihrem Interesse liebevolle Dinge für Sie getan werden? Wie reagieren Sie, wenn Ihnen diese Freundlichkeiten zuteil werden? Wenn Ihnen zum Beispiel ein Freund Blumen schickt, reagieren Sie, indem Sie ihm etwas zurückschicken, oder sind Sie dankbar, einen Freund zu haben, der Sie genug liebt, um sich die Zeit zu nehmen und Ihren Tag zu verschönern?

Vergessen Sie nicht: Wahre liebevolle Handlungen werden ohne irgendwelche Erwartungen ausgeführt. Wenn also die Personen, die behaupten, etwas Gutes für Sie zu tun, im Austausch dafür eine bestimmte Reaktion oder Verhaltensweise erwarten, dann sind ihre Handlungen nicht Ausdruck wirklicher Liebe, sondern vielmehr eine Aktion im Tausch für eine Reaktion.

Liebevolle Gedanken und Aktionen können Ihnen jedoch auch von völlig Fremden entgegengebracht werden und freundliche Worte und Taten Ihnen von Menschen zuteil werden, die Sie kaum kennen. Nehmen Sie sie so an, wie sie Ihnen dargeboten werden. Betrachten Sie jede liebevolle Geste als ein Geschenk der Liebe vom Universum.

Sollten Sie Schwierigkeiten haben, liebevolle Gedanken und Gesten in Ihrem Leben willkommen zu heißen, lassen Sie sich Zeit und gehen Sie behutsam vor. Beginnen Sie damit, Komplimente anzunehmen. Wenn Sie lernen, die freundlichen Gedanken und Gesten anderer zu akzeptieren, wird sich Ihre Vorstellung von Geben und Nehmen verändern. Sie werden nicht mehr das

Gefühl haben, mehr zu geben, als zu bekommen, da Sie die unzähligen täglichen Gelegenheiten erkennen, bei denen Ihnen die Möglichkeit geboten wird, Liebe zu empfangen.

Oft haben Menschen das Gefühl, daß sie mehr geben als empfangen. Und oft tun sie es tatsächlich, weil sie nicht wissen, wie sie Liebe annehmen können, oder weil sie denken, daß ihre Liebe auf eine bestimmte Weise zu ihnen zurückkommen muß. Wenn zum Beispiel jemand für seinen Partner ein Abendessen zubereitet, erwartet er vielleicht, daß der andere diese liebevolle Handlung erwidert, indem er ihn nächste Woche zum Abendessen ausführt. In Wirklichkeit kann die Erwiderung Ihrer Liebenswürdigkeit darin bestehen, daß ein anderer Sie zum Abendessen einlädt oder daß ein Fremder etwas Gutes für Sie tut – oder einfach nur in der Gelegenheit, die Gesellschaft des geliebten Partners zu genießen. Mit anderen Worten: Fixieren Sie sich nicht auf Ihre Erwartung, auf welche Weise Ihre liebevolle Tat erwidert werden soll.

Das Festhalten an einem bestimmten Ergebnis blockiert den Fluß der Energie; wenn Sie also Liebe geben und annehmen, erwarten Sie nicht irgendein festgesetztes Resultat. Das Universum wird Ihnen Schätze zukommen lassen, die weit jenseits Ihrer kühnsten Träume liegen. Um jedoch auf diese Schätze zu stoßen, müssen Sie all Ihre Erwartungen loslassen und lernen, sich selbst zu erlauben, die Ihnen dargebotenen Geschenke voller Anmut entgegenzunehmen.

In Liebe leben

Zu lieben, um geliebt zu werden,
ist menschlich,
aber zu lieben um der Liebe willen, ist engelsgleich.

ALPHONSE DE LAMARTINE

In einem Zustand der Liebe zu leben ist die lohnendste und herausforderndste Erfahrung, die Sie jemals machen werden. In Liebe zu leben ermöglicht Ihnen, tiefe Freude zu spüren, Gelassenheit und den Glauben daran zu finden, daß alles im Leben seine Ordnung hat. Unglücklicherweise ist dieser Zustand gleichzeitig das Tor zu Schmerz, Enttäuschung und Angst.

Liebe kann alles heilen, doch kann die Heilung in einer Form geschehen, die Sie nie erwartet hätten. Liebe erkennt Erwartungen nicht an. Im Gegenteil, sie wird sich alle Mühe geben, Sie zu zwingen, hinter Ihre Begrenzung zu blicken. Liebe paßt nicht in eine Schachtel. Sie ist ein Kreis, der jeden und alles umfaßt.

Einen Menschen zu lieben, wird ihn nicht verändern, es sei denn, er ist zu einem Wandel bereit. Wenn Menschen sich ändern, so geschieht das von innen heraus. Liebe kann zwar den Menschen einen sicheren Raum bieten, in dessen Schutz sie die Entscheidung treffen können, zu wachsen und ihr Leben positiv zu verändern, doch müssen *sie selbst* ebendiese Entscheidung treffen und auch die notwendigen Schritte tun. Wenn Sie auf der anderen Seite sich selbst gestatten, einen Mitmenschen bedingungslos zu lieben, kann es *Sie* verändern. Es öffnet Ihr Herz, so daß Sie Liebe geben und empfangen können. Wenn Sie jemanden lieben, geben Sie sich damit selbst die Erlaubnis, die höchste Schwingung zu erfahren, die uns Menschen möglich ist.

Wenn wir uns darin üben, im Zustand der Liebe zu leben, so öffnet dies Türen, die zu Wundern führen. Natürlich sind Wunder eine Gabe Gottes, und wie bei jedem Geschenk sollten auch hier keinerlei Erwartungen gehegt, sondern nur Dank für das Erlebnis empfunden werden.

Gene hatte die letzten vier Monate damit verbracht, die Eigenschaften zu affirmieren, die er in einer idealen Partnerin verkörpert sehen wollte. Es wünschte sich, eine Frau zu treffen, die ein gutes Herz hatte, attraktiv, liebevoll und äußerst zärtlich war. Ihm war klar, daß es nicht so sehr darum ging, wie diese Frau war, sondern vielmehr darum, wie er sich in ihrer Gegenwart fühlen würde. Er glaubte fest daran, daß seine Partnerin irgendwo existierte; es war nur eine Frage der Zeit, wann er sie finden würde. Er sandte seine Bitte zu Gott und vertraute darauf, daß alles so geschah, wie es geschehen sollte.

Helen hatte sich seit einem Jahr darauf vorbereitet, ihren Seelengefährten zu finden. Sie schrieb regelmäßig die Charaktereigenschaften nieder, die sie anziehen wollte, ließ alte Äng-

ste los, heilte noch offene Wunden, meditierte, schickte Liebe hinaus in die Welt und ließ alle Vorstellungen und Gedanken daran los, wer dieser Mann wohl sein könnte. Sie lebte ihr Leben in vollen Zügen, genoß es und folgte ihrer Intuition.

Eines Tages holte Helen eine Freundin im städtischen Kulturzentrum ab, wo am Abend ein Konzert mit Flötenmusik stattfand. Gene hatte es am gleichen Abend auch dorthin gezogen, weil er die Musik hören wollte. Helen und Gene gingen im Flur aneinander vorbei, doch erst nach der Aufführung fanden sie sich allein im selben Raum wieder. Helen wartete auf ihre Freundin, und Gene genoß seinen entspannten, meditativen Zustand nach dem Konzert.

Die beiden plauderten miteinander in einem lustigen englischen Akzent und spürten beide sogleich die gute Energie zwischen ihnen. Bevor sie ihrer Wege gingen, fragte Gene Helen nach ihrer Telefonnummer und wartete ungeduldig vierundzwanzig Stunden ab, bevor er sie anrief.

Sie verstanden sich auf Anhieb und sahen sich bald jeden Tag. Obwohl Gene bereits fünfundvierzig Jahre alt war und Helen nur ein Jahr jünger, waren beide noch nie verheiratet gewesen. Sie hatten zwar vorher langjährige Beziehungen geführt, aber nie das Bedürfnis gehabt zu heiraten. Doch in ihrer nun entstehenden Beziehung hatten sie das Gefühl, wiedervereint worden zu sein. Alles war so natürlich und fließend. Innerhalb von sieben Monaten zogen sie in eine gemeinsame Wohnung und sind heute seit einem Jahr verlobt. Sie fühlen sich, als wären sie verheiratet, und haben lediglich noch keinen Termin für die Hochzeitsfeier festgelegt.

Obwohl Helen und Gene sehr verschieden sind, schaden

diese Gegensätze der Beziehung nicht. Sie respektieren einander und versuchen nicht, den anderen zu ändern. Gene und Helen gleichen sich gegenseitig aus und ergänzen sich. Sie streiten sich nie, doch das bedeutet nicht, daß sie keine angeregten Gespräche haben. Beiden ist bewußt, wie wichtig es ist, individuelle Persönlichkeiten zu sein.

Helen und Gene glauben, daß sie sich gefunden haben, weil sie mit sich selbst zufrieden und glücklich waren, bevor sie einander begegneten. Sie suchten nicht nach jemandem, der sie ergänzen würde, sondern waren bereit, einen Menschen zu finden, mit dem sie teilen konnten. »Es ist nicht so, daß Sie einen Partner erschaffen; Sie identifizieren ihn lediglich«, sagt Gene.

Maler, Dichter, Schriftsteller, Musiker und Philosophen haben alle seit Anbeginn der Zeit versucht, Liebe darzustellen, zu beschreiben und zu verstehen. Liebe ist eine Erfahrung, die wir auf der Seelenebene machen; sie ist etwas, das alle anderen Gefühle transzendiert. In einem Zustand der Liebe zu leben gibt uns die Freiheit, uns selbst und unseren Nächsten gegenüber freundlich zu sein. Sie ist die höchste Form von Energie, die wir ausstrahlen können.

Jeder Mensch hat Zugang zu einem unendlichen Vorrat an Liebe. Sie ist etwas, das sich selbst erzeugt. Je liebevoller wir zu uns selbst und anderen gegenüber sind, desto mehr sind wir in der Lage, Liebe zu empfangen. Doch ironischerweise ist Liebe etwas, das wir anderen oft nur mit Bedacht geben, so als stünde uns nur wenig davon zur Verfügung. Es ist, als ob wir fürchteten, daß die Liebe immer weniger würde und wir schließlich nichts mehr zu geben hätten. Es stimmt, daß das Geben von Liebe Sie verletzlicher macht und Ihr Risiko erhöht, Schmerz, Leid und Enttäuschung zu erfahren. Doch ohne Liebe werden Sie auch Schmerz, Leid und Enttäuschung erfahren. Diese Gefühle gehören zum Menschsein dazu, und würden Sie sie nicht erfahren, dann hätten Sie auch keine Vorstellung davon, wie herrlich es ist, Freude, Glück und Frieden zu erleben. Ihr Dasein voller Liebe zu leben ist Ihre größte Herausforderung und die höchste Vollendung, die Sie erreichen können. Liebe schützt Sie nicht vor Schmerz und Leid; sie ist vielmehr der Treibstoff, der Ihnen erlaubt, in Ihrem Leben unaufhaltsam emporzusteigen, schließlich allen Schmerz zu transzendieren und großes Glück, Freude, Glauben und Vertrauen zu erfahren.

Es gibt nur ein Glück im Leben:
zu lieben und geliebt zu werden.

George Sand

Die Liebe übt Nachsicht; in Güte handelt die Liebe.
Sie eifert nicht; die Liebe macht
sich nicht groß, sie bläht sich nicht auf. Sie benimmt
sich nicht ungehörig; sie sucht nicht das Ihre;
sie läßt sich nicht erbittern; sie rechnet
das Böse nicht an. Sie hat nicht Freude am Unrecht,
freut sich jedoch an der Wahrheit. Sie erträgt alles,
sie glaubt alles, sie hofft alles, sie duldet alles.

1 Korinther 13,4–7
aus: *Die Bibel.* Augsburg: Weltbild Verlag 1998

ZWEITER TEIL

Das Gesetz der Vorbereitung und Anziehung

Schicksal ist keine Frage des Zufalls;
es ist eine Frage der Entscheidung.
Es ist nicht etwas, auf das man wartet;
es ist etwas, das man erreichen will.

WILLIAM JENNINGS BRYAN

Was wir heute sind, ist eine Folge
unserer Gedanken von gestern, und unsere
gegenwärtigen Gedanken sind die Grundlage unserer
morgigen Erfahrungen. Unser Leben ist
eine Schöpfung unseres Geistes.

BUDDHA

$\mathscr{I}$ch wünschte, ich könnte einen narrensicheren Führer zu den metaphysischen Prinzipien des Gesetzes der Vorbereitung und Anziehung verfassen, damit Sie sich ein vollkommenes Leben schaffen könnten und von jeglichem Ärger, Schmerz oder Leid verschont blieben. Doch all die Erfahrungen, die wir lieber vermeiden würden, sind für unser seelisches Wachstum genauso wichtig wie die Erfahrungen von Freude, Glück und Liebe. Auf Ihrer Lebensreise werden Sie auch Menschen begegnen, die die positiven Eigenschaften, die Sie auszustrahlen versuchen, nicht widerspiegeln. Trotz Ihrer besten Bemühungen und Absichten werden Personen, die manipulierend, selbstsüchtig und voller Wut sind, Teil Ihrer Realität sein. In einigen Fällen werden Sie in der Lage sein, dies rechtzeitig zu erkennen und »Nein danke« zu sagen. In anderen Fällen mögen diese Menschen in Ihr Leben treten, damit Sie Geduld, Toleranz und Akzeptanz lernen. Dabei kann es sich um Personen handeln, mit denen Sie arbeiten, um Familienmitglieder und sogar um Ihre eigenen Kinder. Tatsache ist, daß trotz all Ihrer Anstrengungen, eine positive Erfahrung vorzubereiten und anzuziehen, dennoch einige unangenehme Dinge passieren werden. Und die Art und Weise, wie Sie das Leben und die Herausforderungen wahrnehmen, die es Ihnen bietet, bestimmt, wie Sie auf unangenehme Erfahrungen reagieren.

Stellen Sie sich einen Moment lang vor, alle negativen Erlebnisse seien wie Mücken. Wenn Sie nach draußen gehen, müssen Sie sich mit der Existenz dieser störenden Insekten abfinden, und unter Umständen wird es Ihnen trotz bester Vorsätze nicht gelingen, ihnen aus dem Weg zu gehen. Die Mücken warten darauf, daß jemand ihre Flugbahn durchkreuzt, damit sie auf ihm landen und sich an seinem Blut gütlich tun können. Sie haben die Wahl: Sie begeben sich unvorbereitet ins Land der Mücken und werden Ziel etlicher Stiche; oder Sie bereiten sich auf Ihren Ausflug vor, indem Sie Kleidung mit langen Ärmeln tragen und sich mit einem Insektenschutzmittel einreiben; oder Sie vermeiden es, am frühen Morgen und bei Sonnenuntergang ins Freie zu gehen, wenn diese Insekten am zahlreichsten anzutreffen sind. Während bestimmter Jahreszeiten können Sie ihnen einfach nicht aus dem Weg gehen, egal wie positiv Sie denken, wieviel Sie visualisieren oder welche Affirmationen Sie machen. Es ist Ihre *Vorbereitung* auf die Mücken, die bestimmt, wie sehr diese Ihr Leben beeinflussen werden. In einigen Fällen mag es Ihnen möglich sein zu vermeiden, überhaupt gestochen zu werden; zu anderen Zeiten tragen Sie vielleicht einen oder zwei Stiche davon; doch wenn Sie nicht vorbereitet sind, kann es sein, daß Sie so viel gestochen werden, daß man glauben könnte, Sie hätten Windpocken. Es soll nicht bestritten werden, daß negative Menschen und Erfahrungen *tatsächlich* existieren und von Zeit zu Zeit trotz Ihrer besten Bemühungen, dies zu vermeiden, Auswirkungen auf Ihr Leben haben werden. Doch sind Sie frei zu *wählen*, wie Sie auf diese Erfahrungen reagieren wollen.

Obgleich wir alle irgendwann mit negativen Menschen und Erfahrungen konfrontiert werden, muß ich sagen, daß ich *wahrhaftig* glaube, daß wir die Fähigkeit haben, Dinge in unserem Leben zu manifestieren. Wir können sowohl positive wie negative Erfahrungen herbeiführen. Wenn Sie den größten Teil Ihrer Energie einsetzen, um positive Situationen zu schaffen, werden Sie mehr positive Erlebnisse anziehen als negative. Investieren Sie jedoch all Ihre Kraft und Bemühungen in negative oder auf Angst basierende Vorstellungen, dann werden Sie auch vermehrt solche negativen Situationen schaffen. Einer meiner Kollegen zog folgenden Vergleich, der das Konzept des Fokussierens erläutert. Wenn Sie Ski- oder Rollschuh-Unterricht nehmen, sagt man Ihnen, daß sich Ihr Körper auf die Richtung einstellt, in die Sie schauen. Wenn Sie zum Beispiel beim Skifahren Ihre Augen auf einen Baum vor Ihnen fokussieren, wird Ihr Körper sich automatisch darauf einstellen und voll auf den Baum zusteuern. Sie würden nie absichtlich *versuchen*, gegen den Baum zu fahren; im Gegenteil, Sie werden bewußt jede Anstrengung unternehmen, ihn zu umfahren. Und doch brechen sich viele Skiläufer das Bein oder verletzen sich anderweitig, weil sie gegen Bäume geprallt sind. Tatsache ist, daß Sie auf alles, worauf Sie

Ihre Augen, Ihre Energie und Ihre Aufmerksamkeit fokussieren, scheinbar ohne die geringste Mühe zusteuern. Das kann sogar so weit gehen, daß Sie eine bestimmte Situation schaffen – die Sie normalerweise bewußt zu verhindern suchen würden –, weil Sie soviel Zeit damit verbringen zu befürchten, daß sie eintreten wird.

Bedienen Sie sich dieser Analogie, wenn Sie über Beziehungen nachdenken. Wie oft konzentrieren wir uns auf das, was schiefgehen könnte? Und wenn schließlich wirklich etwas schiefläuft, sagen wir: »Siehst du, ich hatte recht; der Kerl war ein richtiger Schuft.« Dies kann natürlich ab und zu *tatsächlich* der Fall sein – doch ist es *immer* der Fall? Ist es nicht vielleicht eher so, daß Sie in Wahrheit die Räder des universalen Gesetzes selbst in Bewegung gesetzt und auf diese Weise die negative Situation geschaffen haben?

Die Ausübung des Gesetzes der Vorbereitung und Anziehung erfordert Anstrengung und Hingabe. Die Vorbereitung darauf, Ihren idealen Partner in Ihr Leben zu bringen, hat große Ähnlichkeit mit der Zubereitung einer Nachspeise. Zum Beispiel lieben die meisten Leute selbstgebackenen Käsekuchen, doch nehmen sie sich selten – wenn überhaupt – die Zeit, die Zutaten zu kaufen und ihn tatsächlich zuzubereiten. Es dauert einige Stunden, bis sämtliche Zutaten vermischt sind, der Teig fertig und der Kuchen gebacken ist. Und dann müssen Sie Ihren Käsekuchen abkühlen lassen, bevor Sie ihn probieren können. Doch der Lohn für all Ihre Mühen ist ein Stück Kuchen, das Ihnen auf der Zunge zergeht. Für

die meisten von uns steht die Zubereitung eines Käse-
kuchens nicht an erster Stelle der Prioritätenliste, obwohl
wir ihn dem gekauften Kuchen vorziehen; daher begnügen wir uns in der Regel bei einem Anfall von Lust
auf Käsekuchen mit einem Exemplar aus der Bäckerei.
Unglücklicherweise können Sie eine Beziehung mit
Ihrem idealen Seelengefährten nicht im Supermarkt oder
im Restaurant erstehen, nur weil Sie bereit wären, sich
damit zu begnügen, und keine Anstrengungen unternehmen wollen, einen solchen Gefährten zu schaffen.

Um Ihren idealen Partner anzuziehen, müssen Sie sich
zuerst auf dieses Erlebnis vorbereiten. Das bedeutet, daß
Sie Ihr emotionales Gepäck aussortieren, Ihre alten Wunden heilen, eine klare Entscheidung darüber treffen, was
Sie sich in einer Beziehung wünschen, und daß Sie in
einem Zustand der Liebe leben. Das wird nicht über
Nacht geschehen. Sie werden vielleicht mehrere Beziehungen durchlaufen müssen, um emotionale Themen zu
verarbeiten, alte Wunden zu heilen oder genau herauszufinden, was Sie in einer Beziehung wollen und was
nicht. Der Prozeß der Vorbereitung beinhaltet, daß Sie so
werden wie derjenige, mit dem Sie zusammensein wollen, und entspricht der Anwendung des Gesetzes der
Widerspiegelung. Es heißt zu lernen, wie man losläßt, in
Liebe lebt, auf die eigene Intuition hört und ihr folgt.

Als nächstes sollten Sie verstärkt Dinge tun, die Ihnen
helfen, Ihren idealen Partner anzuziehen. Das schließt
Visualisierung ein, Affirmationen, Meditation, klare Ziel-
vorstellungen, Hypnotherapie, die Hilfe der Engel, Beten

und sich in Situationen zu begeben, in denen Sie neue Leute kennenlernen. Es reicht nicht, wenn Sie sich nur wünschen, einen Partner zu finden, und hoffen, daß er eines Tages einfach vor Ihrer Tür steht; Sie müssen sich schon darum bemühen.

Außerdem dürfen Sie sich nicht auf eine bestimmte Person festlegen und dann beschließen, daß dies der Mensch ist, auf den Sie sich vorbereiten und den Sie in Ihr Leben bringen wollen. Das Universum hat jedem von uns einen freien Willen gegeben, damit wir wählen können, wo wir wann sein wollen und mit wem. Es gibt keinerlei metaphysische Prinzipien, die Sie in die Lage versetzen, den freien Willen eines anderen Menschen zu unterwandern. Während Sie sich auf eine Beziehung vorbereiten, kann sich die Gelegenheit zu einer Beziehung mit einem bestimmten Menschen bieten, doch es besteht auch die Möglichkeit, daß Sie diesen Menschen verlassen, um eine beiderseitig erfüllende Beziehung mit jemand anderem einzugehen.

Wie ich bereits gesagt habe, gibt es keinen narrensicheren Weg, wie man sich darauf vorbereitet, einen Partner fürs Leben anzuziehen. Beziehungen sind so einmalig wie die Menschen, die sie eingehen. Das Schaffen einer idealen Verbindung kann nicht mit dem Bau Ihres Traumhauses in einer bewährten Bauweise verglichen werden, wo Sie einen Entwurf zeichnen, alle Details aussuchen, auf die Sie Wert legen, und dann einen Bauunternehmer anrufen. Gesunde Beziehungen schließen zwei Menschen ein, von denen sich jeder auf einer indi-

viduellen Lebensreise befindet und die beide zustimmen, eine Verbindung einzugehen, um zu wachsen und
ihr Leben miteinander zu teilen. Dabei wird es Augenblicke der Vollkommenheit geben, doch jede Beziehung
wird ebenso Phasen des Wachstums durchlaufen, die
nicht so angenehm sind. Erinnern Sie sich noch, als Sie
ein Kind waren und Ihre Milchzähne verloren? Sie wurden locker und fielen schließlich aus oder wurden gezogen. Ihre Belohnung für die Schmerzen bestand darin,
daß die Zahn-Fee kam und Ihnen eine Münze für den
Milchzahn unters Kopfkissen legte. Als nächstes erlebten
Sie die Beschwerden und Schmerzen beim Durchbruch
Ihrer zweiten Zähne, wobei Ihnen natürlich diese Zähne
mit richtiger Dental-Hygiene ein Leben lang erhalten
bleiben und daher das Resultat die Schmerzen wert ist.
Eine Beziehung mit Ihrem idealen Partner kann genauso
sein. Obwohl es schwierige Zeiten geben wird, überwie-
gen letzten Endes die guten Aspekte bei weitem.

Das Gesetz der Vorbereitung

Die Anwendung des Gesetzes der Vorbereitung erfordert eine umfassende, ehrliche Inventur Ihrer eigenen Persönlichkeit und Ihrer Vorstellungen über Beziehungen, und schließlich die Bereitschaft, Veränderungen vorzunehmen. Dies kann eine schwierige und kraftraubende Erfahrung sein, doch es kann auch die Tür zu wunderbaren Belohnungen öffnen. Vorbereitung hängt damit zusammen, sich selbst kennenzulernen und das

Wachstum willkommen zu heißen. Eines der wenigen Dinge im Leben, die garantiert sind, ist Veränderung. Die Frage ist, wie Sie darauf reagieren. Entscheiden Sie sich, sie zu bekämpfen oder durch sie zu wachsen? Beziehungen bieten eine der besten Möglichkeiten, uns selbst eingehend kennenzulernen und uns weiterzuentwickeln. Doch Wachstum fällt immer dann leichter, wenn wir unser Bestes getan haben, um uns auf die Reise vorzubereiten.

Stellen Sie sich vor, Sie würden Ihren idealen Seelenpartner auf die gleiche Weise suchen, wie Sie eine Reise planen. Manchmal macht es Spaß, sich einfach ins Auto zu setzen, loszufahren und neue Gegenden zu erkunden, ohne einen Plan oder ein bestimmtes Ziel im Auge zu haben. Doch ist dies nicht unbedingt die beste Art zu reisen, wenn Sie genau wissen, wohin Sie wollen. Wenn Ihnen klar ist, daß Sie von Miami nach Denver wollen, werden Sie wahrscheinlich schneller, auf besseren Straßen und mit weniger Aufwand dorthin kommen, wenn Sie sich die Strecke auf einer Landkarte anschauen, bevor Sie losfahren. Auch wenn Sie einen Partner fürs Leben anziehen wollen, haben Sie ein klares Reiseziel im Kopf, und je mehr Sie sich darauf vorbereiten, desto leichter wird die Reise sein. Auf der Fahrt von Miami nach Denver haben Sie vielleicht Lust, einige interessante Orte auf dem Weg zu besichtigen. Sie werden in Hotels übernachten müssen und brauchen angemessene Kleidung für die unterschiedlichsten Witterungsverhältnisse. Wenn Sie die Reise vorher planen, können Sie Reservierungen vornehmen und entscheiden, welche Orte Sie besuchen wollen, und Sie wissen, was Sie einpacken müssen. Damit ist nicht gesagt, daß Sie sich nicht verfahren werden oder etwas brauchen, was Sie nicht eingepackt haben, oder auf dem Weg Änderungen vornehmen müssen. Doch eine Reise mit einem geplanten Ziel ist immer wesentlich einfacher, wenn Sie vor Ihrer Abreise einige Vorbereitungen getroffen haben.

Vorbereitungen für die Begegnung mit Ihrem idealen Partner zu treffen ist nicht immer genauso einfach, wie eine Reise zu planen. Sie können zwar eine Art Reiseführer zu dem Ziel, das Sie zu erreichen wünschen, in die Hand nehmen, dennoch müssen Sie offen und bereit sein, Ihre Pläne umzustellen, wenn neue Menschen und Erfahrungen in Ihr Leben kommen. Doch wenn Sie sich vorbereitet haben, stehen Ihnen die inneren Mittel und Werkzeuge zur Verfügung, um die erforderlichen Anpassungen an die kleinen Überraschungen des Lebens ohne große Schwierigkeiten vornehmen zu können.

Das Gesetz
der Widerspiegelung

Hören Sie auf, herauszufinden zu wollen,
warum jemand so handelt, wie er handelt. Die
wirklich wichtige Frage lautet: »Warum
reagiere ich so, wie ich reagiere?«

SUSAN JEFFERS

Ich habe das Schweigen von den Redseligen
gelernt, Toleranz von den
Intoleranten und Freundlichkeit von den
Unfreundlichen. Ich sollte diesen Lehrern gegenüber
nicht undankbar sein.

KHALIL GIBRAN

Die Theorie, die dem Gesetz der Widerspiegelung zugrunde liegt, besagt, daß die Menschen und Situationen in Ihrem Leben eine direkte Reflexion Ihres eigenen Verhaltens, Ihrer Ängste und Vorstellungen sind. Wenn Sie zum Beispiel fortwährend ärgerliche Menschen in Ihrem Leben anziehen – sei es Ihr Partner, ein Freund oder einfach nur jemand in der Schlange an der Kasse des Supermarkts –, dann spiegelt das Ihre eigenen Probleme mit dem Ärger wider. Vielleicht unterdrücken oder kontrollieren Sie Ihre Wut, und sie ist unterschwellig noch vorhanden. Oder wenn Sie sich davor fürchten, allein zu sein, werden Sie Menschen anziehen, die die gleiche Angst haben. Wiederholt sich in Ihren Beziehungen das Muster, auf jemanden zu treffen, dem es offensichtlich an der Bereitschaft zu einer festen Beziehung fehlt, dann würde das Ihre eigenen Probleme mit Verpflichtung und Hingabe spiegeln.

Wenn Sie das Gesetz der Widerspiegelung anwenden, müssen Sie in der Lage sein, sich von Situationen zu lösen, die Gefühle hervorrufen, die Sie nicht mögen. Wenn Sie sich über einen Menschen oder eine Situation ärgern, dann »nehmen Sie den Spiegel zuhilfe statt ein Vergrößerungsglas«, wie Dr. Susan Jeffers sagt. In der Regel reflektiert dieser Mensch oder die Situation ein Problem, an dem Sie arbeiten müssen, und das ist der Grund für Ihre starke emotionale Reaktion. In den Spiegel zu schauen (statt die andere Person durch ein Vergrößerungsglas zu betrachten) bedeutet nicht, daß Sie sich selbst die Schuld an der jeweiligen Situation geben sollen; es bedeutet vielmehr, daß Sie nun die Kraft haben, Veränderungen vorzunehmen und die Situation hinter sich zu lassen. Reflexionen zu erkennen hat nichts damit zu tun, den anderen zu ändern oder zu verbessern, sondern es geht dabei um *Ihre eigene* Entwicklung, die Ihnen ermöglicht, genau das Leben zu schaffen, das Sie sich wünschen.

Sind Sie jemals mit einem Menschen ausgegangen,

den Sie wirklich mochten, bei dem Sie aber Angst hatten, Ihre Gefühle zu zeigen? In dem Fall hatte wahrscheinlich auch der andere Angst, Ihnen *seine* Gefühle zu zeigen. Wenn Sie sich in einer Beziehung befinden, bedeutet die bloße Tatsache, daß Ihnen bewußt wird, was der Spiegel sein könnte, nicht, daß Sie sofort verkünden sollten, was Sie Ihrer Meinung nach widerspiegeln. Es mag angebrachter sein, daß Sie sich Zeit nehmen und visualisieren, wie Sie dem andern sagen, daß Sie ihn wirklich sehr mögen. Warten Sie, bis Ihnen der Gedanke angenehm ist, Ihre Gefühle mitzuteilen, bevor Sie tatsächlich darüber sprechen. Während Sie Ihre Ängste verarbeiten, kann es sein, daß der andere *das gleiche* durchlebt. Irgendwann, wenn es sich richtig anfühlt, werden Sie die Gelegenheit haben, Ihren Gefühlen Ausdruck zu verleihen.

Zuweilen ist es schwierig zu erkennen, was der Spiegel in einer Beziehung ist. Ein Beispiel: Vielleicht denken Sie, daß Sie eine feste Beziehung wollen und dafür bereit sind; sollten Sie aber jemanden anziehen, der keine feste Beziehung haben will, werden Sie davon ausgehen, daß diese Situation wohl keinen Spiegel bieten kann. Wenn Sie jedoch Ihre *wirklichen Glaubenssätze* genau betrachten und nicht nur davon ausgehen, was Sie von Beziehungen *wollen* oder wie Sie darüber *denken*, werden Sie vielleicht feststellen, daß Sie *glauben,* verletzt oder verlassen zu werden oder daß die Beziehung sowieso nicht funktionieren kann. Womöglich haben Sie – wegen früherer Erfahrungen – guten Grund, all dies zu befürchten; doch wenn Sie *glauben,* daß die Beziehung, die Sie sich wünschen, nie zustande kommen wird, werden Sie nur Menschen anziehen, die dafür sorgen werden, daß Ihre Überzeugung Wirklichkeit wird.

Das Gesetz der Widerspiegelung kann nicht dadurch umgangen werden, daß wir *behaupten,* etwas zu glauben. Es ist, als würden wir in einen Spiegel der Wahrheit schauen, der unsere besten und schlimmsten Eigenschaften reflektiert, unsere Ängste und Hoffnungen, unsere höchsten und niedrigsten Momente. Es ist ein Geschenk des Universums, wenn wir Menschen begegnen und den Spiegel erkennen können, den sie uns vorhalten. Dies ist eine Gelegenheit, zu lernen, Veränderungen vorzunehmen und zu wachsen.

Die Herausforderung bei der Anwendung des Gesetzes der Widerspiegelung liegt darin zu vermeiden, zu selbstkritisch und zu analytisch zu werden. Wenn Sie jeden Augenblick Ihres Lebens analysieren, kann es passieren, daß »Paralyse durch Analyse« eintritt. In dem Fall *leben* Sie Ihr Leben nicht, sondern analysieren es nur. Wenn Sie zum Beispiel jemanden kennenlernen, der Sie schlecht behandelt, kann es sein, daß der Spiegel nicht bedeutet, daß *Sie* andere schlecht behandeln, sondern vielmehr mit dem Ziehen von Grenzen zu tun hat. Grenzen haben mit Selbstachtung zu tun. Die meisten Menschen, die andere wiederholt mißhandeln, haben entweder wenig Selbstachtung, antisoziale Persönlichkeitsstörungen, oder sie leben in einem Zustand ständiger Angst; sie können sich selbst nicht wirklich lieben und respektieren. Wenn Sie jemandem erlauben, Sie ständig schlecht zu behandeln, ist es sehr wahrscheinlich, daß der Spiegel mit Ihrer Selbstliebe und Selbstachtung zu tun hat und nicht mit Mißhandlung.

Natürlich kann jeder mal einen schlechten Tag haben, und manchmal sollten wir einfach versuchen, anderen gegenüber Liebe und Mitgefühl auszustrahlen. Glauben Sie mir: Es gibt Tage, an denen Sie jemanden brauchen, der Ihnen genau das widerspiegelt.

Zuweilen werden Sie eine intensive Beziehung zu jemandem haben, vielleicht einem Freund, der zur gleichen Zeit wie Sie eine ähnliche Krise durchmacht. Vielleicht lernten Sie während Ihrer Ausbildung jemanden kennen, mit dem Sie sich schnell anfreundeten, da sich sowohl seine als auch Ihre Eltern gerade scheiden ließen. Sie beide erholten sich noch von den emotionalen Wunden, die dadurch verursacht wurden, daß Ihre Familien auseinanderbrachen – etwas, das Sie nie für möglich gehalten hatten. Eine Zeitlang unternahmen Ihr neuer Freund und Sie alles gemeinsam. Sie waren unzertrennlich. Doch irgendwann, als die Wunden geheilt waren, bewegten Sie sich beide zunehmend in verschiedene Richtungen und verloren vielleicht sogar ganz den Kontakt zueinander. Dies geschieht, weil der Spiegel der emotionalen Wunde, der Sie beide zusammenführte, nicht länger existierte und es für Sie beide an der Zeit war weiterzugehen. Wenn wir das Gesetz der Widerspiegelung verstehen, können wir es auf positive Weise in all unseren Beziehungen anwenden, auch in solchen, die nur dazu bestimmt sind, eine kurze Zeit zu währen. Alle

Beziehungen sind Geschenke, die uns helfen, uns selbst und andere besser kennenzulernen.

Das Gesetz der Widerspiegelung bezieht sich nicht nur auf Situationen, die intensives Wachstum erfordern. Wenn Ihre Seele von Liebe, Freude und Glück erfüllt ist, sind dies genau die Eigenschaften, die Sie in anderen Menschen finden werden. Ist Ihnen schon jemals aufgefallen, daß die meisten erfolgreichen Leute sich mit anderen zu umgeben scheinen, die auch erfolgreich sind? Die Eigenschaft *Erfolg* hängt davon ab, was jemand unter Erfolg versteht. Künstler haben die Tendenz, sich mit anderen Künstlern zusammenzutun; Familien mit einer ausgeprägt traditionellen, familienorientierten Lebensweise neigen dazu, sich in den Vororten der Städte niederzulassen; und erfolgreiche Unternehmer suchen in der Regel die Gesellschaft ihresgleichen. Hier sehen wir das Gesetz der Widerspiegelung in voller Aktion. Gleiches zieht Gleiches an. Selbst als wir noch in die Schule gingen, neigten wir dazu, mit denen zusammenzusein, deren Glaubenssätze, Überzeugungen und Interessen wir teilten. Wenn Sie Sport liebten, Cheerleader waren oder in einer Band spielten, tat Ihr bester Freund oder Ihre beste Freundin aller Wahrscheinlichkeit nach genau das gleiche.

Wenn Ihnen Ihr Leben so, wie es jetzt ist, nicht gefällt, betrachten Sie die Menschen, mit denen Sie Ihre Zeit verbringen. Vielleicht stellen Sie dann fest, daß diese Personen Ihre Ängste in bezug auf Veränderung und Weiterentwicklung reflektieren. Wenn Sie versuchen, etwas zu verwirklichen, suchen Sie andere, die genau das bereits erfolgreich tun. Beobachten Sie, wie diese Leute leben, und lernen Sie davon. Spiegeln Sie deren Aktionen und Ideen wider. Halten Sie Ausschau nach Menschen, die Sie beraten, die das tun, was Sie gern tun wollen. Wenn Sie zum Beispiel eine erfolgreiche Beziehung mit einem Mann haben wollen, verbringen Sie nicht Ihre *ganze* Zeit damit zuzuhören, wie Ihre kürzlich geschiedene beste Freundin klagt, daß alle Männer unfähig sind, eine gesunde Beziehung einzugehen. Dies ist nicht der Spiegel, dem Sie nacheifern wollen. Wenn Sie andererseits den Ausführungen Ihrer Freundin glauben, dann sollten Sie den Spiegel willkommenheißen und ihn als eine Gelegenheit benutzen, zu wachsen und diesen Glaubenssatz durch einen positiveren zu ersetzen.

Wenn Sie sich darauf vorbereiten, Ihren idealen Partner anzuziehen, denken Sie an den Spiegel, den Sie reflektieren möchten. Werden Sie zu dieser Person. Seien Sie freundlich, einfühlsam, leidenschaftlich, hilfreich und liebevoll, achten Sie auf Ihre körperliche Gesundheit, entwickeln Sie neue Hobbys und bewahren Sie sich einen Sinn für Humor, wenn dies die Dinge sind, die Sie in einem anderen suchen. Das Wunderbare am Gesetz der Widerspiegelung ist die Möglichkeit, positive Erfahrungen zu schaffen, indem Sie ebendiese anderen Menschen gegenüber reflektieren.

Das Gesetz der Widerspiegelung bietet uns eine Gelegenheit, Aspekte unseres eigenen Wesens zu betrachten, die auf uns zurückgeworfen werden. Es enthüllt die

Wahrheit, und Wahrheit kann nicht von Rechtfertigungen oder Entschuldigungen, warum etwas so ist, wie es ist, verfälscht werden. Es zeigt uns einfach, was ist, und es liegt an Ihnen, das Entsprechende zu verändern oder zu verbessern, je nachdem, ob Ihnen das jeweilige Spiegelbild gefällt oder nicht.

Elizabeth lernte Jay auf einer Unternehmenskonferenz kennen, während sie noch mit einem Mann zusammen war, den sie als die Liebe ihres Lebens bezeichnete. Sie freundete sich schnell mit Jay an, der seit zwei Jahren von seiner Frau getrennt lebte. Er war hin- und hergerissen von dem Wunsch, seine Ehe zu retten oder weiterzugehen.

Obwohl Elizabeth wußte, daß sie und ihr Partner Seelengefährten waren, war die Beziehung von Anfang an ein Kampf gewesen, und sie wußte von einem Tag auf den anderen nicht, wo sie mit ihm stand. Auf eine sonderbare Weise erkannte sie, daß Jay und sie einander ironischerweise dasselbe Thema widerspiegelten – zu bleiben oder weiterzugehen.

Während der nächsten zwei Jahre setzten Elizabeth und Jay ihren Flirt fort, wann immer sie sich auf Geschäftskonferenzen trafen. Jay lebte weiterhin von seiner Frau getrennt, ließ sich jedoch nicht scheiden. Und Elizabeth befand sich nach wie vor auf dem emotionalen Rollercoaster der Beziehung mit ihrem Freund.

Schließlich beendeten die beiden ihre Beziehung. Elizabeth war zwar nicht bereit, sich auf eine langfristige Verbindung mit Jay einzulassen, doch als er das nächste Mal mit ihr flirtete, beschloß sie darauf einzugehen – mit dem Gedanken, daß nicht mehr als eine nette Affäre daraus werden würde, denn schließlich lebten sie und Jay mehr als sechshundert Kilometer voneinander entfernt. Ihre »Affäre« überdauerte die nächsten drei Jahre, sofern sie sich auf ihren Konferenzen begegneten.

Im Laufe dieser Beziehung fühlte Elizabeth sich hin und wieder frustriert, weil Jay immer noch verheiratet war, obwohl er seit mittlerweile sieben Jahren von seiner Frau getrennt lebte. Doch gleichzeitig war sie sich nicht sicher, ob sie bereit war, eine feste Verbindung mit ihm einzugehen, selbst wenn er frei sein sollte.

Sie kämpfte mit der Frage: »Was ist der Spiegel in meiner Beziehung mit Jay?«

Am meisten belastete sie Jays Unentschlossenheit, wobei sie sich selbst als äußerst entschlossen einstufte. Schließlich war sie diejenige, die ihre vierjährige Beziehung mit ihrem Seelenpartner beendet hatte.

Bei näherer Untersuchung stellte Elizabeth fest, daß sie nichtsdestotrotz Unentschlossenheit widergespiegelt bekam. Nachdem ihr Herz gebrochen worden war, war sie sich nicht sicher, ob sie es jemals wieder riskieren wollte, sich zu verlieben und eine feste Beziehung einzugehen. Außerdem war sie unentschlossen in bezug auf ihre Karriere.

Nachdem ihr bewußt wurde, was ihre wirklichen Probleme waren, beschloß sie, Veränderungen vorzunehmen. Als sie erste Schritte unternahm, um ihr Berufsziel zu erreichen, und sich selbst eingestand, daß sie eine feste Beziehung haben wollte, veränderte sich die Situation zwischen Jay und ihr. Sie erkannte, daß die Energie einer dreijährigen Affäre – selbst wenn sie auf die große Entfernung zurückzuführen war –

nicht die Information war, die sie an das Universum in bezug auf ihren idealen Partner aussenden wollte. Sie entschied sich, den sexuellen Aspekt ihrer Beziehung mit Jay nicht weiter zu leben.

Daraufhin bemühte er sich natürlich verstärkt um sie, doch seine Unentschiedenheit im Hinblick auf seine Ehe blieb weiterhin bestehen. Und obgleich Elizabeth ihre Freundschaft mit Jay aufrechterhalten wollte, wußte sie, daß diese Beziehung nicht ein Teil der Zukunft sein konnte, die sie sich mit ihrem idealen Partner wünschte.

Innerhalb von sechs Monaten nach der Beendigung ihrer Beziehung mit Jay lernte sie einen neuen Mann kennen. Sie ist sich nicht sicher, ob er »der Richtige« ist, doch weiß sie, daß er für den jetzigen Zeitpunkt genau richtig ist.

Elizabeth hat gelernt, daß sie rückhaltlos ehrlich in bezug darauf sein muß, was eine Beziehung ihr über ihr eigenes Leben widerspiegelt. Da sie dieses Spiegelbild nicht aufrechterhalten wollte, mußte sie ihre Glaubenssätze und Handlungen ändern. Auf diese Weise wurde sie in die Lage versetzt, über den Spiegel hinauszuwachsen.

Kim ist Bürochefin und lebt in einem wohlhabenden Vorort von Dallas. Eines Abends traf sie sich mit einem guten Freund auf ein Bier. Als sie die Bar betrat, fiel ihr Blick auf einen jungen Mann, doch achtete sie nicht weiter auf ihn, da ihr Freund bereits da war und sie sogleich eine Unterhaltung begannen. Sie bestellten ein Bier und suchten nach einem freien Tisch. Wie aus dem Nichts sagte der junge Mann, der ihr kurz zuvor aufgefallen war: »Würden Sie sich bitte zu mir setzen?«

Er konnte natürlich nicht wissen, ob der Mann in Kims Begleitung ihr Liebhaber war oder nur ein Freund. Da kein anderer Tisch frei war, beschlossen sie, sich zu ihm zu setzen. Er stellte sich als Jason vor und sagte, er sei Sänger und Grafiker. Obwohl Kim in der Regel nur mit Geschäftsleuten ausging, genoß sie Jasons Gesellschaft und auch die unglaublich intensive physische Anziehung, die zwischen ihnen beiden in der Luft hing.

Bevor sie sich verabschiedeten, bat Jason Kim um ihre Telefonnummer. Sie hatte gerade erst eine fünfjährige Beziehung mit einem Mann beendet, mit dem sie verlobt gewesen war, und war im Grunde nicht auf der Suche nach einer festen Beziehung. Sie wollte ausgehen und Spaß haben.

Am nächsten Tag rief Jason an und bat Kim um ein Rendezvous am kommenden Freitag. Die Beziehung erblühte sofort. Die sexuelle Anziehung zwischen den beiden war intensiver als alles, was Kim bisher in ihrem Leben gekannt hatte. Sie genoß es, im Moment zu leben und soviel Schönes mit Jason zu teilen.

Während ihrer Affäre konzentrierte Jason sich stark auf seine Karriere als Musiker. Er hatte sich bei einer Schallplattenfirma verpflichtet und verbrachte viel Zeit damit, Lieder zu schreiben. Kim fand dies sehr interessant und lernte Einzelheiten über das Musikgeschäft, damit sie ihm helfen konnte.

Es gab jedoch auch einige Unterschiede und Schwierigkeiten zwischen den beiden. Zum Beispiel bestand ein Altersunterschied von vier Jahren zwischen ihnen – Kim war sechsundzwanzig und Jason zweiundzwanzig –, der einige Probleme in bezug auf Reife mit sich brachte. Außerdem wollte Jason eine festere Bindung, zu der Kim nicht bereit war. Innerhalb von zwei Monaten verlief die Beziehung im Sand.

Kim setzte ihr Leben wie gewohnt fort, bis zwei Monate später Jason wieder vor ihrer Tür stand. Sie ließ sich nur sehr zögerlich auf eine erneute Beziehung mit ihm ein, da sie befürchtete, sie hätten keine Zukunft und würden einander nur weh tun. Doch war die physische Anziehung immer noch sehr stark, und sie beschloß: »Das Leben ist zu kurz; manchmal muß man einfach Spaß haben.« Die beiden nahmen ihre Beziehung wieder auf.

Jason konzentrierte sich noch immer auf seine Musik, und Kims Interesse am Musikgeschäft nahm zu. Eines Tages besuchten sie einen Musikladen, wo Kim die Annonce einer Band las, die eine Sängerin suchte. Sie beschloß, dort anzurufen und einen Termin zum Vorsingen zu vereinbaren.

Als Kim und Jason ihre Beziehung wieder aufnahmen, wurde ihr klar, daß sie ihn bei seiner Karriere unterstützen wollte, doch merkte sie auch bald, daß sie selbst daran interessiert war, Lieder zu schreiben und auf der Bühne zu stehen.

Obwohl es ihr erster Termin zum Vorsingen war, gefiel der Band ihr Stil, und sie einigten sich darauf zusammenzuarbeiten, wobei Kim außerdem die Texte zu ihrer Musik schreiben würde. Gegenwärtig sind sie dabei, eine CD aufzunehmen und erstmals in Clubs in Dallas aufzutreten.

Einen Monat nachdem Kim der Band beigetreten war, trennten Jason und sie sich erneut.

Kim ist überzeugt, daß Jason in ihr Leben getreten war, um ihr zu der Erkenntnis zu verhelfen, daß sie Musik machen und Lieder schreiben wollte. Wäre sie nicht zweimal eine Beziehung mit Jason eingegangen, hätte sie vielleicht nie die Musik als eine Ausdrucksform ihrer Kreativität entdeckt. Heute schreibt sie Lieder, singt und genießt ihr Dasein in vollen Zügen. Sie ist neugierig, wer der nächste Mann in ihrem Leben sein wird, und kann kaum erwarten herauszufinden, ob »er derjenige ist, welcher« – oder nur ein weiterer Lehrer auf ihrem Weg.

Ihr emotionales Gepäck

*Jeder Spieler muß die Karten
akzeptieren, die das Leben an ihn austeilt.
Doch hat er sie erst einmal
in der Hand, muß er allein entscheiden,
wie er damit spielt.*

VOLTAIRE

Wenn ich einen Koffer packen und einen Badeanzug, Sonnenschutzcreme, einen Ball, Shorts, Sonnenkleider und Sandalen hineintun würde, was glauben Sie, wo ich hinfahren würde? Wahrscheinlich an den Strand. Was würden Sie denken, wenn ich Ihnen sagte, ich fahre nach Nome in Alaska, und zwar im Januar? Wahrscheinlich würden Sie antworten, ich solle lieber warme Wintersachen einpacken. Ich hätte die unpassenden Sachen gepackt, wenn Alaska mein Ziel wäre, doch die richtigen für einen Ort, an den zu fahren nicht meine Absicht war.

Jeder von uns schleppt das mit sich herum, was ich »emotionales Gepäck« nenne. Ihr emotionales Gepäck schließt Ihre vergangenen Erfahrungen mit ein, Ihre Ängste und Hoffnungen. Einige der Dinge in Ihrem Gepäck verleihen Ihnen gesunde Grenzen, während andere einfach nur Platz wegnehmen und Sie davon abhalten, das einzupacken, was Sie für die Reise zu Ihrem geplanten Ziel tatsächlich benötigen.

Wenn Sie einen Lebensgefährten in Ihr Leben bringen wollen, ist Ihr Koffer dann auch mit Dingen angefüllt, die Ihnen erlauben, auf eine solche Reise zu gehen? Glauben Sie, daß Raum für eine solche Beziehung ist? Oder fürchten Sie vielmehr, daß sie nie eintreten wird? Glauben Sie, daß die Menschen liebevoll, hilfsbereit und respektvoll sind? Oder sind Sie der Ansicht, daß andere darauf aus sind, Kontrolle auszuüben und Sie zu manipulieren?

Was haben Sie in Ihren emotionalen Koffer gepackt? Sind es die richtigen Sachen für das Ziel, das Sie anstreben? Haben Sie eine kleine Reisetasche dabei oder einen riesigen Schrankkoffer?

Im Vierten Teil, dem »Gesetz des Loslassens«, beschreibe ich detailliert eine Technik, die Dr. Barbara DeAngelis gebraucht, um Ihnen bei der Identifikation dessen zu helfen, was sich in Ihrem emotionalen Gepäck befindet. Ich möchte Ihnen diese Übungen ans Herz legen, damit Sie die emotionalen Probleme verstehen lernen, die Sie immer wieder aufs neue in Ihren Beziehungen kreieren.

Haben Sie erst einmal begriffen, was sich in Ihrem emotionalen Koffer befindet, ist es wichtig, mit diesen Emotionen aufzuräumen, die Ihnen auf Ihrer Reise hin zu einer lebenslangen Beziehung mit Ihrem idealen Partner nur Hindernisse in den Weg legen. Sich von alten Emotionen zu befreien, die Ihnen nicht länger dienlich sind, kann es erforderlich machen, daß Sie Menschen verzeihen, die Ihnen – ob absichtlich oder unabsichtlich – in der Vergangenheit Leid zugefügt haben. Vielleicht müssen Sie Ihren Eltern vergeben, ehemaligen Liebhabern – oder sogar sich selbst für Entscheidungen, von denen Sie nun glauben, daß sie falsch waren. Wenn Sie nicht verzeihen können, werden Sie auch die alten Wunden aus der Vergangenheit nicht loslassen können, die zuviel Platz in Ihrem emotionalen Gepäck einnehmen.

Außerdem müssen Sie entscheiden, welche der Dinge in Ihrem emotionalen Koffer Sie bei sich behalten wollen. Vielleicht sind Sie Beziehungen gegenüber positiv eingestellt, weil Ihre Eltern, Großeltern oder Nachbarn Beziehungen führten, die Ihnen als Vorbild dienten. Fokussieren Sie sich auf die Dinge, die Sie in Ihrem emotionalen Gepäck wirklich haben wollen. Vielleicht sind einige davon bereits in Ihrem Koffer, oder Sie müssen mit dem Packen ganz von vorn anfangen. Wie auch immer, Sie haben die Wahl in bezug auf das, was Sie mit auf die Reise nehmen. Sie müssen sich nur ein wenig Zeit nehmen und für die Reise umpacken, die Sie jetzt antreten wollen.

Das Heilen alter emotionaler Wunden

Wir können nicht der werden, der wir sein sollen,
wenn wir der bleiben, der wir sind.

MAX DE PREE

Es gibt nicht einen einzigen Menschen auf der Welt, der nicht irgendwann in seinem Leben emotional verletzt worden ist. Von Kindesbeinen an hat jeder Mensch irgendeinen Grad an Verletzung erlitten, ob dies nun von den Eltern, Geschwistern, Verwandten, Schulkameraden, Lehrern oder völlig Fremden verursacht wurde. Das erste Mal, daß Sie sich verletzt, verlassen oder hilflos fühlten, war eine traumatische Erfahrung für Sie. Vielleicht war es der Zeitpunkt, als Ihre Mutter Sie zum erstenmal im Kindergarten ablieferte, damit sie ein paar Stunden arbeiten gehen konnte. Oder als Ihre Eltern Ihnen sagten, daß Sie nicht gut genug wären, um Ihren Traum von der Zukunft nachzuhängen, oder als Ihre Klassenkameraden Sie wegen irgend etwas aufzogen. Ohne Zweifel haben sich diese Erlebnisse in anderer Form, in Ihrem ganzen Leben wiederholt. Menschen tun uns absichtlich oder unabsichtlich immer wieder einmal weh, genau so, wie wir anderen weh getan haben. Das ist Teil unserer menschlichen Erfahrung. Es liegt jedoch in Ihrer Verantwortung zu entscheiden, wie Sie mit Ihren emotionalen Wunden umgehen.

Nach den Worten von Dr. Caroline Myss, einer medizinisch geschulten Intuitiven und Verfasserin des Buches *Geistkörper-Anatomie,* ist das Wissen um die eigenen Wunden zu einer neuen intimen Sprache geworden. Sie beschreibt, wie die negative Energie sich auf unsere physische Gesundheit und andere Bereiche unseres Lebens auswirkt, wenn wir an unseren Wunden festhalten.

Wir sind an einem Punkt in unserer Gesellschaft angelangt, wo wir die meiste Unterstützung und emotionale Bestätigung von anderen dann bekommen, wenn wir wiederholt davon berichten, wie sehr wir verletzt und geschädigt worden sind. Jedesmal, wenn wir über unsere Wunden aus der Vergangenheit klagen, ist das so, als würden wir ein Pflaster von einer Wunde reißen, die gerade dabei ist, eine Kruste zu bilden. Das Pflaster reißt die Kruste ab, und der Heilungsprozeß muß wieder von vorn beginnen.

Dies trifft wahrscheinlich öfter auf Frauen zu als auf Männer. Denken Sie nur daran, was geschieht, wenn Sie eine neue Freundin kennenlernen und Ihre Verbindung ihren Anfang nimmt. Wieviel Zeit dieses Prozesses verbringen Sie mit dem Erzählen vergangener Erfahrungen, die Sie beide gemeinsam haben? Wie viele dieser Erfahrungen haben damit zu tun, daß Sie beide aus kaputten Familien stammen, schlechte Liebhaber mit dem glei-

chen negativen Verhalten hatten und Sie die Rolle des
»armen Ich« spielen mußten? Wieviel Zeit verbringen Sie
damit, diese ähnlichen Erfahrungen immer wieder auf-
zubereiten, obwohl manche davon vielleicht schon viele
Jahre zurückliegen?

Damit will ich nicht sagen, daß Sie nie über Ihre vergangenen Verletzungen und Wunden reden sollten. Darüber zu reden ist ein notwendiger Teil des Heilungspro-
zesses. Doch wenn Sie die Wunden über Jahre hinweg
wieder aufreißen, werden sie nie heilen. Ich weiß, daß es
manchmal schwierig ist, die gleiche Aufmerksamkeit und
Unterstützung von anderen zu bekommen, wenn Sie sich
auf positive Dinge konzentrieren, die in Ihrem Leben
geschehen. Doch sollten Sie nicht vergessen, daß Sie die
Dinge in Ihrem Leben anziehen, die Sie in den Mittelpunkt stellen. Wenn der Großteil Ihrer Konzentration auf
vergangene Wunden und Verletzungen gerichtet ist, wird
es Ihnen unmöglich sein, sich ein Leben zu schaffen, in
dem sich diese alten Verletzungen nicht wiederholen.

Wenn Sie sich auf Ihre alten Wunden fokussieren, ist
es schwierig, den neu in Ihr Leben tretenden Menschen
eine Chance zu geben, die Beziehung unbeschwert zu
beginnen. Stellen Sie sich vor, Sie telefonieren mit jemandem, den Sie gerade erst getroffen haben und den Sie
gern näher kennenlernen möchten. Der andere fragt Sie,
ob er Sie später zurückrufen kann, da er gerade ein drin-
gendes Gespräch auf der anderen Leitung erhalten hat,
und Sie legen auf. Schließen Ihre Verletzungen aus der
Vergangenheit einen ehemaligen Liebhaber ein, der die

Gewohnheit hatte, andere Frauen kennenzulernen und Sie zu betrügen (obwohl Sie annahmen, daß Ihre Beziehung monogamer Natur war), und der Ihnen häufig sagte, er würde Sie zurückrufen, wenn eine seiner anderen Freundinnen ihn anrief, dann ist es sehr wahrscheinlich, daß Sie befürchten, diese Erfahrung könne sich wiederholen. Vielleicht denken Sie: »Wenn ihm etwas an mir läge, dann hätte er den anderen Anrufer gefragt, ob er ihn zurückrufen kann.« Genau das wäre eine Reaktion auf Ihre alte Verletzung. Doch es wäre besser, Sie würden das erkennen und darauf vertrauen, daß es sich bei diesem Menschen nicht um Ihren ehemaligen Liebhaber handelt! Sie müssen dem anderen die Gelegenheit geben, sein Wort zu halten und Sie zurückzurufen. Wenn derjenige Sie dann eine Stunde später anruft, stellen Sie vielleicht fest, daß der entgegengenommene Anruf ein Ferngespräch von seiner Mutter oder einem alten Studienfreund war oder von einem Kollegen, der wegen eines gemeinsamen Arbeitsprojekts dringend mit ihm reden mußte. Sie können die Umstände nicht trennen, bis Sie die Gelegenheit hatten nachzufragen. Sie sollten es nicht zulassen, daß Ihre vergangenen Verletzungen Ihre Gefühle kontrollieren: denn das ist der erste Schritt zur Wiederholung alter Beziehungsmuster oder zur Selbstsabotage bei neuen Beziehungen. Würde es Ihnen gefallen, wenn andere *Sie* beurteilen würden aufgrund von Wunden, die aus vergangenen Beziehungen resultieren? Wenn nicht, dann spiegeln Sie das, was Sie haben wollen, in Ihren neuen Beziehungen wider.

Ihre Wunden heilen zu lassen erlaubt es Ihnen, sich mit einer »weißen Weste« in neue Situationen und Beziehungen zu begeben. Es stimmt, Sie werden neue Wunden davontragen, doch je weniger Sie das Pflaster abreißen, um anderen Menschen diese Wunden zu zeigen, desto schneller werden sie heilen. Und wenn sie erst einmal verheilt sind, wird es Ihnen um so leichter fallen, die Beziehung zu schaffen, die Ihnen vorschwebt.

Zuweilen ist es erforderlich, professionelle Hilfe zu suchen, um alte Wunden zu heilen. Viele Leute lehnen den Gedanken an eine Therapie ab, doch wenn Sie Hunderte von Schnitten auf Ihrer Haut hätten und Hilfe bei der Versorgung der Wunden brauchten, würden Sie gewiß nicht zögern, einen Arzt aufzusuchen. Auch emotionale Wunden verursachen Schmerzen und können genauso krank machen wie Schnitte auf Ihrer Haut. Nur weil Sie sie nicht sehen können, heißt das nicht, daß Sie keine Hilfe brauchen. Unglücklicherweise können es manchmal genau die Menschen sein, die Sie als Ihnen am nahestehendsten empfinden, die diese Wunden verursachen. Ein Therapeut kann Ihnen helfen, den Ursprung Ihrer Verletzungen objektiv zu bestimmen und den Heilungsprozeß einzuleiten.

Haben Sie erst einmal gelernt, Ihre alten emotionalen Wunden zu behandeln, ist es einfacher, die neuen zu heilen, die unweigerlich kommen werden. Obgleich der Schmerz einer jeden Wunde immer wieder einmal aufflammt, werden Sie inneres Vertrauen, den Glauben und das Wissen darum erlangen, daß Sie von allem genesen werden, was Ihnen widerfährt.

Glaubenssätze

Wenn ich daran glaube, daß ich
etwas tun kann, werde ich mit Sicherheit
die Fähigkeit erlangen, es zu tun, selbst wenn ich sie
zunächst nicht haben sollte.

MAHATMA GANDHI

Eine Freundin von mir beklagte sich darüber, daß sie sich immer wieder zu Männern hingezogen fühlt, mit denen sie gern eine Beziehung hätte, doch letzten Endes sei die Affäre kurzlebig oder komme gar nicht erst zustande. Ich fragte sie, was ihrer Meinung nach die Ursache ihres Problems sei. Sie antwortete, das wisse sie nicht, nehme aber an, daß sie einfach die falschen Entscheidungen treffe. Wenn Sie sich auf eine Beziehung vorbereiten, ist es wichtig, daß Sie Vertrauen haben und daran glauben, daß Sie finden können, wonach Sie suchen. Wenn Sie *glauben,* daß Sie stets die falschen Entscheidungen treffen, werden Sie Personen anziehen, zu denen dieses Bild der »falschen Entscheidung« paßt.

Glaubenssätze sind die Prägungen in Ihrem Unterbewußtsein. Sie sind das Fundament für das, was Sie anziehen. Sie sind die Programmierung Ihres persönlichen »Anziehungsmagneten«. Wenn Sie glauben, daß

Sie Ihren idealen Partner nie finden werden, dann ist genau das die Energie, die Sie in Ihren persönlichen Anziehungsmagneten investieren, und Sie werden weiterhin Menschen anziehen, die keine idealen Partner sind. Wenn Sie andererseits *glauben* – trotz der Tatsache, daß Sie Affären und Beziehungen mit etlichen Menschen hatten, die nicht »die richtigen waren« –, daß Sie Ihren idealen Gefährten einfach noch nicht gefunden haben, er aber womöglich hinter der nächsten Kurve auf Sie wartet, dann ist es sehr gut möglich, daß es sich genau so verhalten wird.

Wenn *Sie selbst* nicht daran glauben, daß Sie den Partner und die Beziehung finden können, die Sie sich wünschen, warum sollte Ihnen das Universum denjenigen dann schicken? Daran zu glauben setzt natürlich voraus, daß Sie genau wissen, was Sie von einem Partner und einer Beziehung wollen. Haben Sie sich erst einmal entschieden, was Sie wollen, dann müssen Sie daran glauben, daß Sie es erlangen können. Sie dürfen sich nicht einen Augenblick lang den Gedanken gestatten, daß es nicht möglich ist. Zweifel verursachen ein Absinken der Energie, die erforderlich ist, das zu verwirklichen, was Sie sich wünschen. Zweifel senden die Botschaft aus, daß Sie nicht wirklich *glauben*, daß Sie haben können, was Sie wollen, oder daß Sie glauben, es existiere nicht.

Ich möchte noch einmal betonen: Sie müssen daran glauben, daß Sie die Beziehung haben können, die Sie sich vorstellen – wobei es jedoch sein kann, daß sie sich nicht mit der Person verwirklichen wird, die Sie als Ihren idealen Partner betrachten. Sie können einen anderen Menschen nicht durch Ihren *Willen* zu Ihrem Wunschgefährten machen, selbst wenn Sie davon überzeugt sind, daß er es ist. Ich versichere Ihnen, wenn der Mensch, den Sie als idealen Partner für sich ausgesucht haben, nicht die gleichen Gefühle für Sie hegt, dann hat Gott einen Grund dafür, und es gibt irgendwann in Ihrer Zukunft einen Menschen, der besser zu Ihnen paßt (und genauso zu dem anderen). Ich weiß, daß dies schwer zu akzeptieren ist, wenn Sie jemanden wirklich mögen oder lieben, doch können Sie nicht den freien Willen eines anderen Menschen untergraben. Der freie Wille ist ein Geschenk, das Gott jedem von uns gegeben hat. Auch Sie würden nicht wollen, daß jemand, von dem Sie nicht glauben, daß er Ihr Seelenpartner ist – trotz der Tatsache, daß der andere davon überzeugt ist, Sie gehörten zusammen –, versuchen würde, Sie zu einer Beziehung mit ihm zu überreden. Vielmehr würden Sie wünschen, daß der andere Ihre Entscheidung respektiert. Und es versteht sich von selbst, daß Sie anderen die gleiche Achtung erweisen.

Wenn Sie nicht die Bindung anziehen, die Sie haben wollen, dann sollten Sie Ihre Glaubenssätze im Hinblick auf Beziehungen und das andere Geschlecht untersuchen. Falls Sie davon überzeugt sind, daß alle Männer nur Sex wollen und nicht in der Lage sind, ihre Gefühle zu zeigen, oder daß alle Frauen nur die Dinge haben wollen, die Sie ihnen kaufen können, dann beschreibt dies wahrscheinlich genau die Menschen, die Sie in Ihr

Leben bringen werden. Stellen Sie eine Liste mit Ihren Glaubenssätzen über Beziehungen und das andere Geschlecht auf. Notieren Sie neben jedem Begriff die Erfahrungen, die Sie gemacht und die Ihre Erwartungen bestätigt haben. Wenn Sie wissen, was Ihre Glaubenssätze sind, und verstehen, woher sie kommen, können Sie anfangen, diese mit Hilfe von Affirmationen, Verzeihen und neue Erfahrungen zu verändern.

Eine andere Möglichkeit, Ihre Glaubenssätze zu beurteilen, besteht darin, auf Ihre Gefühle zu achten. Wenn Sie nur denken, Sie können etwas kreieren, aber nicht *spüren*, daß Sie tatsächlich dazu in der Lage sind, dann glauben Sie wahrscheinlich nicht, daß Sie haben können, was Sie sich wünschen. Zweifel, Angst und Wunschdenken können den Fluß der Energie stören, die Ihnen erlaubt zu glauben, daß Sie realisieren können, was immer Sie sich wünschen. Der Glaube daran, etwas erreichen zu können, gibt Ihnen ein Gefühl der Gelassenheit und Sicherheit und ein inneres Wissen, daß diese Dinge trotz aller möglicherweise auftretender Hindernisse geschehen werden.

Erinnern Sie sich daran, wie es war, als Sie als Kind am Weihnachtsmorgen aufwachten und das Wohnzimmer voller Spielsachen vorfanden, die der Weihnachtsmann für Sie gebracht hatte? Sie glaubten daran, daß acht Rentiere den Schlitten des Weihnachtsmanns zogen und dieser mit einem Sack voller Spielsachen, die Sie sich gewünscht hatten, in den Kamin fuhr und diese in Ihrem Haus ablud. Vielleicht hörten Sie sogar den

Klang der Rentierhufe auf Ihrem Dach. Solange Sie an den Weihnachtsmann glaubten, kam er tatsächlich jedes Jahr zu Weihnachten in Ihr Haus und ließ Geschenke für Sie zurück. Sie zweifelten nie daran, daß er kommen würde – Sie waren sich dessen sicher. Als Sie jedoch alt genug waren, sich zu fragen, wie der Weihnachtsmann in einer einzigen Nacht so viele Häuser besuchen konnte und ob Rentiere überhaupt in der Lage waren zu fliegen, waren Sie zwar einerseits neugierig, hatten aber andererseits Angst, die Antwort herauszufinden, denn das konnte ja den Zauber des Weihnachtsfests zunichte machen. Zu viele Fragen zu stellen und zu viele Faktoren herausfinden zu wollen, konnte unter Umständen einen langgehegten Glauben zerstören; und das hätte bedeutet, daß der Weihnachtsmann nicht mehr bei Ihnen zu Hause erschienen wäre. Ich persönlich glaube immer noch an Santa Claus, und er kommt auch jedes Jahr in mein Haus ... Worum es hier geht, ist die Tatsache, daß Glauben nicht immer mit *Logik* zu tun hat, sondern vielmehr damit, *Wunder zu erwarten und an sie zu glauben.*

Wenn es Ihnen schwerfällt zu glauben, daß Sie den Partner und die Verbindung anziehen können, die Sie sich wünschen, dann fangen Sie mit kleineren Dingen an. Glauben und vertrauen Sie darauf, daß Sie das nächste Mal, wenn Sie zum Einkaufen in die Stadt fahren, in der Nähe des Geschäfts einen Parkplatz finden. Sie müssen es wirklich *glauben* und dürfen sich nicht einen Moment des Zweifels gestatten. Sobald Ihnen ein Zweifel in den Sinn kommt, löscht dieser den Glauben aus. Oder Sie können damit anfangen zu glauben, daß Sie eine neue Arbeit finden werden, oder ein schönes Möbelstück – oder daß Sie eine Reise machen werden. Wenn es Ihnen gelingt, zunächst kleinere, handfestere Dinge in Ihrem Leben zu materialisieren, wird es Ihnen leichter fallen zu *glauben*, daß Sie alles schaffen können, was Sie wollen, und damit auch die Beziehung, die Sie sich mit Ihrem idealen Seelenpartner wünschen.

Um das manifestieren zu können, was Sie glauben, müssen Sie davon überzeugt sein, daß *Sie das verdienen, worum Sie bitten*. Solange wir nicht glauben, daß wir die Geschenke des Universums verdienen, wird es uns unmöglich sein, sie zu empfangen. Was glauben Sie tun zu müssen, um Ihren idealen Partner anzuziehen? Müssen Sie irgend etwas in Ihrem Leben verändern? Spiegeln Sie das wider, von dem Sie glauben, daß Sie es anziehen wollen? Um Ihren idealen Partner zu finden, müssen Sie daran glauben, daß Sie die Beziehung Ihrer Träume auch verdienen. Wenn Sie feststellen, daß Sie nicht daran glauben, die von Ihnen gewünschte Beziehung stehe Ihnen auch zu, suchen Sie nach den Gründen, *warum* Sie so fühlen, und beginnen Sie damit, diese Wunde zu heilen. Wann immer Sie das Gefühl haben, das Problem nicht selbst herausfinden zu können, scheuen Sie sich nicht, professionelle Hilfe in Anspruch zu nehmen. Obwohl Ihre Freunde die besten Absichten haben mögen, kann es sein, daß Sie einander ähnliche Probleme widerspiegeln, was zur Folge hat, daß Sie keine objektive Rückmeldung erhalten. Ein Therapeut oder Berater kann in vielen Fällen die Objektivität beisteuern, die Ihnen helfen kann, die Dinge zu erkennen, die Sie beibehalten oder verändern wollen, und auch den besten Weg zu finden, wie eine Veränderung herbeizuführen ist.

Glaubenssätze sind die machtvollsten Werkzeuge, die Sie haben, um das zu verwirklichen, was Sie sich wünschen. Wenn Sie – trotz aller Hindernisse – glauben, daß Sie etwas tun oder kreieren können, dann können Sie es auch. Kerry Strough, Gloria Estefan und Jimmy Carter gehören zu den Menschen, die daran glaubten, daß sie die Schwierigkeiten überwinden und wieder stark werden konnten, und sie alle haben einen positiven Beitrag zu unserer Gesellschaft geleistet. Sie können alles tun, wovon Sie glauben, daß Sie es tun können, sogar Ihren idealen Partner finden. Vergessen Sie nicht, Sie suchen nur nach einer Person.

Als Lisa im College war, hatte sie eine feste Beziehung zu einem Mann, die jedoch bald auseinanderging. In den nachfolgenden acht Jahren hatte sie kurze Affären mit verschiedenen Männern und auch einige längere Beziehungen, doch sie traf nie ihren Wunschpartner. All diesen Männern schien etwas zu fehlen, das für sie von essentieller Bedeutung war.

Lisa ist eine überzeugte Katholikin. Für sie ist es wichtig, jede Woche in die Kirche zu gehen, zu beten und mit dem Sex zu warten, bis man verheiratet ist. Ihr Wunsch war es, einen Mann in ihr Leben zu bringen, der sehr liebevoll, zärtlich, religiös, respekt- und verantwortungsvoll war, der ihre Vor-

stellungen von familiären Werten teilte (sie kommt aus einer Familie mit zehn Kindern) und ihr bei der Hausarbeit helfen würde.

Als wieder einmal eine ihrer Beziehungen auseinanderging, suchte sie therapeutische Hilfe, um ihr Verhalten zu ändern. Sie war achtundzwanzig Jahre alt und fand es an der Zeit, sich genauer anzuschauen, was ihr an ihrem Leben gefiel und was nicht. Sie stellte fest, daß sie – obwohl sie nach außen hin selbstsicher erschien – in ihrem Innern verbittert und negativ war. Mit der Zeit gelang es ihr, sich auf positive Dinge zu fokussieren, zu lernen, anderen zuzuhören, und sich nach außen hin anders zu geben. Ihr wurde klar, daß im Leben Entscheidungen auf sie warteten und daß jede Entscheidung ihre Konsequenzen hatte – und daß sie entweder von ihren Entscheidungen lernen oder ihre Fehler wiederholen konnte. Sie beschloß, von jetzt an bessere Entscheidungen zu treffen.

Lisa kam zu dem Schluß, daß sie sich in bezug auf einen Partner nicht mit weniger begnügen würde als mit dem, was sie wirklich wollte und von dem sie glaubte, daß sie es finden würde. Selbst wenn andere dachten, ihr Standard sei zu hoch angesetzt, vertraute sie darauf, daß der Grund, warum sie den Mann ihrer Träume noch nicht gefunden hatte, darin lag, daß die Zeit dafür noch nicht reif war. Sie glaubt, daß Gott sie führen wird, wenn sie dazu ausersehen ist, ihren Seelengefährten zu finden; doch wird er ihn nicht an ihrer Haustür abliefern – sie muß ihm auf halbem Weg entgegengehen.

Lisa ging schon lange regelmäßig in die Kirche und betete

viel, doch beschloß sie, sich noch mehr in ihrer Kirche zu engagieren. Sie half sogar bei der Organisation einer Singles-Gruppe mit. Ungefähr einen Monat, nachdem die Gruppe sich gebildet hatte, kam David dazu und nahm bald rege an allen gesellschaftlichen Aktivitäten teil.

Lisa spürte, daß David ihr gefiel und sie sich zu ihm hingezogen fühlte, doch betrachtete sie ihn nur als Freund. Am Neujahrsabend desselben Jahres veranstaltete die Gruppe eine Party. Als die Uhr Mitternacht schlug, gab David Lisa einen Kuß. Vier Wochen später begannen sie, sich regelmäßig zu treffen. Jeden Abend redeten sie stundenlang am Telefon miteinander. Lisa bekam immer noch Anrufe von anderen Männern, die mit ihr ausgehen wollten, doch sie nahm nie eine Einladung an. Nachdem sie einen Monat lang mit David zusammen war, wurde ihr klar, daß sie nur ihn wollte, doch sie ging nicht einfach davon aus, daß er das gleiche fühlte. Lisa hatte beinahe auf den ersten Blick erkannt, daß David all die Eigenschaften und Wertvorstellungen hatte, die sie sich bei einem Partner wünschte. Sie beschloß herauszufinden, wie David ihr gegenüber fühlte, und fragte ihn, ob er ihre Beziehung als etwas Besonderes betrachtete, was er bestätigte.

Im April trennten sie sich für zwei Tage. Lisa war von der falschen Annahme ausgegangen, daß David eine andere Frau sehen wollte. Als sie ihn fragte, ob dies wahr sei, stellte sich heraus, daß David gedacht hatte, sie selbst wolle vielleicht gern einen anderen Mann sehen. Die kurze Trennung verstärkte Lisas Glaube, daß man einander genau das mitteilen soll, was man fühlt.

Im darauffolgenden Mai führten sie viele Gespräche über die Zukunft, und im August bat David sie, seine Frau zu werden. Im Juni des nächsten Jahres heirateten sie.

Lisa ist glücklich mit David. Sie hatte nicht nach einem zweiten James Dean gesucht, den sie in einen zuverlässigen Familienvater hätte verwandeln können, und sie sagt: »Leben hat damit zu tun, zu glauben und auf Gott zu vertrauen, ein guter Mensch zu sein und die richtigen Entscheidungen zu treffen.«

Bedürfnis-und-Wunsch-Liste

*Jeder Moment des Lebens ist unendlich
kreativ, und das Universum
ist unendlich großzügig. Stellen Sie Ihre Forderung
so klar wie möglich, und
Ihr Herzenswunsch wird sich erfüllen.*

SHAKTI GAWAIN

Ein wichtiger Teil der Vorbereitungen bei der Suche nach Ihrem Wunschpartner ist die Entscheidung darüber, was Sie sich von einem Partner und in einer Beziehung wünschen. Ein *Bedürfnis* ist etwas, *ohne das Sie nicht leben können,* wie zum Beispiel Nahrung, Bekleidung und ein Dach über dem Kopf. Ein *Wunsch* hingegen ist etwas, das Sie *nicht brauchen, um zu überleben,* wie Kaviar, Designerkleidung und eine Villa in Paris. Sie *brauchen* ein Haus, doch Sie *wünschen sich* eine Villa.

Die Bedürfnis-und-Wunsch-Liste für eine Beziehung bedient sich des gleichen Schemas.

Ein *Bedürfnis* ist etwas, bei dem Sie keinen Kompromiß eingehen wollen; etwas, das Sie im Hinblick auf eine Beziehung für notwendig erachten. Es ist nicht etwas, das zur Diskussion steht.

Ein *Wunsch* hingegen ist etwas, das Sie gern hätten

und worüber man reden kann. Es kann sein, daß Sie es wirklich wollen, doch wenn Sie es nicht bekommen, wird dies die Beziehung nicht zerstören.

Diese Listen werden für jeden anders aussehen. Dabei gibt es keine richtigen oder falschen Aussagen. Es ist wichtig für Sie zu wissen, was Sie von einer Beziehung verlangen.

Wenn Sie einen anderen Menschen bitten, Ihnen etwas zu geben, dann müssen Sie bereit sein, dasselbe zurückzugeben. Das ist das Gesetz der Widerspiegelung.

Stellen Sie eine Liste auf mit Charaktereigenschaften, die Ihr Wunschpartner haben muß, und bemühen Sie sich dabei um rückhaltlose Ehrlichkeit mit sich selbst. Seien Sie so genau mit den Einzelheiten, daß Sie sich beinahe lächerlich vorkommen. Wenn Sie ein Mann sind und tatsächlich eine kleine blonde und braunäugige Traumfrau haben wollen, dann schreiben Sie es auf. Vielleicht erkennen Sie dann, daß dies ein Wunsch und daher etwas ist, über das man verhandeln kann, und nicht ein Bedürfnis, das erfüllt werden muß. In jedem Fall schreiben Sie es auf. Wünschen Sie sich zum Beispiel jemanden, der bereit ist, viel mit der Familie zu unternehmen, dann sollten Sie trotz der Tatsache, daß Ihnen viel Geld zusagt, vielleicht besser keinen Arbeitswütigen heiraten. Nachdem Sie Ihre Liste gemacht haben, entscheiden Sie bei jeder Eigenschaft, ob es sich dabei um ein *Bedürfnis* oder einen *Wunsch* handelt.

Nachfolgend einige der Dinge, die Sie bedenken sollten, wenn Sie eine Liste aufstellen:

Körperliche Merkmale. Suchen Sie jemanden, der auf seinen Körper achtet? Halten Sie nach jemandem Ausschau, der gesund ist? Soll derjenige eine bestimmte Größe haben? Gefällt Ihnen ein spezieller Körper-Typ? Fühlen Sie sich zu einer Haar- oder Augenfarbe hingezogen? Gibt es eine Art von Ausstrahlung, die Sie unbeschreiblich finden?

Wenn Sie jemanden treffen, den Sie nicht physisch anziehend finden, ist es unwahrscheinlich, daß sich das irgendwann ändern wird. Anders kann es sich jedoch verhalten, wenn die Ausgangssituation einer Liebesbeziehung nicht förderlich war – wenn Sie zum Beispiel beide eine Beziehung hatten und Ihre wahren Gefühle unterdrücken mußten.

Emotionale Eigenschaften. Auf welche Weise soll ein potentieller Partner seinen Gefühlen Ausdruck verleihen können? Wünschen Sie sich jemanden, der über seine Gefühle sprechen kann? Oder jemanden, der will, daß Sie seine Probleme lösen? Jemanden, der emotional stark ist? Wollen Sie einen Menschen, der Sie umsorgt? Oder wären Sie lieber selbst der Gebende? Wünschen Sie sich, daß Sie sich *gegenseitig* umsorgen? Wie stellen Sie sich vor, daß der andere seinen Ärger, Streß und seine Frustrationen ausdrückt? Wie soll er seine Freuden, Erfolge und Liebesgefühle zum Ausdruck bringen?

Die Art und Weise, wie Ihr Partner emotional reagiert, beeinflußt unmittelbar die Kommunikation in Ihrer Beziehung, also ist es wichtig, daß Sie in diesem Punkt sehr genau sind und sich klar darüber werden, was genau Ihre eigenen emotionalen Bedürfnisse und Wünsche sind. Wenn Sie zum Beispiel von Ihrem Partner gesagt bekommen wollen, daß er sich in seine Höhle zurückzieht, um ein persönliches Problem zu verarbeiten, dann schreiben Sie das auf. Einem anderen macht es vielleicht nichts aus, wenn sein Partner sich ohne Vorankündigung in seine Höhle verkriecht. Andere Leute möchten stündlich Liebeserklärungen hören, während wieder andere das als erdrückend empfinden würden. Denken Sie tief über Ihre Bedürfnisse und Wünsche nach, und seien Sie ehrlich mit sich selbst.

Charaktereigenschaften. Suchen Sie jemanden, der einen Sinn für Humor hat? Wollen Sie mit einem Menschen zusammensein, der im Mittelpunkt stehen will? Wollen Sie jemanden, der Sie im Mittelpunkt stehen läßt? Suchen Sie einen introvertierten oder extrovertierten Partner? Möchten Sie jemanden, der viel Zeit mit Nachsinnen verbringt? Wünschen Sie sich einen Partner, der sich um nichts Sorgen macht und ganz im Moment lebt? Suchen Sie jemanden, der alles plant? Oder machen *Sie* gern die Pläne? Möchten Sie einen Partner, mit dem Sie die laufenden Ereignisse besprechen können? Oder suchen Sie eher einen Menschen, der Sie von den laufenden Ereignissen ablenken wird?

Wenn Sie selbst das Zentrum der Aufmerksamkeit sein müssen, dann kann es schwierig werden, wenn auch Ihr Wunschpartner das Bedürfnis hat, im Mittelpunkt zu stehen. Das würde dazu führen, daß Sie beide um den Platz im Rampenlicht kämpfen. Seien Sie ehrlich mit sich selbst bei der Auflistung der Charaktereigenschaften, die am besten zu Ihnen passen.

Finanzielle Gewohnheiten. Wünschen Sie sich jemanden, dem es leichtfällt zu sparen? Oder jemanden, der sein Geld gern ausgibt? Einen Partner, der in Geldsachen verantwortlich handelt? Oder lieber jemanden, der freizügig damit umgeht? Spekulieren Sie gern an der Börse? Oder ziehen Sie Sparkonten vor? Ist ein Haus in Ihren Augen eine Kapitalanlage? Kaufen Sie am liebsten Sonderangebote, oder ziehen Sie Produkte vor, die einen Namen haben? Lieben Sie Designer-Mode?

Ihre Einstellung zum Geldausgeben kann unter Umständen zur größten Sorge in Ihrer Beziehung führen. Es ist wichtig, daß Sie Ihre Einstellung und die Ihres potentiellen Partners zum Geld kennen. Wenn Sie eine zuverlässige Altersversorgung haben wollen, Ihr Partner aber lieber in der Gegenwart lebt, werden Sie Schwierigkeiten haben, den finanziellen Aspekt Ihrer Beziehung zu klären. Ehrlichkeit ist der erste Schritt, um zu finanzieller Harmonie zu finden.

Spirituelle Glaubenssätze. Wird Ihr idealer Partner an Gott glauben? Werden Sie gemeinsam zu Gottesdiensten gehen? Glauben Sie, daß Meditation für die Kommunikation mit Gott entscheidend ist? Glauben Sie, daß das Leben eine spirituelle Erfahrung ist?

Werden Sie sich klar darüber, welche spirituellen Aspekte Ihres Lebens Sie mit einem Partner teilen wollen. Wenn Sie jede Woche mit Ihrem Partner in die Kirche gehen wollen, er aber nicht an Gott glaubt, werden Sie ernsthafte Probleme bekommen. Spirituelle Glaubenssätze sind etwas Persönliches, doch können sie die Art einer Beziehung nachhaltig beeinflussen.

Berufsziele. Soll Ihr Partner ambitioniert sein? Glücklich in seinem Beruf? Soll er seine Familie vor seine Karriere stellen? Oder soll seine Karriere das wichtigste für ihn sein? Wird er eine Arbeit haben, bei der er viel reisen muß? Soll er Verständnis aufbringen für Ihre beruflichen Prioritäten?

Solange Sie mit Ihrem künftigen Lebenspartner noch keine feste Beziehung haben, mögen Sie sich darüber freuen, daß er eine erfolgreiche Karriere hat; doch wenn er dann später achtzig Stunden in der Woche mit seiner Arbeit verbringt und Ihre gemeinsame Beziehung darüber vernachlässigt, könnte sie das überstehen? Seien Sie ehrlich im Hinblick auf die Rolle, die die Karriere in einer Beziehung spielen soll.

Familie. Möchten Sie Kinder haben? Wer wird in erster Linie für die Kinder sorgen? Welche Verantwortung haben Sie Ihrer Meinung nach gegenüber Ihrer eigenen Familie, zum Beispiel für Ihre Eltern und Geschwister? Wird Ihr Partner jedesmal, wenn seine Mutter nach ihm ruft, zu ihr eilen? Werden Ihre angeheirateten Verwandten die großen Ferien mit Ihnen verbringen? Möchten Sie, daß Ihr Partner an allen Feiertagen gemeinsam mit Ihnen Ihre Familie besucht? Oder wollen Sie nichts mehr mit der Familie Ihrer Kindheit zu tun haben?

Gehen Sie nie davon aus, daß jemand Kinder haben will. Wenn einer Kinder will und der andere nicht, dann wird einer von beiden der Verlierer sein. Auch wird es früher oder später Feiertage geben, und Sie müssen entscheiden, zu welcher Familie Sie gehen. Ihre Eltern oder die Ihres Partners können krank werden und Hilfe benötigen. Eins der Geschwister braucht vielleicht ein Darlehen. Wichtig ist zu wissen, welche Rolle Ihre ursprüngliche Familie in Ihrem Leben spielen soll und ob Sie und Ihr Partner mit dieser Rolle einverstanden sind.

Lebensstil. Möchten Sie in der Großstadt leben oder lieber in einer Kleinstadt? Lieben Sie es, wenn Ihre Freunde Sie oft besuchen kommen? Hassen Sie Gesellschaft? Verreisen Sie gern spontan, ohne große Vorbereitungen? Ziehen Sie es vor, Zeit zum Planen und Packen zu haben? Wollen Sie am Samstagabend in der Regel lieber ins Theater gehen oder in einen Nachtclub?

Über einige Aspekte Ihres Lebensstils läßt sich sicher ohne große Schwierigkeiten verhandeln, doch andere werden problematischer sein. Wenn Sie Ihre Liste aufstellen, machen Sie sich klar, womit Sie leben können und womit nicht.

Sexuelle Harmonie. Welche Bedeutung hat Sex für Sie? Handelt es sich dabei um eine spirituelle Erfahrung? Oder eine Aktivität, die in erster Linie unterhaltsam ist? Sind Sie ein hoffnungsloser Romantiker? Mögen Sie Rollenspiele? Finden Sie Verkleidungen faszinierend? Möchten Sie oft umarmt und gestreichelt werden? Erwarten Sie von Ihrem Partner, daß er sich verbal auszudrücken versteht?

Manchmal ist erotische Anziehung allein nicht ausreichend. Es ist notwendig, daß Sie und Ihr Partner die gleichen sexuellen Aktivitäten reizvoll finden.

Wertvorstellungen/Moral. Suchen Sie jemanden, der ehrlich ist, vertrauenswürdig und fair? Möchten Sie einen Partner, dem eine hingebungsvolle Beziehung viel bedeutet? Wollen Sie jemanden, der an Monogamie glaubt, oder lieber einen Partner, dem freie Liebe wichtig ist? Suchen Sie jemanden, der meint, man darf ruhig lügen, wenn es im eigenen besten Interesse ist?

Wenn Sie ein Polizist sind, und Ihr Wunschpartner meint, daß es kein Problem ist, von Ihrer Wohnung aus mit Drogen zu handeln, kann man davon ausgehen, daß Sie beide unterschiedliche Moral- und Wertvorstellungen haben. Auch hier ist es wichtig, ehrlich im Hinblick auf das zu sein, was Sie sich bei einem idealen Partner wünschen.

Hobbys, Freizeitaktivitäten. Wollen Sie beide Golf spielen? Ins Kino gehen? Tanzen? Auf Partys gehen? Oder lieber der Fußballtrainer für die Kinder sein? Mögen Sie es, wenn Freunde oder Familienmitglieder zu Besuch kommen? Was werden Sie mit Ihrem Partner unternehmen, wenn Sie zusammen sind?

Dies sollte ohne Frage ein Bereich sein, in dem vieles Verhandlungssache ist, da Sie selbst mit Ihrem idealen Partner nicht alles teilen können oder sollen, weil Sie sonst irgendwann Ihre eigene Identität verlieren und darum kämpfen müssen, sie wiederzufinden. Was jedoch *wollen* Sie in jedem Fall gemeinsam unternehmen? Wenn Ihre Vorstellung von Vergnügen darin besteht, bis vier Uhr morgens auszugehen, und Ihr Partner am liebsten schon vor Mitternacht schläft, kann Ihre Beziehung diese Diskrepanz aushalten?

Diese Aufstellung dient nur als Beispiel und beinhaltet nicht alle Aspekte. Wenn es etwas gibt, das für Sie wirklich wichtig ist und hier nicht aufgeführt wurde, dann sollten Sie es hinzufügen. Es kann sein, daß Sie einige Tage oder Wochen brauchen, um diese Liste zu vervollständigen. Rufen Sie sich all Ihre vergangenen Beziehungen ins Gedächtnis und überlegen Sie, was funktioniert hat und was nicht. Eigentlich müßte jede Ihrer Beziehungen Ihnen geholfen haben, Ihre Bedürfnisse und Wünsche immer klarer zu erkennen. Falls Sie noch dabei sind zu entscheiden, was auf Ihre Liste gehört, dann kann es sein, daß Sie vorerst kurzfristige Beziehungen haben werden, die Ihnen dabei helfen herauszufinden, was Sie von einer Beziehung tatsächlich wollen.

Wenn Sie ehrlich sind, was für Sie in einer Beziehung

Verhandlungssache sein kann und was nicht, senden Sie eine klare Forderung an das Universum. Zudem werden Sie sich im Laufe dieses Prozesses noch besser kennenlernen. Zeigen Sie Ihre Liste niemandem, der Sie vielleicht nicht wirklich unterstützt. Selbst wenn Sie glauben, daß die von Ihnen aufgeführten Dinge albern sind, ist es wichtig, daß Sie genau sind. Würden Sie Ihr Traumhaus bauen, so würden Sie auch auf jede noch so kleine Einzelheit achten. Sie würden alles selbst aussuchen, einschließlich der Bausteine, der Farben und Tapeten für jeden Raum, der Griffe an den Schränken und Schubladen, der Art der Beleuchtung, der Sträucher und Pflanzen im Garten und unzähliger weiterer Details. Warum sollten Sie bei dem Entwurf der Blaupause für Ihren Wunschpartner und Ihre ideale Beziehung weniger genau vorgehen? Selbstverständlich haben Sie jederzeit die Freiheit, Ihre Liste zu ändern oder zu ergänzen, wie es Ihnen gefällt.

Ellen hatte sich von dem Mann getrennt, mit dem sie drei Jahre lang zusammengelebt hatte. Sie war an dem Punkt angelangt, wo sie eine dauerhafte Bindung und vielleicht auch eine Familie haben wollte, doch ihr Freund hatte keine Lust, diese von ihr gewünschte Verpflichtung einer lebenslangen Beziehung mit ihr einzugehen.

Innerhalb von zwei Monaten nach der Trennung ging sie zum erstenmal mit John aus, einem Professor an der Universität, an der sie arbeitete. Im folgenden Sommer, ungefähr acht Monate nach ihrem ersten Rendezvous mit John, fuhr er nach

Wyoming, um auf der Familien-Farm auszuhelfen. In diesem Sommer schickte er Ellen dreimal ein Ticket, und sie besuchte ihn. Er wollte, daß sie wiederkam.

Sie sagte zu ihm, daß es ihr nicht gefiel, so lange von ihrer Arbeitsstelle weg zu sein.

John fragte: »Was müßte geschehen, damit du hierherkommst?«

»Ich werde nicht mehr kommen. Du kannst mich nicht einfach hin und her schicken, wie du gerade Lust hast«, antwortete Ellen.

»Was kann ich tun?«

»Gar nichts«, meinte Ellen. »Ich komme einfach nicht mehr unter den gegenwärtigen Umständen.«

»Gibt es irgendwelche Umstände, unter denen du bereit wärst zu kommen?« fragte John.

»Ich müßte eine feste Beziehung mit jemandem haben. Ich kann nicht einfach ständig hin- und herfahren und meine Arbeitsstelle gefährden«, erwiderte Ellen.

»Welche Art von fester Beziehung müßte das sein?«

»Ich müßte verheiratet sein«, war Ellens unerwartete Antwort.

»Willst du mich heiraten?« fragte John.

Ellen war sprachlos vor Überraschung, doch innerhalb von sechs Wochen waren die beiden verheiratet. Ellen zog nach Wyoming, und sie und John sind seit mehr als elf Jahren zusammen. Ellen lernte, daß man manchmal, wenn man die Gelegenheit dazu bekommt, das aussprechen muß, was man haben will, selbst wenn das, was man sich wünscht, für einen selbst etwas völlig Neues ist.

Intuition

*Nutzen Sie Ihre Intelligenz, um Ihrer Intuition
auf die Sprünge zu helfen.*

ANONYM

Während Sie sich darauf vorbereiten, Ihren idealen Partner anzuziehen, ist Ihre Intuition der beste Kompaß, um festzustellen, ob Sie auf dem richtigen Weg sind. Je mehr Sie lernen, Ihre Intuition zu erkennen und auf sie zu hören, desto genauer werden Sie ihre Botschaften verstehen, und desto leichter wird es Ihnen fallen, ihr Vertrauen zu schenken. Leider ist Ihre Intuition nicht etwas Greifbares. Sie ist vielmehr ein Gefühl, das Sie in Ihrem Körper wahrnehmen. Manchmal nennen wir es ein »Gefühl aus dem Bauch heraus«, doch normalerweise ist es ein Gefühl, das der ganze Körper wahrnimmt, und nicht nur der Bauch.

Wenn Sie nicht gewohnt sind, auf Ihre Intuition zu lauschen, beginnen Sie *jetzt* damit! Intuition ist etwas, das jeder von uns mit ein wenig Geduld entwickeln kann. Ihre Intuition funktioniert immer, doch in unserer auf Logik basierenden Welt wird die Intuition oft übergangen. Stellen wir uns einige Gelegenheiten vor, bei denen Sie höchstwahrscheinlich Ihre Intuition spüren. Nehmen wir an, Sie fahren von Ihrem Haus zum Supermarkt ein paar Straßen weiter. Für einen kurzen Moment denken Sie, es wäre gut, einen anderen Weg zu nehmen, doch dann kommt Ihnen dieser Gedanke lächerlich vor; soweit Sie wissen, gibt es keinen Grund, heute einen anderen Weg zu fahren als sonst, also tun Sie es auch nicht. Sie kommen an die Kreuzung, an der Sie eigentlich abbiegen müßten, und sehen, daß dort ein Unfall passiert ist. Der Verkehr ist zum Erliegen gekommen, und Sie stecken fest. Hätten Sie den anderen Weg genommen, wären Sie wesentlich schneller im Supermarkt angekommen. Ihre Intuition wollte Sie führen, doch Sie haben sie zugunsten der Logik beiseite geschoben.

Haben Sie schon jemals an einen Freund gedacht, mit dem Sie seit Monaten oder vielleicht sogar Jahren nicht gesprochen haben? Vielleicht träumen Sie sogar von ihm, oder ein anderer Freund erwähnt zum wiederholten Mal den Namen des Betreffenden. Irgendwann greifen Sie schließlich zum Telefon, um den Freund anzurufen, mit dem Sie so lange keinen Kontakt gehabt haben, und finden heraus, daß derjenige sich in einer persönlichen Krise befindet. Sie sind froh, daß Sie ihn angerufen haben und ihm zuhören und vielleicht sogar helfen können ... Ihre Intuition veranlaßte Sie dazu anzurufen, und dadurch, daß Sie ihr vertrauten – auch wenn Sie es nicht wußten –, waren Sie in der Lage, jemandem zu helfen. Möglicherweise war Ihr Anruf das Beste, was dem Betreffenden an diesem Tag widerfuhr.

Wenn Sie sich der kleinen Dinge bewußt werden, auf die Ihre Intuition Sie hinweist, wird es Ihnen immer leichterfallen, Ihrer Intuition auch dann zu folgen, wenn es um größere Dinge geht, wie zum Beispiel darum, Ihren Wunschpartner anzuziehen. Die Herausforderung, wenn Sie auf Ihre Intuition hören, liegt darin zu unterscheiden, was Ihnen Ihre *Intuition* sagt und was von Ihrem *Ego* kommt.

Ihr Ego basiert auf Angst. Diese Angst kann ihre Wurzeln in vergangenen Erlebnissen haben. Wenn Sie zum Beispiel in der Vergangenheit Beziehungen mit Menschen hatten, die Sie belogen haben, dann ist es möglich, daß Sie in einer neuen Beziehung fürchten, wieder belogen zu werden. Doch beruht dieses Gefühl auf Angst aufgrund Ihrer vergangenen Erfahrungen, und es wird von einem Stimmengewirr in Ihrem Kopf begleitet, das Sie auf all die Möglichkeiten hinweist, wie Ihr Partner Sie belügen könnte.

Würden Sie sich andererseits von Ihrer Intuition leiten lassen und glauben, daß jemand Sie belügt, dann *wüßten* Sie – unabhängig von Ihren vergangenen Erfahrungen – daß derjenige nicht ehrlich ist. Wenn Sie sich gestatten, auf Ihre Intuition zu hören, trotz der Tatsache, daß Ihnen das, was Sie fühlen, vielleicht nicht gefällt, dann wird das ständige Stimmengewirr verstummen. Wenn Sie etwas intuitiv wissen, sind Sie vielmehr von einer göttlichen *Ruhe* erfüllt.

Wann immer Sie versuchen, mit Ihrer Intuition in Berührung zu kommen, ist es wichtig, daß Sie sich in einen

Zustand der Ruhe begeben. Das kann während Ihrer Meditation sein, wenn Sie am Strand sitzen oder im Park spazierengehen. In jedem Fall ist es eine Zeit, in der Sie Ihren logischen Verstand abschalten und sich gestatten, einfach nur *wahrzunehmen*.

Ist Ihr Leben voller Chaos und Streß, ist es schwieriger für Sie, mit Ihrer Intuition in Kontakt zu bleiben. Wenn der Körper krank oder erschöpft ist, fällt es uns schwer, in unserer Mitte zu sein. Gelingt es Ihnen nicht, auch nur kurze Momente des inneren Friedens zu erhaschen, damit Sie auf Ihre Intuition lauschen können, wird Ihr Ego die Herrschaft übernehmen. Wenn Ihr Ego Ihre wichtigste Entscheidungsinstanz ist, werden die Entscheidungen, die Sie treffen, ausschließlich auf Logik basieren. Zum Beispiel verbrennen Sie sich jedesmal, wenn Sie eine heiße Herdplatte anfassen, die Finger. Aufgrund vergangener Erlebnisse wissen Sie demzufolge, daß Sie keine heiße Herdplatte berühren sollten, wenn Sie sich nicht verbrennen wollen. Die gleiche Logik kann jedoch nicht immer beim Umgang mit anderen Menschen angewandt werden. Nur weil bestimmte Personen in der Vergangenheit etwas getan haben, das Ihnen weh getan hat, können Sie nicht einfach davon ausgehen, daß *andere* sich genauso verhalten werden. Daher müssen Sie Ihr logisches Denken, das an Ihr Ego geknüpft ist, von Ihrer Intuition trennen, die von Ihrem Ego nicht beeinflußt wird.

Manchmal kann Ihr Ego etwas so sehr wollen, daß Sie sich selbst sagen, Ihre Intuition signalisiere Ihnen, in einer bestimmten Situation auszuharren und daß alles sich so entwickeln werde, wie Sie es sich *erhoffen*.

Zum Beispiel haben Sie vielleicht das Gefühl, Ihren Seelenpartner getroffen zu haben. Sie sind verliebt. Dieser Mensch verhält sich jedoch nicht rücksichtsvoll Ihnen gegenüber; Sie wissen, daß er Sie belügt im Hinblick auf die Dinge, die er tut, wenn Sie nicht zusammen sind; und er ignoriert Sie, außer zu den Zeiten, wo er Sie für die Erfüllung *seiner* Bedürfnisse braucht. Sie versuchen, sich zu entspannen und sich auf Ihre Intuition einzustimmen. Sie haben das Gefühl, daß sie Ihnen rät, die Situation durchzustehen und daß die Liebe schließlich siegen wird. Das Stimmengewirr in Ihrem Kopf hört jedoch nicht auf, und Sie suchen ständig sich selbst gegenüber nach Rechtfertigungen, warum Sie in dieser Situation bleiben. Wann immer Sie das Gefühl haben, sich dafür rechtfertigen zu müssen, daß Sie in einer Situation ausharren, die Ihnen Schmerz bereitet, ist es *nicht* Ihre Intuition, die Sie dazu auffordert. Wenn es tatsächlich Ihre Aufgabe ist, Geduld, Toleranz und bedingungslose Liebe gegenüber einem anderen Menschen zu üben, und Ihre Intuition veranlaßt Sie dazu, dies zu tun, dann werden Sie, wenn Sie sich erst einmal von Ihren Ego losgelöst haben, zu innerem Frieden und Gelassenheit finden. Sie werden weder sich selbst noch anderen gegenüber rechtfertigen müssen, was Sie tun. Sie werden nicht das geringste Bedürfnis dazu verspüren.

Im Grunde genommen ist Ihre Intuition Ihre direkte Telefonleitung zu Gott oder den universalen Kräften.

Leider ist sie nicht immer so klar wie die Verbindungen der irdischen Telefongesellschaften. Mit etwas Übung werden Sie jedoch kleine Veränderungen bemerken. Wenn Sie sich die Freiheit nehmen, im alltäglichen Leben auf Ihre Intuition zu hören und ihr zu vertrauen, werden Sie bald in der Lage sein, sie mit mehr Zuversicht und Leichtigkeit auch bei größeren Dingen anzuwenden. Dann wird es Ihnen möglich sein, Ihrer Intuition auch in riskanten Gefühlsdingen wie Beziehungen zu vertrauen.

Oft helfen uns engelsgleiche Boten, unsere Intuition zu verstehen. Vielleicht sprechen sie genau die Worte aus, die Ihnen immer wieder in den Sinn kommen. Lernen Sie, auf diese Gedankenimpulse zu reagieren, die aus heiterem Himmel aufzutauchen scheinen. Wenn Sie das tun, werden Ihre Engel Ihnen helfen, Ihre Intuition zu erklären.

Sobald Sie sich Ihrer Intuition bewußter werden, werden Sie vielleicht merken, daß sie Sie in manche Geschäfte schickt, zu bestimmten Ereignissen oder Partys, die Sie normalerweise nicht aufsuchen würden. Und dies können genau die Orte sein, an denen Sie Menschen treffen, die für Ihr persönliches Wachstum, Ihre Karriere oder eine wichtige Beziehung entscheidend sind. Wenn Ihre Intuition Ihnen andererseits sagt, daß an einer Beziehung etwas nicht stimmt, dann hören Sie darauf. Ihre Intuition kann Ihnen helfen, ernsthafte emotionale Verletzungen zu vermeiden, wenn Sie lernen, ihr zu vertrauen und zu folgen.

Wenn Sie Ihre Intuition erkennen und ihr vertrauen,

werden Sie mit größtmöglicher Leichtigkeit durch Ihr Leben steuern. Ihre Intuition ist Ihr ureigenster persön-licher Kompaß, der Sie zu Menschen führen kann, zu Orten und Dingen, die für Ihre individuelle Reise durch das Leben und die Lektionen, die zu lernen Sie hierher-gekommen sind, eine entscheidende Bedeutung haben.

Deion heiratete Todd, als sie zweiundzwanzig war. Zu jenem Zeitpunkt hatte sie noch keine klare Richtung in ihrem Leben gefunden; tagsüber arbeitete sie in einem Lebensmittelgeschäft, und abends ging sie aus. Todd war aus der Air Force ausge-schieden und von Texas zurück in seine Heimatstadt in Mis-souri gezogen. Er hatte sie bereits zu Beginn ihrer Beziehung gefragt, ob sie ihn heiraten wolle; als Deion feststellte, daß sie schwanger war, untermauerte das ihre Heiratsabsichten. Deion dachte, dies sei eine Chance, neu anzufangen, doch tief in ihrem Innern ist sie heute davon überzeugt, daß sie beide wußten, daß ihre Ehe nicht von Dauer sein würde.

Nachdem ihr Sohn David geboren war, verschenkte Deion bald die Babywiege, den Laufstall und den Autositz, da sie wußte, sie würde kein weiteres Baby mit Todd haben. Deion entschied sich dafür, einen beruflichen Aufstieg in Angriff nehmen; daher ging sie abends in die Krankenpflege-Schule und war tagsüber zu Hause bei David. Todd und sie entfrem-deten sich einander immer mehr.

Sie beschlossen, eine kleine Reise zu machen, und sprachen darüber, wie sie die Situation wieder in den Griff bekommen konnten. Deion wollte ihre Ehe retten, doch in der ersten Woche nach ihrer Rückkehr kam Todd drei Nächte hinterein-

ander nicht nach Hause. Sie fand heraus, daß er eine Affäre mit einer anderen Frau hatte. Innerhalb eines Monats zog er aus. Deion war zutiefst verletzt darüber, daß Todd nicht versucht hatte, die gemeinsamen Probleme zu lösen, wie er es versprochen hatte. Was ihr noch mehr weh tat, war die Tatsache, daß er sie belogen und ihr seine Beziehung mit der anderen Frau verschwiegen hatte.

Im Laufe der nächsten fünf Jahre machte Deion eine Therapie, die ihr half, die Wunden ihrer Kindheit zu heilen. Sie lernte, auf ihre Freunde zu hören und sich deren Ratschläge zu Herzen zu nehmen, wodurch es ihr unmöglich wurde, für sich selbst zu sorgen. Sie ließ den Gedanken los, daß sie das Leben ihres Sohnes ruinierte, und gab den Wunsch auf, sich an Todd zu rächen. Sie lernte zu verzeihen, in der Gegenwart zu leben und für die guten Dinge in ihrem Leben dankbar zu sein. Sie begriff, daß sie an manchen Tagen niedergeschlagen sein würde, doch daß sich am nächsten Morgen alles anders anfühlen konnte. Jeder Tag bot die Möglichkeit für einen neuen Anfang.

Deion ging hin und wieder aus, hatte ein paar Beziehungen und bekam sogar zwei Heiratsanträge, doch wußte sie, daß keiner dieser Männer der richtige für sie war. Sie glaubte, daß Gott es sie wissen lassen würde, wenn sie den richtigen Mann traf. Sie erkannte, daß sie keinen Mann brauchte, um vollständig zu sein. Außerdem wußte sie, daß man zu innerem Frieden gelangen muß, falls dies das ist, was man in einer Beziehung finden will. Sie können mit niemandem etwas teilen, was Sie nicht besitzen.

Vor vier Jahren lernte sie Steve kennen, einen Trainer im

Baseball-Team ihres Sohnes; sein eigener Sohn gehörte auch zu dem Team. Durch Baseball und die Teilnahme an verschiedenen Veranstaltungen in ihrer Gemeinde wurden sie Freunde; außerdem tankte sie immer an der Tankstelle, wo er arbeitete.

Steves Ehe war zu Ende, und Deion merkte, wie sie auch dann zu seiner Tankstelle fuhr, wenn sie kein Benzin brauchte. Eines Tages sagte Steve: »Ich bin kürzlich an deinem Haus vorbeigefahren.«

»Tatsächlich? Warum bist du nicht hereingekommen?«

»Ich wollte nicht eines deiner Rendezvous stören«, sagte Steve.

»Oh, es war keine ernsthafte Verabredung«, erwiderte Deion. »Nur Freunde, die vorbeischauten.«

»Gut, vielleicht komme ich ein andermal vorbei.«

Am gleichen Wochenende gingen Steve, Deion und David zusammen ins Kino. Am nächsten Wochenende hatten Steve und Deion ihr erstes richtiges Rendezvous. Deion hatte das Gefühl: »Das ist es.« Sie fragte sich, ob sie wohl verrückt sei, doch von dem Moment an waren sie unzertrennlich. Innerhalb von drei Wochen machte Steve ihr einen Heiratsantrag. Deion schien dies etwas verfrüht, doch fühlte es sich so natürlich an, und sie setzte ihren Glauben in Gott.

Gleich zu Beginn ihrer Beziehung fragte Steve Deion: »Was erwartest du von deiner nächsten Ehe?«

»Ich wünsche mir einen Freund«, lautete ihre Antwort

Deion wußte von Anfang an, daß sie und Steve Freunde waren. Jeder akzeptierte das Kind des anderen, und beide wollten ein liebevolles, stabiles Zuhause schaffen. Innerhalb von zwei Monaten waren sie verheiratet.

»Wir sind dabei, zwei Familien miteinander zu verschmelzen, und das ist nicht leicht. Es ist nicht alles rosig und ohne Dornen, doch handelt es sich nicht um etwas, das wir nicht gemeinsam klaren könne«, sagt Deion. »Unabhängig davon, was andere Leute denken, sollten Sie immer auf Ihre eigene Intuition hören und ihr vertrauen.«

Das Gesetz der Anziehung

Es sollte dir stets bewußt sein,
daß es dein Geist ist, der deine Welt kreiert.

KEN KEYES JR.

Erweitere dein Bewußtsein –
sei bereit, alles zu akzeptieren, jetzt und in
jedem Augenblick.

EILEEN CADDY

In dem Kapitel »Das Gesetz der Vorbereitung« haben wir uns Dinge angeschaut, die Sie tun können, um sich auf die Beziehung mit Ihrem Wunschpartner vorzubereiten. Wenn Sie sich in Ihrem Innern nicht auf die liebevolle Beziehung vorbereiten, die Sie sich wünschen, wird es unmöglich sein, sie anzuziehen. Daher haben wir daran gearbeitet, Ihren inneren »Anziehungsmagneten« umzupolen. Und jetzt, während wir das Gesetz der Anziehung näher betrachten, werden wir an Dingen arbeiten, die Sie tun können und die Ihnen helfen werden, Ihren idealen Partner in Ihr Leben zu bringen. Diese Dinge sind greifbarer und rituell; sie helfen, die Kluft zwischen der physischen Realität und unserem Unterbewußtsein zu überbrücken.

Wir werden einen Blick darauf werfen, wie Sie Visualisierungen, Affirmationen, Meditationen, Hypnotherapie, Ziel-Tafeln und Gebete einsetzen können, um Ihr Ziel zu erreichen. Wenn Sie Ihre Vorbereitungsarbeit erledigt haben, können diese Werkzeuge Ihnen helfen, den Prozeß zur Erreichung Ihrer Ziele zu beschleunigen. Ihre Vorbereitungsarbeit ermöglicht Ihnen, Ihren Wunschpartner anzuziehen und für alles andere, das Sie kreieren wollen, empfänglich zu sein.

Noch einmal: Dies alles sind nur Werkzeuge, die Ihnen bei Ihrem Vorgehen Hilfe leisten können. Erfahrungen, die Sie für Ihr seelisches Wachstum erleben müssen, können Sie jedoch nicht umgehen. Aber Sie können damit aufhören, Lektionen zu wiederholen, wenn Sie sie erst einmal verinnerlicht haben. Dann werden Sie zu neuen Lektionen übergehen.

Die hier beschriebenen Werkzeuge können Ihren Träumen und Zielen das Gefühl von Wirklichkeit geben und Ihnen dabei helfen, sie schneller in die Realität umsetzen. Je mehr Sie Ihre Werkzeuge benutzen, desto leichter wird es Ihnen fallen, das zu schaffen, was Sie sich wünschen.

Lucy war kürzlich von der Ostküste nach Phoenix, Arizona, gezogen. Endlich hatte sie sich niedergelassen und war bereit, ihrem idealen Partner zu begegnen. Sie hatte zwei Ehen hinter sich und zwei langjährige Beziehungen, doch jetzt wollte sie »den Richtigen« finden. Im Laufe des vergangenen Jahres hatte Lucy hart daran gearbeitet, Vorstellungen und Glaubenssätze aufzugeben, die nicht gut für sie waren. Sie verbrachte viel Zeit mit Meditationen und visualisierte sich selbst an der Seite ihres idealen Partners.

Auch Roger war erst vor kurzem von der Ostküste nach Phoenix gezogen, und auch er wollte seine Seelengefährtin treffen. Er war bereits fünfmal verheiratet gewesen, doch er wollte nicht aufgeben. Er glaubte daran, daß sie irgendwo da draußen existierte. Er gab sogar eine Annonce in einem New-Age-Magazin auf.

Eines Tages besuchte Lucy den örtlichen Buchladen und schaute sich die Bücher und sonstigen Dinge an. In einem der Gänge zwischen den Regalen erspähte sie Roger, der ihr den Weg zu versperren schien. Sie dachte, vielleicht schickte ihr das Universum hier eine Botschaft; sie ging auf Roger zu, und sie begannen ein ungezwungenes Gespräch.

Roger war eigentlich nicht Lucys Typ, doch sie fand ihn interessant. Er erzählte ihr, daß er eine Annonce in dem New-Age-Magazin aufgegeben hatte, das sie unter dem Arm trug. Sobald sie wieder zu Hause war, las sie Rogers Anzeige. Sie gefiel ihr, und so rief sie ihn an. Sie hatten ein schönes Gespräch und beschlossen, sich auf einen Kaffee zu treffen.

Lucy erkannte sofort, daß Roger wesentlich aufregender war, als sie ursprünglich gedacht hatte. Nachdem sie sich auf einen Kaffee getroffen hatten, wurden die beiden unzertrennlich. Sie erkannten, daß sie Seelengefährten waren, und innerhalb von zwei Monaten waren sie in ein gemeinsames Haus gezogen.

Ihre Beziehung mußte sich durch ein paar Kommunika-

tionsprobleme kämpfen, und sowohl Lucy als auch Roger hatten einige Stücke ihres emotionalen Gepäcks aufzuräumen, doch im Laufe desselben Jahres beschlossen sie zu heiraten. Sie haben die gleichen Ziele und Glaubenssätze, und es ist ihrer beider Wunsch, die Beziehung zu nähren und wachsen zu sehen.

Lucy glaubt, daß sie und Roger zusammen sind, weil sie im Buchladen auf ihre Intuition gehört und ein Gespräch mit ihm angefangen hatte. Sie war sogar bereit gewesen, ein Risiko einzugehen und ihn wegen seiner Annonce anzurufen. »Manchmal leitet uns Gott, doch wir müssen letztendlich den entscheidenden Schritt tun«, sagt Lucy.

Visualisierungen

Wenn du dich sehen kannst,
wie du dein Ziel erreicht hast, so hast du
es schon zur Hälfte erreicht.

TOM HOPKINS

Das zu visualisieren, was Sie kreieren wollen, zählt zu den wirkungsvollsten Dingen, die Sie tun können, um tatsächlich zu bekommen, was Sie wollen. Alles, was Sie schaffen, wird zunächst durch Ihre Glaubenssätze in Ihrem Unterbewußtsein aufgezeichnet. Ihre Glaubenssätze können jedoch wesentlich schneller Wirklichkeit werden, wenn Sie in der Lage sind, Ihre Ergebnisse zu visualisieren.

Bei dem Versuch zu visualisieren fühlen sich manche Menschen verunsichert, wenn sie kein klares geistiges Bild von dem erhalten können, was sie zu verwirklichen suchen. Manche Leute *sehen deutlich* kristallklare Bilder vor sich, während andere mehr ein *Gefühl* von dem bekommen, was sie kreieren wollen. Wenn Sie Ihre Ziele visualisieren, sollten Sie nicht damit aufhören, nur weil Sie keine haargenauen Bilder sehen. Üben Sie weiter. Vielleicht werden Sie schließlich die klaren Visionen erhalten, nach denen Sie suchen; doch das wichtigste ist, daß Sie ein *Gefühl* in bezug auf das bekommen, was Sie erreichen wollen. Gefühle sind Ihre direkte Verbindung zu Ihren Glaubenssätzen und Ihrer Intuition. Der ganze Sinn des Visualisierens liegt darin, Ihnen bei der Entwicklung des Gefühls zu helfen, bereits das zu haben, was Sie sich wünschen.

In ihrem Buch *Gesund denken. Kreativ visualisieren* beschreibt Shakti Gawain die vier Schritte der kreativen Visualisierung: Bestimme dein Ziel, kreiere ein klares Bild oder eine klare Vorstellung, konzentriere dich oft darauf und gib ihm positive Energie. Nachfolgend erfahren Sie, wie diese Schritte anzuwenden sind.

Erster Schritt: *Setzen Sie sich ein Ziel.*
Ihr höchstes Ziel ist es, einen idealen Partner in Ihr Leben zu bringen und eine liebevolle Beziehung zu schaffen. Doch wenn Sie in der Vergangenheit Schwierigkeiten damit hatten, die Dinge zu verwirklichen, die Sie sich wünschten, dann sollten Sie vielleicht mit etwas Kleinerem beginnen, das Ihnen helfen kann, Ihr Vertrauen zu stärken. Vielleicht würden Sie gern ein neues Hobby in Angriff nehmen, einen neuen Arbeitsplatz finden oder auf eine Reise gehen. Wenn der Glaube an Ihre Ziele und das Visualisieren derselben Ihnen immer leichter fallen, werden Sie auch erfolgreicher sein, etwas zu visualisieren, das Sie als schwieriger empfinden, wie zum Beispiel die Beziehung mit Ihrem idealen Partner.

Zweiter Schritt: *Schaffen Sie ein klares Bild oder eine klare Vorstellung.*
Visualisieren Sie in Ihrem Innern ein klares Bild von dem, was Sie erreichen wollen. Es ist wichtig, daß Sie dieses Bild in der Gegenwart visualisieren und nicht in der Zukunft. Visualisieren Sie es so, als würde es *jetzt passieren.* Erlauben Sie sich zu fühlen, wie es geschieht. Eine Ziel-Tafel kann Ihnen dabei helfen, Ihre Visualisierung noch realer werden zu lassen (siehe auch Seite 166–168). Wie gesagt, vielleicht möchten Sie eine neue Arbeitsstelle visualisieren, eine bessere Beziehung zu Ihrer Familie oder eine Reise. Wenn Sie erst einmal bereit dazu sind, an Ihre kreative, manifestierende Kraft zu *glauben*, wird es Ihnen leichter fallen, Ihren Wunschpartner zu visualisieren.

Dritter Schritt: *Richten Sie Ihren Fokus auf Ihre Ziele.*
Fokussieren Sie sich im Laufe des Tages mehrmals auf das, was Sie schaffen wollen. Die beste Zeit dafür ist morgens und abends, wenn Ihr Geist am klarsten und am empfänglichsten ist für Suggestionen. Tagsüber können Sie Ihre Ziel-Tafel studieren oder sich ein paar Augenblicke Zeit nehmen und darüber nachdenken, was Sie verwirklichen wollen. Denken Sie an Ihr Ziel in der Gegenwart, so als wäre es bereits eingetreten.

Vierter Schritt: *Geben Sie Ihrem Bild positive Energie.*
Wenn Sie meditieren und Ihr Ziel visualisieren, sehen Sie es in einem weißen Licht. Beobachten Sie sich selbst, wie

Sie das Ziel erreichen. Ihr Gefühl für das Ziel muß einladend sein, ein Gefühl des Annehmens – und nicht Angst, Sorge oder Furcht, daß Sie Ihr Ziel nicht erreichen werden. Denken Sie immer in einer zuversichtlichen, liebevollen Weise daran.

Auf Ihrer Reise hin zur Begegnung mit Ihrem Wunschpartner werden Sie viele Dinge visualisieren. Sie können sich zum Beispiel persönliche Veränderungen vorstellen, die Sie vornehmen wollen. Vielleicht möchten Sie mit Fitneß-Training anfangen, zuversichtlicher werden, wenn Sie potentielle ideale Partner kennenlernen, oder Ihre Vorstellung darüber umprogrammieren, wie eine ideale Beziehung Tag für Tag abläuft. Und wenn Sie erst einmal jemanden treffen, der Ihren Anforderungen an einen idealen Partner entspricht, sollten Sie vielleicht visualisieren, wie Sie beide gemeinsame Zeit verbringen und sich in einer liebevollen Beziehung wohl fühlen. Vergessen Sie nicht, daß Sie keine bestimmte Person dahingehend visualisieren können, Ihr idealer Partner zu werden; doch wenn Sie sich bereits in einer Beziehung befinden, können Sie natürlich visualisieren, wie diese sich Ihren Wünschen gemäß entwickeln wird. Sie sollten sich allerdings nicht auf ein bestimmtes Ergebnis fixieren.

»Wenn Sie an einem bestimmten Ergebnis festhalten«, sagt Deepak Chopra, Autor des Buches *Die sieben geistigen Gesetze des Erfolgs*, »beruht dies auf Angst und Unsicherheit. Loslassen können hingegen basiert auf dem bedingungslosen Glauben an die Macht Ihres wahren Selbst.«

Bei Beziehungen bedeutet das Nichtfesthalten an einem bestimmten Ergebnis, Ihrem höheren Selbst zu erlauben, für Ihr höchstes Wohl tätig zu werden.

Visualisierungen ermöglichen Ihnen zu sehen, was Sie zu erreichen versuchen. Daher dienen sie als Katalysator, der Ihnen gestattet, Ihr Ziel auf eine Art zu fühlen, als hätten Sie es bereits erreicht. Diese Gefühle nehmen dann den Weg in Ihr Unterbewußtsein, das Ihre Glaubenssätze programmiert. Wenn Sie wirklich glauben, daß Sie etwas kreieren können, ist seine Manifestation bereits so nah wie Ihr Vorgarten.

Affirmationen

Die Dinge verändern sich nicht; wir verändern uns.

HENRY DAVID THOREAU

Affirmationen sind Aussagen, die wir alle ständig machen und die entweder positiv oder negativ sein können. Doch leider verbringen wir in der Regel zuviel Zeit damit, negative Affirmationen zu machen. Hier ein paar Beispiele: »Alle interessanten Männer/Frauen sind schon vergeben.« – »Ich hasse meinen Job.« – »Ich bin zu dick.« Keine einzige dieser Aussagen ist lösungsorientiert oder positiv formuliert. Ihr Unterbewußtsein kennt den Unterschied zwischen positiv und negativ nicht. Es weiß nur, was Sie ihm eingeben. Wenn Sie Ihren Körper mit einer ungesunden Essensweise belasten und keinerlei Sport treiben, werden Sie in den meisten Fällen an Gewicht zunehmen oder zumindest das gesunde Aussehen Ihrer Haut verlieren. Genauso verhält es sich mit Ihrem Unterbewußtsein. Wenn Sie ihm negative Ideen eingeben, wird es diese früher oder später manifestieren. Wenn Sie sich andererseits mit positiven Affirmationen versorgen, können Sie Ihr Glaubenssystem verändern und damit das, was Sie in Ihrem Leben kreieren.

Ihre positiven Affirmationen sollten sich an Ihrer persönlichen Bedürfnis-und-Wunsch-Liste orientieren und jene Glaubenssätze umprogrammieren, die Sie möglicherweise davon abhalten, die von Ihnen gewünschte Beziehung mit Ihrem idealen Partner ins Leben zu rufen. Um Ihre schöpferische Zuversicht zu stärken, sollten Sie vielleicht damit anfangen, zunächst Dinge zu affirmieren, die leichter erreichbar scheinen als das Anziehen Ihres Seelenpartners. Affirmieren Sie die Dinge, die Sie im »Gesetz der Vorbereitung« als erwünschte Veränderungen identifiziert haben.

Einige Beispiele für Affirmationen:

Ich liebe mich selbst.
Ich liebe die Menschen, die mir Schmerzen zugefügt haben,
    und lasse sie los.
Mein idealer Partner ist bereits in meinem Leben.
Ich vergebe mir selbst und anderen dafür, Leid in mein Leben
    gebracht zu haben.
Veränderung ist eine Gelegenheit für mich, zu wachsen und
    mich neu zu entdecken.
Ich mag meinen Körper.
Ich habe eine gegenseitig erfüllende Beziehung mit meinem
    idealen Partner.
Liebe ist eine sichere Angelegenheit.

Dies sind nur einige Beispiele. Sie sollten Affirmationen formulieren, die sich speziell auf Ihre Bedürfnisse beziehen. Wenn Sie Ihr Unterbewußtsein mit positiver geistiger Nahrung versorgen, wird Ihr Glaubenssystem sehr bald dem zustimmen, was Sie erreichen wollen. Und wenn sich Ihr Glaubenssystem im Einklang mit Ihren Zielen befindet, sind Sie diesen bereits einen großen Schritt näher gekommen.

Beruhigung des Geistes durch Meditation

Das Wunder kommt in Ruhe und Frieden
zu dem Geist,
der einen Augenblick lang innehält und still ist.

EIN KURS IN WUNDERN

Sofern Sie nicht bereits auf Ihre Intuition hören, ist es unglücklicherweise äußerst leicht, sie nicht zu erkennen oder sie einfach abzutun, wenn Ihr Geist voll von Plänen, Klagen und Gedanken an Ihre Vergangenheit oder Zukunft ist. Wenn Sie es nicht gewohnt sind, auf Ihre Intuition zu achten, ist Meditation der beste Weg, um den Geist zu beruhigen. Sie gestattet Ihnen, mit Ihrer Intuition in Kontakt zu kommen und auf diese Weise ein Gefühl für sie zu entwickeln.

Meditation ist für jeden etwas anderes. Es kann Tagträumerei sein, das Betrachten einer schönen Aussicht oder das Beruhigen Ihres Verstandes. Einige Menschen können ihren Geist zur Ruhe finden lassen, indem sie sich auf ihren Atem konzentrieren – wobei sie tief einatmen und langsam wieder ausatmen –, ihre Augen schließen und so einen Zen-ähnlichen Zustand erreichen.

Andere mögen es vorziehen, zu chanten oder sich beruhigende Musik anzuhören, was ihnen dabei hilft, inneren Frieden und tiefe Ruhe zu erlangen. Vielleicht ist es für Sie notwendig, sich stärker auf Ihren Atem zu fokussieren – indem Sie lernen, Ihren Körper mit Sauerstoff, der wahren Lebenskraft, aufzuladen. Wenn es Ihnen schwerfällt, sich in einen Zustand der Meditation zu begeben, sollten Sie vielleicht einen Meditationskurs machen. Viele solcher Kurse werden heutzutage bereits in Volkshochschulen, einigen Kirchen und sogar Fitneß-Studios angeboten.

Sie sollten Meditation ähnlich handhaben wie das Zähneputzen: etwas, das Sie jeden Tag automatisch für Ihr spirituelles Wohlergehen tun. Sie können es sogar mehr als einmal am Tag tun, je nachdem, wieviel Energienahrung Sie an dem betreffenden Tag benötigen.

Wenn Sie bislang nicht regelmäßig meditiert haben, wäre es gut, wenn Sie nun damit anfangen und jeden Tag ein wenig Zeit dafür einplanen. Meditieren Sie zunächst nur fünf Minuten, bevor Sie schlafengehen. Das wird Ihnen die Möglichkeit geben, Ihren Verstand zu beruhigen, bevor Sie Ihre Visualisierungen und Affirmationen in bezug auf Ihren Seelenpartner machen. Es ist einfacher für Ihr Unterbewußtsein, neue Gedanken und Ideen anzunehmen, wenn Sie zuvor das Durcheinander des Tages hinter sich gelassen haben.

Sobald Ihnen das Meditieren leichter fällt, können Sie Ihre Meditationszeit am Abend etwas weiter ausdehnen und auch am Morgen oder zur Mittagszeit eine Meditationspause einlegen. Wenn Sie erst einmal daran gewohnt sind, in einen meditativen Zustand zu gleiten, werden Sie feststellen, daß Ihnen dies von einem Moment zum anderen und beinahe überall möglich sein wird. Sie können zum Beispiel meditieren, wenn Sie fliegen, im Wartezimmer des Zahnarztes sitzen oder einfach nur ein paar Minuten brauchen, um Ihre Batterien wieder aufzuladen.

Meditation ist eine der ältesten Arten, mit Ihrem höheren Selbst in Kontakt zu kommen und die Türen zu Ihrer Intuition zu öffnen. Ihre Intuition ist Ihre direkte Verbindung zu Gott oder der universalen Kraft. Tägliches Meditieren versetzt Sie in die Lage, selbst in den schwierigsten Zeiten Ihres Lebens inneren Frieden und Gelassenheit zu finden. Außerdem wird Meditation Sie hin zu allen möglichen Schätzen führen, wie zum Beispiel zu Ihrem Wunschpartner.

Ziel-Tafel

Was würden Sie versuchen zu tun,
wenn Sie wüßten,
daß es Ihnen nicht mißlingen könnte?

DR. ROBERT SCHULLER

Eine der Möglichkeiten, die Ihnen helfen kann, Ihren idealen Partner anzuziehen, besteht darin, eine »Ziel-Tafel« einzurichten. Diese Technik wird Ihnen dabei helfen, tatsächlich schwarz auf weiß zu sehen, was Sie sich wünschen. Ich empfehle Ihnen, entweder Bilder von der Person zu zeichnen, die Sie sich als idealen Partner vorstellen, oder ein Foto aus einer Zeitschrift auszuschneiden von jemandem, der Ihrem Wunschpartner ähnelt. Vergessen Sie nicht, dem Bild all das hinzuzufügen, was Sie in Ihrem Leben mit diesem Partner haben möchten. Wollen Sie Kinder, ein besonderes Zuhause, bestimmte Ferienziele, ein Fest zur Silberhochzeit und viel offene Zuneigung zwischen Ihnen beiden? Schreiben Sie es auf Ihre Ziel-Tafel. Sie können die Rückseite eines großen Posters dafür verwenden. Betrachten Sie dieses Bild als ein Wandgemälde des Lebens, das Sie sich erschaffen möchten. Wann immer Sie es wünschen, können Sie neue Einzelheiten hinzufügen, die Ihnen wichtig sind. Legen oder hängen Sie das Bild an einen Platz, wo Sie es oft sehen können. Verstecken Sie es nicht; das könnte dem Universum eine unterschwellige Botschaft senden, die besagt, daß Ihr Wunsch keine Priorität hat. Vielleicht möchten Sie es in Ihrem Schlafzimmer aufhängen. Sorgen Sie dafür, daß es sich an einer Stelle befindet, wo Sie es täglich sehen und sich darauf konzentrieren können.

Ich fahre des öfteren nach Japan und habe die Gelegenheit, den Menschen dort zu helfen. Während eines kürzlichen Aufenthaltes ergab es sich, daß ich mehreren Leuten durch die Einrichtung von Ziel-Tafeln helfen konnte, ihren Wunschpartner anzuziehen. Mein Ziel ist es, in Zukunft teilweise in Japan zu leben.

Ziel-Tafeln sind eine meiner bevorzugten Möglichkeiten, Menschen bei der Visualisierung dessen zu helfen, was sie manifestieren wollen. Sie bieten ihnen ein greifbares Bild. Bei mehreren Gelegenheiten empfahl ich diese Technik den Menschen, die Rat bei mir suchten. Ich schlug ihnen vor, Fotos aus Zeitschriften auszuschneiden, die ihrem idealen Partner glichen. Außerdem riet ich ihnen, Fotos von den Dingen auszuschneiden, die für sie in einer Beziehung wichtig waren.

Während meines Aufenthalts in Japan kamen zwei verschiedene Personen zu mir, die ich während meiner ersten Reise nach Japan kennengelernt hatte, und sagten mir, daß sie ihre Ziel-Tafeln angefertigt und ihren Wunschpartner gefunden hatten. Ein Mann sagte sogar, daß die Frau, die er in sein Leben gebracht hatte, beinahe wie ein Zwilling jener Frau aussah, deren Foto er auf seine Ziel-Tafel geklebt hatte.

Ziel-Tafeln helfen Ihrem Unterbewußtsein, ein klares Bild von dem zu bekommen, was Sie zu kreieren versuchen. Das wiederum beeinflußt natürlich das Glaubenssystem, das Ihren persönlichen Anziehungsmagneten programmiert.

Hypnotherapie

Die Straße zum Erfolg befindet sich
immer im Bau.

ANONYM

Ein zugelassener Hypnotherapeut kann Ihnen helfen, alte Wunden zu behandeln, zu heilen und zu überwinden – Wunden, die Sie davon abhalten könnten, die neuen Glaubenssätze zu verinnerlichen, die Sie bei der Anziehung Ihres Wunschpartners unterstützen werden. Hypnotherapie gibt Ihnen die Möglichkeit, mit emotionalem Schmerz wie ein außenstehender Dritter umzugehen, was zu Abstand und Losgelöstheit führt. Wenn Sie auf diese Weise emotionale Schmerzen verarbeiten, beobachten Sie das Geschehen so, als würden Sie sich einen Film anschauen. Sie sind einer der Schauspieler in der jeweiligen Szene. Haben Sie erst einmal den emotionalen Schmerz verarbeitet, wird Ihre Heilung beginnen. Während Ihrer Rekonvaleszenz werden Sie in der Lage sein, neue Ideen und Gedanken in Ihr Unterbewußtsein zu schicken, die dafür sorgen, daß sich ein neues Glaubenssystem herausbildet. Sie können außerdem positive

Gedanken und Affirmationen empfangen, wenn Sie hypnotisiert sind. Vorschläge, die Sie im Zustand der Hypnose aufnehmen, gelangen ohne Umwege direkt in Ihr Unterbewußtsein. Doch vergessen Sie nie, daß Hypnotherapie nur von einem seriösen Therapeuten durchgeführt werden sollte, der Ihr Vertrauen hat.

Wo ist mein Schutzengel?

Wenn Sie kreative Ideen suchen,
machen Sie einen Spaziergang. Die Engel flüstern
dem ins Ohr, der spazierengeht.

RAYMOND INMON

Ich glaube, daß Schutzengel immer bei uns sind. In meinem Buch *Schutzengel* erwähne ich viele Einzelheiten über ihren Hintergrund und ihre Herkunft, was sie tun und wie Sie mit ihnen kommunizieren können. Ihr Schutzengel kann Ihnen helfen, Ihre Intuition zu erwekken, und Sie dahin führen, daß Sie Dinge tun, die Ihnen ansonsten nie in den Sinn kämen.

Bitten Sie um himmlischen Beistand bei der Anziehung Ihres Wunschpartners. Doch wenn Sie die Engel um Unterstützung bitten, lauschen Sie auf deren Antwort. Ignorieren Sie keinen der Gedanken, die scheinbar ohne Grund aus heiterem Himmel in Ihrem Kopf auftauchen. Diese Gedanken können die Stimmen Ihrer Engel sein, die zu Ihnen sprechen!

In vielen Fällen können Ihre Schutzengel Ihnen entweder helfen, etwas zu finden, was Sie ohne ihre Hilfe nicht gefunden hätten, oder Sie davon abhalten, in einer bestehenden Beziehung einen Fehler zu begehen. Sie müssen nur fragen und sich dann der himmlischen Gegenwart bewußt werden. Je mehr Sie auf Ihre Engel hören, desto öfter werden Sie ihre Stimmen vernehmen.

Shelia war seit kurzem mit ihrem Nachbarn Scott liiert, den sie seit ungefähr fünf Monaten kannte und mit dem sie von Anfang an befreundet gewesen war. Weder Shelia noch Scott waren bereit, sich zu öffnen und Fragen zu stellen in bezug auf das, was der andere wollte, was zur Folge hatte, daß die Beziehung auf unsicherem Fundament stand.

Als Scott eines Tages für eine Woche verreist war, nahm Shelia ein UPS-Paket für ihn entgegen, das er später bei ihr abholen würde.

Am Samstag abend kam Scott von seiner Reise zurück, doch er holte sein Paket nicht gleich ab. Am Sonntag rief Shelia ihn an und fragte ihn, ob er am Abend mit ihr ins Kino gehen wollte. Er antwortete: »Gern, ich ruf' dich später an.«

Im Laufe des Nachmittags sah Shelia, daß sein Auto nicht da war. Scott hatte sie noch nicht wegen des Kinos angerufen. Gegen halb acht wurde Shelia langsam ärgerlich, da Scott noch immer nicht zu Hause war und sich auch nicht telefonisch gemeldet hatte. Sie hatte das Gefühl, er hätte sie sitzenlassen.

Sie beschloß, in die Stadt zu fahren und sich die Weihnachtsdekor anzuschauen, doch bevor sie losfuhr, nahm sie sein Paket und legte es ohne irgendeine Nachricht vor seine Tür. Sie setzte sich in ihr Auto und fuhr los. Ohne ersichtlichen Grund wurde sie plötzlich sehr müde. Obwohl sie enttäuscht war und eigentlich irgend etwas Schönes unternehmen wollte, um nicht an Scott und die geplatzte Verabredung zu denken, beschloß sie, lieber nach Hause zurückzufahren und möglichst früh ins Bett zu gehen.

Scott war immer noch nicht da, als sie zu Hause ankam, doch Shelia war zu müde, um sich deswegen Gedanken zu machen. Als sie in ihre Wohnung kam, nahm sie den Hörer des Telefons in ihrem Büro ab und stellte fest, daß eine Nachricht auf Ihrem Anrufbeantworter war. Sie hörte sich die Nachricht an – es war Scott, der sagte, er sei auf dem Rückweg vom Einkaufen, und ob sie noch mit ihm ins Kino gehen wolle? Sie rannte sofort los, um das Paket vor seiner Tür zurückzuholen, bevor er nach Hause kam.

Obwohl sie offensichtlich Kommunikationsschwierigkeiten hatten, glaubt Shelia, daß ihr Schutzengel sowohl dafür gesorgt hatte, daß sie plötzlich zu müde wurde, um in die Stadt zu fahren, als auch dafür, daß sie ihr Geschäftstelefon zur Hand nahm und so auf Scotts Nachricht stieß. Sonst wäre Scott nach Hause gekommen, hätte das Paket ohne irgendeine Notiz vor seiner Tür gefunden und angenommen, sie sei auf ihn böse. Das hätte das unsichere Fundament ihrer Beziehung nur noch unsicherer gemacht.

Dies geschah vor zwei Monaten, und seitdem haben die beiden wichtige Gespräche über ihre Beziehung geführt. Sie planen nicht zu weit in die Zukunft, doch die Beziehung scheint momentan für sie beide das richtige zu sein. Shelia ist davon überzeugt, daß ihre Schutzengel ihr bei den Lektionen helfen, die diese Beziehung für sie bereithält.

Beten

Beten ist das, was man tut, wenn alles andere
nicht zu helfen scheint.

ANONYM

Unterschätzen Sie nie die Macht des Betens. Wenn Sie an irgendeinen Gott glauben oder an eine universale Macht, dann bitten Sie um Unterstützung beim Finden Ihres Wunschpartners. Wenn Sie zu einer religiösen oder spirituellen Gemeinschaft gehören, die Gebetskreise veranstaltet, dann bitten Sie darum, in die Liste aufgenommen zu werden. Es können nie genug Leute sein, die für Sie um Hilfe bitten.

Wenn Ihre Gebete erhört werden, bemühen Sie sich darum, das auch zu erkennen und Ihre Dankbarkeit zu zeigen. Es ist gut, wenn Sie mit Ihren Gebeten fortfahren, doch vergessen Sie nicht: Falls Gott noch nicht geantwortet hat, gibt es wahrscheinlich einen guten Grund dafür. Unerhörte Gebete können einfach nur bedeuten, daß der Zeitpunkt nicht der richtige ist. Sie müssen glauben und Vertrauen darin haben, daß alle Dinge dann passieren, wenn sie passieren sollen, und daß Gott den besten Zeitpunkt kennt.

Scheinwerfer, Kamera, Leben

Erfolg besteht zu achtzig Prozent daraus,
ins Licht zu treten.

Woody Allen

Wir haben darüber gesprochen, wie Sie die erforderliche innere Arbeit tun und Veränderungen in Ihrem Leben herbeiführen können, um sich vorzubereiten und Ihren Wunschpartner anzuziehen. Sie können alle Veränderungen der Welt vornehmen, doch wenn Sie nicht bereit sind, sich anders zu verhalten, wird es schwierig für Sie sein, Ihren idealen Partner zu finden. Damit meine ich, daß Sie *Ihre gewohnte Routine ändern müssen.* Wenn Sie normalerweise direkt von der Arbeit nach Hause fahren, sich das Essen ins Haus kommen lassen und selten weiter gehen als bis zu ihrem Gemüseladen an der Ecke, kann es schwierig werden, Ihren idealen Gefährten zu treffen – es sei denn, er liefert die bestellte Pizza ins Haus, steht an der Kasse im Gemüseladen hinter Ihnen oder ist Ihr Nachbar. Wenn Sie andererseits jeden Abend in derselben Bar verbringen und zunehmend frustrierter werden, weil Sie immer wieder Leute treffen, die offensichtlich Alkoholprobleme haben, nicht an einer Beziehung interessiert sind und ein scheinbar oberflächliches Leben führen, sollten Sie sich vielleicht überlegen, ob Sie nicht lieber anderen Aktivitäten nachgehen sollten.

Wie wir bereits im Ersten Teil, dem »Gesetz der Liebe« besprochen haben, ist es aus verschiedenen Gründen wichtig, daß Sie ein erfülltes, harmonisches Leben führen: In diesem Fall wären Sie ein rundum zufriedener Mensch, den ein anderer gern näher kennenlernen würde; Sie würden im Land der Lebendigkeit leben und nicht im Land des Wartens und Hoffens darauf, daß Ihr Wunschpartner irgendwann in Ihrem Büro oder an Ihrer Haustür erscheint.

Manchmal – selbst wenn Sie es nicht wollen – ist es wichtig, aus dem Haus zu gehen und sich unter die Menschen zu begeben. Sie müssen Orte aufsuchen, wo Sie neue Leute kennenlernen können. Das erinnert mich an das Interview von Barbara Walters mit Barbra Streisand und ihrem Ehemann James Brolin in der Sendung *20/20*. Sie waren einander von Freunden vorgestellt worden, die die beiden zusammen mit einigen anderen Bekannten zu einem Abendessen eingeladen hatten. Sowohl Barbara als auch James sagten, sie hätten die Einladung um ein Haar abgesagt, seien aber schließlich doch hingegangen. Vielleicht haben sie auf ihre Intuition gehört oder auf ihre Schutzengel. Als sie sich erst einmal kennengelernt hatten, wußten sie bald, daß sie zusammengehörten. Damit will ich sagen, daß Sie, auch wenn Sie eigentlich nicht irgendwo hingehen wollen, nie wissen können, wem Sie dort unter Umständen begegnen werden.

Ich meine damit nicht, daß Sie sich zum Partylöwen entwickeln sollten, falls das nicht Ihrer Wesensart entspricht; achten Sie einfach nur darauf, daß Sie Dinge mit anderen oder auch allein unternehmen, die Ihnen Freude bereiten. Wenn Sie gern in die Kirche gehen, ins Theater, in Buchläden oder Freiwilligenarbeit verrichten wollen, dann tun Sie das – was immer es auch ist, das Sie aus dem Haus und hinein ins volle Leben bringt.

Dan war ein achtundzwanzigjähriger College-Student, der sich kürzlich von seiner Freundin getrennt hatte. Obgleich die Beziehung tief war, war ihm klar gewesen, daß sie nicht lange halten würde. Damit sein gebrochenes Herz heilen konnte, machte er gemeinsam mit seiner Familie – seinen Eltern, Stiefeltern, Brüdern, Schwestern, seiner Großmutter und sogar einigen Kusinen – eine Europareise.

Er traf Renée in der Lobby eines Hotels in London. Sie war die Freundin einer seiner Kusinen und reiste mit ihnen. Im weiteren Verlauf ihrer Reise unterhielten sich Dan und Renée viel, doch es kam nicht zu einer Romanze.

Gegen Ende des Urlaubs ging Dans Kusine zu Renée und sagte: »Dan mag dich irgendwie«, und Dans Schwager sagte zu ihm: »Renée scheint dich zu mögen.« In Wahrheit hatte keiner von beiden je eine Äußerung in dieser Richtung getan.

Diese Fehlinformation sorgte dafür, daß ihre Freundschaft sich zu einer Liebesbeziehung entwickelte. Nach der Reise ging Dan nach Kalifornien zurück und Renée nach Kentucky. Dan beschloß ihr einen Blumenstrauß zu schicken. Renée rief ihn an, um sich zu bedanken, woraufhin er sie einlud, ihn in Kalifornien zu besuchen.

Zu diesem Zeitpunkt glaubten beide, daß ihre Liebesbeziehung wegen der Entfernung nur von kurzer Dauer sein würde. Doch im Verlauf des nächsten Jahres besuchten sie einander beinahe jeden Monat, schrieben sich oft und telefonierten miteinander.

An einem Wochenende schließlich trafen sie sich in Nashville in Tennessee, und Dan sagte zu Renée: »Wenn du dich tätowieren läßt, dann ziehe ich nach Nashville.« In jener Nacht ließ sich Renée eine Rose eintätowieren und Dan einen Hai.

Nach seinem College-Abschluß ging Dan für ungefähr sechs Monate nach Kentucky, bis er eine Arbeit in Nashville fand. Diese ersten sechs Monate waren sowohl eine Art Flitterwochen, in denen sie sich daran gewöhnten, miteinander zu leben, als auch voller Streß für Dan, der eine Stelle finden mußte. Während dieser manchmal schwierigen Zeit dachte er gelegentlich: »O Gott, ich habe einen Fehler gemacht.« Doch irgendwie kam alles immer wieder ins Lot zwischen den beiden.

Kurz nachdem Dan wegen seiner neuen Arbeitsstelle nach Nashville gegangen war, zog Renée zu ihm. Ein Jahr später heirateten sie, und zwei Jahre später kam ihr erstes Baby zur Welt. Sie sind jetzt seit sechs Jahren zusammen.

Dan glaubt, daß das Jahr, in dem sie getrennt in verschiedenen Staaten wohnten, sie darauf vorbereitete zusammenzuleben. Er sagt: »Man lernt eine Menge darüber, was der andere mag oder nicht mag und was er denkt, wenn man dazu gezwungen ist, verbal zu kommunizieren und wegen der Entfernung nicht soviel Zeit miteinander verbringen kann.«

Schweigen üben

Es ist wichtig, von Zeit zu Zeit das
Tempo zu drosseln,
sich zurückzuziehen und einfach nur zu SEIN.

EILEEN CADDY

Wir leben in einer Zeit, in der wir dazu neigen, all unsere Gedanken, Taten und Intentionen kundzutun, einfach weil uns dies möglich ist. Menschen teilen einander in Fernseh- und Radio-Shows ihre persönlichsten und intimsten Geheimnisse mit. Dennoch möchte ich Ihnen sagen, daß es nicht in Ihrem besten Interesse ist, jedem davon zu erzählen, wenn Sie wirklich etwas in Ihr Leben bringen wollen, das Ihnen am Herzen liegt. Vergleichen Sie das Ziel Ihrer Wünsche mit einem Kuchen. Jedesmal, wenn Sie anderen von dem erzählen, was Sie kreieren wollen, geben Sie ein Stück von dem Kuchen ab. Und wenn Sie nicht aufpassen, haben Sie bald den ganzen Kuchen hergegeben.

Damit will ich nicht sagen, daß Sie mit niemandem darüber sprechen sollten. Doch sorgen Sie dafür, daß derjenige Ihnen zuhört und nur dann seinen Rat erteilt, wenn er darum gebeten wird. Es muß jemand sein, der die Ziele, die Sie für sich selbst gesetzt haben, weder kritisiert noch verurteilt, sondern sie vielmehr unterstützt.

Sollten Sie sich jemals in einer zu Ende gehenden Beziehung befinden, ist es wichtig, daß Sie jemand anderem davon erzählen und die Beziehung dann auch beenden. Schweigen üben hat nichts damit zu tun, Geheimnisse für sich zu behalten, um jemanden zu schützen, während andere Menschen verletzt werden, einschließlich Sie selbst.

Wenn Sie jemanden kennenlernen, der ein potentieller Partner sein könnte, reden Sie nicht umgehend mit anderen über die Einzelheiten Ihrer Begegnung. Ohne Zweifel werden Ihre Familie und Freunde – selbst jene mit den besten Absichten – die Entwicklung Ihrer Beziehung bewerten und beurteilen. Es handelt sich jedoch um *Ihre* Beziehung, und wenn Sie und der Mensch, mit dem Sie sich verbunden fühlen, zufrieden sind, dann ist das alles, was zählt. Wie einer meiner Freunde sagt: »Man muß nicht seine Freunde zu einer Vorstandssitzung einberufen, um eine Beziehung haben zu können.«

Schweigen zu üben gibt Ihnen eine Gelegenheit zu lernen, Ihrem eigenen Urteil und Ihrer Intuition zu vertrauen und Ihre persönliche Beziehung mit Gott zu entwickeln.

Risiko

Die einzige Möglichkeit, wie Sie tatsächlich eine Beziehung mit Ihrem Wunschpartner eingehen können, besteht in der Bereitschaft, gewöhnliche emotionale Risiken in Kauf zu nehmen, die Teil einer jeden Beziehung sind. Sie müssen offen und bereit sein, Verletzungen zu ertragen. Natürlich ist es niemals unser Ziel, daß uns jemand weh tut; um dies zu vermeiden, haben Sie möglicherweise Mauern um Ihr Herz errichtet, die Sie schützen sollen. Doch ebendiese Mauern lassen zuweilen genau die Menschen draußen, die Sie in Ihr Leben bringen wollen.

Wenden Sie das Gesetz der Widerspiegelung an: Würden Sie gern jemanden anziehen, der eine solche Angst hat, verletzt zu werden, daß er seine Beziehungen mit anderen Menschen von seiner Angst kontrollieren läßt? Wenn dies nicht das ist, was Sie widerspiegeln wollen, müssen Sie bereit sein, *Ihre eigenen* Mauern so weit einzureißen, um einen anderen Menschen hereinlassen zu können.

Damit will ich nicht sagen, daß Sie unnötige Risiken auf sich nehmen sollen, die Ihnen unangenehm sind. Wenn Sie zum Beispiel jemanden mögen und keinerlei Grund haben anzunehmen, daß derjenige Sie auf die gleiche Weise mag, wäre es vielleicht besser, demjenigen Ihre Gefühle nicht mitzuteilen. Wenn Sie andererseits ein risikofreudiger Mensch sind, schlagen Sie vielleicht jegliche Vorsicht in den Wind und sind neugierig, was der andere zu dem Thema zu sagen hat. Doch vergessen Sie nicht, Sie müssen das Recht eines jeden Menschen auf seinen freien Willen achten, seine Entscheidungen in bezug auf Sie und Ihre gegenwärtige oder potentielle Beziehung. Wenn Sie ein Risiko eingehen, können Sie jedoch unter Umständen auch genau die Antwort erhalten, die Sie sich wünschen.

Sie sollten stets sich selbst applaudieren, wenn Sie ein Wagnis – gleich welcher Art – eingehen. Selbst wenn Sie stürzen und sich verletzen, so werden Sie sich bald davon erholen. Die Alternative zur Risikofreudigkeit ist in keinster Weise weniger schmerzhaft; es ist lediglich eine andere Art von Schmerz, und zwar einer der Einsamkeit und Angst. In dem Film *Grumpy Old Man* sagt Ann Margret in ihrer Rolle: »Das einzige, was wir bedauern, sind die Risiken, die wir nicht eingegangen sind.«

Darlene ist überzeugt davon, daß Liebe sich auch dann einstellen kann, wenn man sie am wenigsten erwartet. Sie hatte einen Artikel über Leo in der Lokalzeitung von Fort Lauderdale in Florida gelesen. Leo segelte allein in einem Boot um die Erde und war gerade in Fort Lauderdale eingetroffen.

Darlene, 61, beschloß daraufhin, Leo (der immer noch in Fort Lauderdale war) einen Verehrer-Brief zu schreiben, da er mit 66 Jahren seinen Traum hatte wahrwerden lassen. Sie legte dem Brief ein Foto von sich und ihrer Zwillingsschwester bei und schrieb, falls er Lust auf einen gemeinsamen Kaffee habe, so möge er doch bitte anrufen. Sie wollte liebend gern mit ihm über seine Abenteuer reden und wissen, wie es ihm gelungen war, sein Ziel zu erreichen.

Leo erhielt Hunderte von Briefen, doch er suchte den ihren heraus und rief sie an. Darlenes Zwillingsschwester war nicht zu Hause, daher besuchte sie Leo noch am gleichen Tag allein auf einen Kaffee auf seinem Boot. Sie unterhielten sich, und es war, als würden sie sich schon seit langem kennen. Sie fühlte sich sehr wohl in seiner Gegenwart.

Ein paar Tage später gingen sie zum ersten Mal miteinander aus und schauten sich den Film Schlaflos in Seattle *an. Bald darauf gingen sie zusammen tanzen, und beide wußten, daß ihre Bekanntschaft etwas Besonderes war. »Ich war nicht wirklich auf der Suche nach einer Liebesbeziehung gewesen, daher war dies eine schöne, unerwartete Überraschung«, sagt Darlene.*

Bevor sie Leo traf, hatte Darlene eine Wunschliste mit all den Eigenschaften aufgestellt, die sie sich bei ihrem idealen Partner wünschte. Unter anderem sollte es jemand sein, der liebevoll war, sanft, gutmütig, der zu ihr paßte und spirituell ähnlich ausgerichtet war, finanziell gut gestellt und gesund, der darüber hinaus ihre Familie akzeptierte, gern ins Kino, ins Theater und zum Tanzen ging, und es liebte, zu kochen und zu reisen. Daß er gern kochte, war besonders wichtig, da Darlene dies überhaupt nicht mochte. Sie machte diese Liste mehr aus Spaß denn aus irgendeiner ernsten Absicht heraus. Doch offensichtlich sandte sie damit eine klare Botschaft an ihr Unterbewußtsein.

Seltsamerweise hatte einige Monate, bevor sie Leo kennenlernte, ein Verkäufer in einem Geschäft scheinbar ohne Grund aus heiterem Himmel zu Darlene gesagt: »Sie werden im Juli oder August jemanden treffen und glücklicher sein, als Sie es jemals waren.«

Darlene lernte Leo im Juli kennen. Im Dezember des gleichen Jahres bat er sie auf einer Weihnachtskarte, seine Frau zu werden, und sie heirateten im darauffolgenden März. Ihre Flitterwochen verbrachten sie damit, zu zweit im Segelboot den Atlantik zu überqueren. Sie sind seit fünf Jahren zusammen, und das Leben mit Leo ist schöner, als Darlene es sich jemals hätte träumen lassen.

Loslassen

Um ein Wunder zu erleben,
laß all deine Erwartungen los.

ANONYM

Nach all den Aussagen, die ich in bezug auf Vorbereitung, Planung und die einzelnen Schritte gemacht habe, die Ihnen helfen, Ihr Ziel in Form Ihres Wunschpartners zu erreichen, fordere ich Sie nun auf, *das letztendliche Ergebnis loszulassen*. Ich weiß, das klingt unfair. Ich sage: »Entscheiden Sie sich, etwas haben zu wollen, geben Sie sich alle Mühe, es zu bekommen – und dann nehmen Sie Abstand von dem Resultat.«

Doch wenn Sie sich an das Resultat klammern, ist das so ähnlich, als würden Sie die Zutaten für einen Kuchen mischen, den Teig in eine Form geben und anschließend in den Ofen schieben, dabei aber die Tür auflassen und versuchen zuzuschauen, wie der Kuchen gebacken wird. Wenn Sie die Herdtür nicht schließen oder sie immer wieder öffnen, entweicht die Hitze, was dazu führt, daß die Temperatur nicht konstant ist und Ihr Kuchen nicht richtig backen kann. So ähnlich verhält es sich, wenn Sie etwas kreieren wollen. Wenn Sie ständig Ihre Fortschritte überwachen, kann es sich nicht in der Weise entwickeln, wie es eigentlich richtig wäre.

Und noch etwas: So gut Sie sich eine Person, eine Beziehung – oder was auch immer Sie sich wünschen – vorstellen können, Gott kann es sich noch *besser* vorstellen. Sie wollen doch sicher nicht das erstklassige Geschenk, das Gott in Ihr Leben bringen kann, versäumen, nur weil Sie sich mit einem Ticket zweiter Klasse zufriedengeben wollen. Wenn Sie von Leuten hören, die das erreicht haben, was sie sich erträumten, dann sagen diese oft, daß die Erfahrung besser ist, als sie es sich jemals hätten vorstellen können. Wenn Sie nicht an dem Ergebnis festhalten, wird dadurch ein Raum geschaffen, wobei das Resultat sein kann, was es sein sollte, und nicht nur das, was Sie *denken*, daß es sein sollte.

»Im Loslassen liegt die Weisheit der Unsicherheit … in der Weisheit der Unsicherheit liegt die Freiheit von unserer Vergangenheit, vom uns Bekannten, das das Gefängnis unserer vergangenen Konditionierungen ist«, sagt Deepak Chopra in seinem Buch *Die sieben geistigen Gesetze des Erfolgs*. »Und in unserer Bereitschaft, einen Schritt in das Unbekannte zu wagen, den Bereich aller Möglichkeiten, ergeben wir uns dem schöpferischen Geist, der den Tanz des Universums orchestriert.«

Obwohl ich hellseherische Fähigkeiten habe, ist der Weg, wie ich meinen idealen Partner gefunden habe, der gleiche wie Ihrer. Und auch wenn ich ihn gefunden habe, so hatte ich vorher Beziehungen, bei denen ich dachte, es wäre der Richtige, nur um festzustellen, daß jeder dieser Männer lediglich ein weiterer Lehrer auf meinem Weg war. Manchmal kam es mir so vor, daß ich – ständig anderen Menschen helfend, ihren Seelenpartner zu finden – immer wieder auf meine eigenen Ratschläge hin geprüft wurde. Die Aussage »Wir lehren am besten das, was wir am meisten lernen müssen« war offensichtlich meine Lektion.

Damit will ich sagen, daß ich die Einsamkeit und Frustration verstehe, die mit dem Wunsch nach einem idealen Partner einhergehen, den wir zuweilen einfach nicht finden können. Ich begann vor vielen Jahren damit, mich selbst zu programmieren, um meinen Wunschpartner zu finden. Ich praktizierte das Gesetz der Liebe, indem ich lernte, mich selbst zu lieben, ein erfülltes, harmonisches Leben zu führen, meiner Intuition zu folgen und in einem Zustand der Liebe zu leben.

Ich zog Partner an, die eine Zeitlang ideal für mich waren und mir halfen, die Lektionen zu lernen, nach denen meine Seele verlangte, und immer mußte ich irgendwann das Gesetz des Loslassens üben. Ich lernte, nie an Ärger oder negativen Gefühle gegenüber einem anderen festzuhalten, sondern denjenigen umgeben von einem weißen, liebevollen Licht zu visualisieren. Mein Vertrauen in Gott und die natürliche Ordnung des Universums erlaubten mir zu glauben, daß – wenn jemand nicht in meinem Leben sein sollte – es für uns beide das beste war, wenn sich unsere Wege trennten.

Und schließlich war ich überzeugt, daß man die Techniken, die im zweiten Teil dieses Buches, »Das Gesetz der Vorbereitung und Anziehung«, beschrieben sind, durchführen muß. Ich stellte meine Bedürfnis-und-Wunsch-Liste auf, schuf eine Ziel-Tafel, meditierte täglich, betete, bat um die Hilfe der Engel, machte jeden Tag Affirmationen, visualisierte das Treffen mit meinem Seelenpartner, arbeitete mit einem Hypnotherapeuten (genau in der Woche, bevor ich Jim kennenlernte, hatte ich in Hypnose meinem Unterbewußtsein gesagt, daß mein idealer Partner zum genau richtigen Zeitpunkt gemäß dem göttlichen Plan erscheinen würde), und arrangierte mein Leben so, daß ich die Gelegenheit hatte, einen potentiellen Partner zu begegnen. Außerdem erkannte ich die Notwendigkeit, von meiner Bitte Abstand zu nehmen und darauf zu vertrauen, daß Gott mich zu meinem idealen Partner führen würde. Genau die Eigenschaften und Verhaltensweisen, die ich auf meiner Bedürfnis-und-Wunsch-Liste aufgeführt hatte, entwickelte ich in der Folge immer mehr bei mir selbst. Zum Beispiel ist mir meine körperliche Gesundheit wichtig, also achte ich auf mich selbst, indem ich regelmäßig ins Fitneßstudio gehe und mich gesund ernähre.

Während ich diese Dinge tat, um mich auf meinen idealen Gefährten vorzubereiten, bereitete sich auch Jim darauf vor, seiner Wunschpartnerin zu begegnen. Er hatte sein Leben genau betrachtet und entschieden, was funktionierte und was nicht. Er stellte fest, daß er wirklich eine dauerhafte Beziehung mit einer Lebenspartnerin haben wollte. Er ließ Schritt für Schritt alte Glaubenssätze los, die ihm nicht mehr gefielen. Eines Tages warf er ein paar Münzen in einen Brunnen und wünschte sich etwas: »die Frau meiner Träume«. Im gleichen Augenblick sandte er seine Bitte zum Universum und ließ sie los.

Jims Bruder hatte gerade eine Firma in Fort Lauderdale gegründet und ihn angerufen, ob er nicht vielleicht kommen und ihm helfen könnte. Jim, der eigentlich Koch ist, dachte, daß es nur richtig wäre, seinem Bruder zu helfen, der ein Fensterputz-Unternehmen für die Hotels in der Gegend gegründet hatte. Jim arbeitete mit seinem Bruder ausgerechnet in dem Hotel, in dem ich abgestiegen war.

Am Abend bevor ich Jim traf, hatte ich aus meinem Balkonfenster geschaut. Ich sah Seile und dachte, daß am nächsten Tag wohl jemand die Fenster putzen würde. Am folgenden Morgen hatte ich mich gerade angezogen und wollte mit den Aktivitäten des Tages beginnen, doch kurz bevor ich das Zimmer verließ, öffnete ich die Vorhänge und schaute aus dem Balkonfenster. Jim kam sprichwörtlich auf einem Gerüst vom Himmel heruntergeschwebt, als unsere Augen sich begegneten.

Wir fühlten uns sofort zueinander hingezogen. Ich sah eine Gelegenheit und packte sie beim Schopf. Ich öffnete das Fenster, gab ihm meine Visitenkarte und bot ihm eine kostenlose mediale Beratung an.

Jims Bruder sagte zu ihm: »Ich glaube, du gefällst ihr«, doch Jim glaubte nicht daran.

Da er scheu war, ließ er die Verlobte seines Bruders bei mir anrufen, um einen Termin für die Sitzung auszumachen. Danach sagte sie zu Jim: »Ich glaube, daß Linda enttäuscht war, daß du sie nicht selbst angerufen hast.«

Als wir uns später am Abend zu der Sitzung trafen, spürten wir beide, daß wir einander schon immer gesucht hatten. Wir verbündeten uns sofort auf der physischen, geistigen spirituellen und emotionalen Ebene. Unsere ganzheitliche Beziehung nahm ihren Anfang. Wir waren darauf vorbereitet, diese Beziehung einzugehen, und dankbar für die Gelegenheit, ein gemeinsames Leben führen zu können.

Wir spiegeln einander all die positiven Eigenschaften wider, die wir beide in einem Partner finden wollten. Wir waren bereit, eine Chance zu ergreifen und ein Risiko einzugehen, und es hat sich bezahlt gemacht.

Wir sind Partner in der Liebe, bei der Arbeit und im Leben geworden. Dank meines Glaubens an Gott und meines Vertrauens, daß alles passiert, wann und wie es passieren soll, hat meine Begegnung mit Jim meine Träume Wirklichkeit werden lassen.

Wenn Sie in Ihren örtlichen Buchladen gehen, werden Sie mehr Bücher finden, als Sie zählen können, die Ihnen sagen, auf welche Weise man heiraten, einen Partner finden und eine Beziehung haben kann. Einige der Bücher bieten gute Ratschläge und Tips. Viele jedoch sagen Ihnen nur, wie man Spiele mit dem anderen Geschlecht spielen kann. Wenn Sie nicht wollen, daß jemand *Sie* so behandelt, wie diese Bücher es beschreiben, würde ich vorschlagen, sie nicht zu lesen und die beschriebenen

Techniken auf keinen Fall an jemand anderem auszuprobieren. Wenn Sie allerdings jemanden heiraten wollen, der Spiele spielt und nicht fähig ist, eine lebenslange Beziehung einzugehen, dann sind diese Bücher die richtigen für Sie. Sie zeigen Ihnen, wie man Menschen anziehen und widerspiegeln kann, die auf Taktiken reagieren und nicht auf wahre Liebe.

Es stimmt, Männer und Frauen sind verschieden. Wir reagieren unterschiedlich auf Beziehungen und Situationen, doch haben wir alle das gemeinsame Bedürfnis, bedingungslos geliebt zu werden. Wenn Sie sich darüber im klaren sind, welche Eigenschaften Ihr idealer Partner haben soll, und Sie verpflichten sich, so wie die Person zu werden, mit der Sie zusammensein wollen, dann können Sie Ihre andere Hälfte in Ihr Leben bringen. Damit will ich nicht sagen, daß es leicht ist oder von heute auf morgen geschieht. Im Gegenteil, es ist sehr gut möglich, daß es dann passiert, wenn Sie es am wenigsten erwarten, weil Sie sich nämlich vom Resultat Ihres Wunsches losgelöst haben. Doch werden Sie Ihre innere Arbeit getan oder sich für diese Gelegenheit vorbereitet haben. Schicksal oder Glück ist, wenn sich Vorbereitung und Gelegenheit treffen.

In jedem Augenblick kann das Schicksal an Ihre Tür klopfen. Wenn Sie den Techniken folgen, die in den Teilen »Das Gesetz der Liebe« und »Das Gesetz der Vorbereitung und Anziehung« beschrieben sind, werden Sie ein ausgeglichenes, von Liebe erfülltes Leben führen und sich aktiv auf die Gelegenheit vorbereiten, Ihrem Lebensgefährten zu begegnen.

*Bevor man sich einer Sache nicht
wirklich verpflichtet hat, gibt es ein Zögern,
die Möglichkeit, sich zurückzuziehen,
ständige Ineffektivität. Betrachtet man alle Akte der
Initiative (und Schöpfung) näher,
dann findet man dort eine elementare Wahrheit,
die – wenn man sich ihrer nicht bewußt ist –
unzählige Ideen und hervorragende
Pläne zunichte macht:
In dem Augenblick, wo man sich
definitiv einer Sache verpflichtet, tritt auch
die Vorsehung in Kraft.
Alle möglichen Dinge geschehen dann,
die sonst nie geschehen wären, und die einem helfen.
Ein ganzer Strom von Ereignissen
setzt sich in Bewegung, der zum Wohle
des Betreffenden alle Arten von unvorhersehbaren
Begebenheiten, Begegnungen und
materieller Unterstützung mit sich bringt,
von denen der Mensch nie geträumt hätte,
daß sie jemals seines Weges kämen.*

SCHOTTISCHE HIMALAYA-EXPEDITION

*Tue soviel Gutes, wie du kannst,
in jeder Weise, in der du es vermagst, jeder
Seele gegenüber und an jedem Ort,
wo es dir möglich ist, immer wenn du kannst, mit
all der Begeisterung, die du hast, so lange,
wie es dir nur möglich ist.*

JOHN WESLEY

DRITTER TEIL

Das Gesetz der Erhaltung

Wir sind das, was wir wiederholt tun.
Vortrefflichkeit ist daher kein Akt,
sondern eine Gewohnheit.

ARISTOTELES

$\mathcal{D}$ie meisten Menschen wissen mehr über die notwendigen Maßnahmen zur Instandhaltung ihres Autos als über die Maßnahmen zur Erhaltung ihrer Beziehungen. Ein Grund dafür ist, daß Autos – im Gegensatz zu Beziehungen – mit einem Wartungsheft geliefert werden. Leider ist es bei Beziehungen gewöhnlich etwas schwieriger, die richtigen Maßnahmen zur Instandhaltung zu bestimmen, und Beziehungen *erfordern* regelmäßige »Wartung«.

Ein Defekt in Ihrem Auto ist in der Regel deutlich zu erkennen: Die Klimaanlage macht eigenartige Geräusche, die Reifen sind abgefahren, oder Sie schauen auf Ihren Kilometerzähler und stellen fest, daß ein Ölwechsel fällig ist. Ihr Auto verlangt – mehr oder weniger regelmäßig – gewisse Wartungsmaßnahmen, wie zum Beispiel tanken, waschen und den Ölfilter wechseln. Außerdem sollten Sie hin und wieder den Motor, die Bremsen und Ihr Reifenprofil überprüfen lassen. Irgendwann werden Sie wahrscheinlich eine neue Batterie brauchen, eine neue Klimaanlage installieren lassen müssen sowie Keilriemen, Schläuche und andere Ersatzteile auswechseln lassen, da sich die alten abgenutzt haben.

Mit Beziehungen ist es genau das gleiche. Ziemlich regelmäßig müssen Sie sich über Ihre Bedürfnisse austauschen, romantische Stunden schaffen und sich geliebt fühlen. Gelegentlich werden Sie eine Art Beziehungsbilanz ziehen, Ihre kurz- und längerfristigen Ziele neu feststecken müssen und entscheiden, ob die Beziehung Sie beide erfüllt und zufriedenstellt. Vielleicht ist es sogar erforderlich, daß Sie Ihre Beziehung in eine »Therapeuten-Werkstatt« bringen, wo man Ihnen dabei hilft, alte Denkmuster zu erkennen und durch neue zu ersetzen, so daß Sie Ihre Beziehung auf eine positive Weise fortsetzen können. Damit will ich sagen, daß Sie selbst unter den günstigsten Umständen, wenn Sie Ihren Wunschpartner gefunden haben, dennoch daran arbeiten müssen, die Beziehung in bester Form zu erhalten.

Wahrscheinlich denken Sie, daß Ihr idealer Gefährte Ihr Seelenpartner ist. Ein Seelenpartner ist Ihre andere Hälfte, jener besondere Mensch, der Ihnen ein Gefühl der Vollständigkeit verleihen kann. In seiner Gegenwart spüren Sie eine liebevolle Energie, die stärker ist als alles, was Sie sich jemals vorgestellt haben. Natürlich gibt es – um die Gesetze der Physik anzuwenden – für jedes Positiv auch ein Negativ. Das Negative bei der Anwesenheit von soviel Liebe ist *die Angst, daß Sie sie verlieren werden.* Ihr idealer Gefährte oder Seelenpartner wird also das Tor zu emotionalen Höhen sein, die Sie nie zuvor erlebt haben, doch er wird auch Ängste in Ihnen wecken, die weit über Ihre schlimmsten Alpträume hinausgehen.

Ich sage Ihnen das nicht, um Sie zu verunsichern, sondern damit Sie erkennen, daß das schwierigste an der Beziehung, die Sie sich immer gewünscht haben, nicht das Finden Ihres idealen Partners, sondern etwas ganz anderes ist: Haben Sie erst einmal Ihren Seelenpartner gefunden, *geht die Arbeit erst richtig los.* Diese Arbeit kann jedoch das Beste in Ihnen und Ihrem Partner zum Vorschein bringen. Ihre Beziehung ist dergestalt, daß sie Ihnen erlaubt, all Ihre Ängste zu verarbeiten, die Sie von dem abgehalten haben, was Sie einst sein wollten, und auch davon, Ihren Träumen zu folgen. Wenn Sie jedoch die regelmäßige »Wartung« Ihrer Beziehung außer acht lassen, werden Sie all Ihre Zeit und Bemühungen für den Versuch verwenden, vorauszusehen und zu reparieren, was in Ihrer Beziehung kaputt ist oder demnächst kaputtgehen wird.

Beide Personen, die an einer Beziehung beteiligt sind, kann man in gewisser Weise mit einem gebrauchten Auto vergleichen. Verstehen Sie dies bitte nicht falsch, doch ein gebrauchtes Auto erfordert mehr regelmäßige Wartung als ein fabrikneues, das direkt vom Autohändler kommt. Wir alle haben eine bestimmte Anzahl von »Kilometern« auf dem Rücken, seit dem Augenblick, in dem wir geboren wurden. Unsere ersten Vorstellungen über wichtige Beziehungen nahmen ihren Anfang mit der, die wir am stärksten miterlebten: der Beziehung zwischen unseren Eltern. Als wir heranwuchsen, verglichen wir diese Beziehung mit der unserer Großeltern, Tanten, Onkel, Nachbarn und der der Eltern unserer Freunde. Auch durch Fernsehschauen und Musikhören wurden Ihnen Vorstellungen darüber vermittelt, wie eine Beziehung sein sollte. Als Sie das erstemal verliebt waren und im Kindergarten oder in der Grundschule Ihren ersten Freund bzw. Ihre erste Freundin hatten, haben Sie damals vielleicht schon daran gedacht zu heiraten? Haben Sie jemals »Mama, Papa, Kinder« gespielt? Der kleine Junge ging dabei wahrscheinlich zur Arbeit, und das kleine Mädchen blieb zu Hause, um die Puppen zu versorgen, das Haus sauberzumachen und das Abendessen zuzubereiten, so wie Sie es in verschiedenen Fernsehserien zu sehen bekamen. Doch in Wirklichkeit sind die meisten Familien eher ein Spiegelbild von satirischen Fernsehserien – ein bißchen neurotisch, vielleicht eine Mischung aus mehreren Familien, und irgendwie unorthodox. Doch selbst als Kindern gefiel es uns am besten, im Spiel unser Ideal einer vollkommenen Familie widerzuspiegeln.

Als Sie älter wurden, wünschten Sie sich, daß Ihre Liebesbeziehungen mehr denen in Ihrer liebsten Seifenoper oder Ihren Liebesromanen ähnelten. Natürlich mußten sich die meisten Personen in diesen schwülen Romanen anscheinend nie den Realitäten des Lebens stellen, wie zum Beispiel Rechnungen bezahlen, für die Kinder oder Eltern sorgen oder auch nur selbst einkaufen gehen. Die Vorstellungen von romantischen Beziehungen und dem Leben, das Sie im Fernsehen mitverfolgen können, ähneln in den seltensten Fällen auch nur im entferntesten der Wirklichkeit. Doch ist es so, daß diese Bilder unser unbewußtes Denken *tatsächlich* beeinflussen, es sei denn, wir ersetzen sie bewußt durch gesunde, realistischere Vorstellungen.

Ironischerweise können Beziehungen im *wirklichen* Leben besser sein als die, die Sie im Fernsehen oder im Kino sehen. Warum? Drehbücher lassen selten die Entwicklung einer Beziehung über einen längeren Zeitraum zu, daher haben diese Beziehungen kein solides Fundament und können sich nicht zu einer gegenseitig erfüllenden und liebevollen Verbindung entwickeln. Beziehungen im Film basieren auf leidenschaftlichen Momenten, deren Ziel es ist, im Zuschauer eine Emotion zu wecken, die jedoch in den seltensten Fällen auf Liebe beruht. Im wirklichen Leben können Sie leidenschaftliche Augenblicke erfahren, die auf Liebe beruhen, die wiederum notwendig ist, damit Sie all die weniger leidenschaftlichen Momente durchstehen, die in jeder Beziehung zum Alltag gehören.

Haben Sie erst einmal Ihren zukünftigen Traumpartner gefunden, werden Sie auf eine gemeinsame Reise gehen, um herauszufinden, ob Sie tatsächlich im Rahmen einer langfristigen Beziehung zueinander passen. Doch handelt es sich dabei um eine Reise und nicht um einen Tagesausflug. Wann immer der freie Wille zweier Individuen zusammenkommt, kann niemand voraussagen, ob die beiden beteiligten Personen bereit sein werden, auf dem eingeschlagenen Reiseweg zu bleiben.

Wenn Sie eine Reise machen, ist es wichtig, *genau* zu wissen, wo Sie sich gerade befinden, selbst wenn dies die Erkenntnis mit sich bringt, daß Sie sich *verfahren* haben. Wenn Sie eine Reise planen und länger als einen Tag unterwegs sein werden, müssen Sie ein paar Sachen einpacken, bevor Sie losfahren. Wenn Sie mit dem Flugzeug reisen, müssen Sie vor Ihrem Abflug ein Ticket kaufen und die Fahrt zum Flughafen arrangieren. Falls Sie mit dem Auto fahren, sollten Sie besser volltanken, bevor es losgeht. Wenn Ihre Reise erst einmal begonnen hat, werden Sie sich immer wieder an verschiedenen Orten befinden. Sie wollen vielleicht anhalten, um etwas zu essen, Ihren Tank zu füllen oder am Flughafen Ihr Gepäck aufzugeben. Und wenn Sie schließlich an Ihrem Zielort angekommen sind, haben Sie immer noch verschiedene Dinge zu tun, je nach den Gegebenheiten der Reise. In jedem Fall müssen Sie sich, wenn Sie eine Reise machen, auf *die direkt vor Ihnen liegenden Anforderungen* konzentrieren und Ihre Zeit nicht damit verbringen, an das Ziel zu denken, sonst kommen Sie dort nie an. Mit Beziehungen ist es genauso.

Ein Freund von mir war zu Besuch in Sedona in Arizona. In einem Restaurant gab ihm jemand eine handgezeichnete Landkarte von dem »heiligsten indianischen Platz«, wie derjenige sagte. Mein Freund beschloß, am nächsten Morgen mit seinem Mietauto dorthin zu fahren. Die Feldwege waren schmal und wanden sich durch die Landschaft. Ein Jeep wäre ein besseres Fortbewegungsmittel gewesen. Nach ungefähr fünfundzwanzig Kilometern kam er zu einem Schild, das darauf hinwies, daß die Straße noch schmaler und kurvenreicher werden würde. Da er dachte, er sei nur noch wenige Kilometer von seinem Ziel entfernt, beschloß er, das Mietauto stehenzulassen und zu Fuß weiterzugehen. In der Annahme, daß er

nicht allzuweit gehen mußte, nahm er keinerlei Wander-
ausrüstung wie Wasser, Verpflegung oder ein Erste-
Hilfe-Päckchen mit. Nachdem er etwa sechs Kilometer
auf einem sich windenden, hügeligen, verlassenen Feld-
weg gegangen war, fand er die Stelle und wanderte
anschließend noch eine Weile in der Gegend herum.

Als er zu seinem Auto zurückging, wurde ihm bewußt, wie entlegen dieser Ort war. Er hatte seit Stunden
weder ein anderes Auto noch einen Menschen gesehen.
Er konnte die Geräusche der Tiere auf beiden Seiten des
Feldweges hören. Er ging Hügel hinauf und hinunter
und hoffte jedesmal, hinter der nächsten Kuppe sein
Auto zu sehen. Er suchte den Horizont ab, konnte aber
nichts finden. Es wurde immer heißer, er hatte großen
Durst und war müde. Schließlich stolperte er über einen
Stein und fiel hin. In dem Moment wurde ihm klar,
daß er lieber auf den Weg achten sollte, als zu weit nach
vorn zu schauen, denn sonst könnte er noch mal stürzen
und sich wirklich verletzen. Im Augenblick war es wichtiger für ihn, auf seine nächsten Schritte zu achten, als
den Horizont nach seinem Auto abzusuchen. Schließlich
fand er es. Doch wäre er gestürzt und hätte sich den Fuß
verrenkt, so hätte das seine Weiterreise erschwert.

Manchmal fokussieren wir uns so sehr auf das, was
wir wissen oder von dem wir glauben, daß wir uns darauf zubewegen, daß wir stolpern, während wir den
nächsten erforderlichen Schritt tun, der uns tatsächlich
unserem Ziel näher bringt. Stolpern macht uns entweder
langsamer oder zwingt uns zu einem vollständigen

Innehalten, weil unsere Gefühle verletzt wurden und heilen müssen. Wir alle werden von Zeit zu Zeit ins Stolpern geraten, was nicht heißt, daß wir uns nicht davon erholen. Doch wir werden weniger oft stolpern, wenn wir auf die unmittelbar vor uns liegenden Schritte achten anstatt auf die, die später zu tun sind.

Bei neuen Beziehungen ist es wichtig zu erkennen, wo genau sich die Beziehung befindet, damit wir wissen, welche Schritte vor uns liegen und wie wir sie möglichst ohne zu stolpern nehmen können, damit wir unser Ziel schneller und in guter Verfassung erreichen.

Stadien einer Beziehung

Große Dinge kommen nicht aufgrund
von Impulsen zustande,
sondern durch eine Reihe von kleinen Dingen,
die sich zusammenfügen.

VINCENT VAN GOGH

Haben wir erst einmal jemanden getroffen, von dem wir spüren, daß er ein Gleichgesinnter ist, fällt es uns oft leicht, nur zu bald von »Hallo, wir haben uns gerade erst getroffen, doch ich würde dich gern näher kennenlernen« zu »Hallo, wir sind Seelenpartner, und wir werden den Rest unseres Lebens zusammen verbringen« überzugehen. Wenn beide Partner ihre innere Vorbereitungsarbeit getan haben, kann diese Art von Beziehung zustande kommen. Doch meist sind wir dann, wenn wir unseren Wunschpartner treffen, noch damit beschäftigt, Reste unseres emotionalen Ballasts zu verarbeiten. Obgleich wir *denken* und *glauben* mögen, eine bestimmte Person sei unser idealer Gefährte, so sind wir doch nach wie vor Gewohnheitstiere und brauchen Zeit, um sicherzugehen und uns mit dem Gedanken vertraut zu machen, unser Leben mit jemandem zu teilen.

Eine Beziehung von Bedeutung nimmt dann ihren

Lauf, wenn zwei Menschen beschließen, sich zusammenzutun und ihr Leben gemeinsam zu verbringen. Beide
Partner nehmen teil an dem physischen, emotionalen
und geistigen Wachstum, das die Beziehung ganzheitlich
macht. Sie werden diesen Zustand jedoch nicht über
Nacht erreichen. Es ist wahr, daß manche Menschen sich
begegnen und schon bald ein gemeinsames Leben beginnen, das auch funktioniert. Doch in der Regel werden Sie
eine kurze oder weniger kurze Zeit durchmachen, die
sich wie eine emotionale Achterbahn anfühlt. Auch in
den besten Beziehungen wird es Auf und Abs geben,
selbst wenn Sie beide Ihre individuelle Vorbereitungsarbeit geleistet haben.

Diese Achterbahn-Momente haben den Zweck, jedem
von Ihnen Lektionen zu erteilen. Diese Lektionen können damit zu tun haben, Angst loszulassen, bedingungslose Liebe zu lernen, in der Gegenwart zu leben, Freude,
Glück oder Ekstase zu spüren. Wir ziehen das an, worauf
wir uns fokussieren und woran wir glauben, da unsere
Erfahrungen ein Spiegel unserer *wahren* Glaubenssätze
und Überzeugungen sind. Trotz unserer besten Bemühungen, in einem Zustand der Liebe zu leben, sind wir
alle menschliche Wesen und werden gelegentlich mit unseren auf Angst basierenden Glaubenssätzen zu kämpfen haben. Seien Sie einfach darauf vorbereitet, und konzentrieren Sie sich immer wieder auf die Liebe in Ihrer
Beziehung, damit Sie mehr davon erzeugen können.

Vergessen Sie nicht, daß Ihre Beziehung – selbst wenn
Sie Ihren idealen Partner gefunden haben – durch ver-

schiedene Stadien gehen wird. Wenn Sie diese Stadien annehmen und verstehen, wird es Ihnen leichter fallen zu wissen, was Sie im weiteren Verlauf von der Beziehung erwarten können. Ihre Erwartungen gegenüber einem Freund, den Sie gestern erst kennengelernt haben, unterscheiden sich deutlich von denen, die Sie gegenüber jemandem hegen, der seit Kindertagen mit Ihnen befreundet ist. Doch wenn wir den Menschen treffen, den wir als unseren Seelenpartner empfinden, erwarten wir oft Dinge von ihm und der Beziehung, die in diesem frühen Stadium nicht realistisch sind. Vielleicht hat der andere noch gar nicht erkannt, daß Sie Seelenpartner sind. Oder vielleicht hat die Beziehung noch nicht die Zeit gehabt, fertig zu »backen« und zu einer homogenen Einheit zu werden. Sie ist sozusagen noch ein »Teig«, den Sie als Kuchen servieren wollen. Für jedes Paar ist die Entwicklung hin zu einer Einheit verschieden. Es gibt niemanden, der Ihnen *genau* sagen kann, wo sich Ihre Beziehung in diesem Prozeß gerade befindet. Sie müssen Vertrauen und Geduld haben und auf Ihre Intuition hören, während Sie durch die einzelnen Stadien einer Beziehung gehen. Wenn Sie jedoch diese Stadien nicht erkennen und verstehen, werden Sie dasjenige, in dem Sie sich gerade befinden, nicht näher bestimmen können! Es ist sehr gut möglich, daß Sie auf diese Weise Ihre Beziehung sabotieren, da Sie sich so verhalten, als wäre Ihre Beziehung schon weiter gediehen, als sie es tatsächlich ist. Beide Partner müssen sich über den jeweiligen Stand der Beziehung einig sein. Wenn Sie zum Beispiel nach Ihrem ersten Rendezvous davon überzeugt sind, daß Sie die Frau getroffen haben, die Sie heiraten werden, während sie nicht einmal weiß, ob sie Sie wiedersehen will, ist es noch nicht an der Zeit, ihr einen Heiratsantrag zu machen. Das heißt nicht, daß Ihre Empfindungen falsch sind; vielmehr muß sie vielleicht in der Beziehung erst an den Punkt kommen, an dem Sie bereits sind. Sie können niemanden zwingen, ein bestimmtes Stadium der Beziehung zu erreichen, wenn derjenige noch nicht soweit ist. Im Gegenteil, der Versuch, jemanden zu zwingen, schneller zu sein, als es ihm möglich ist, kann den ganzen Ablauf erheblich verzögern.

In seinem Buch *Mars, Venus und Partnerschaft* beschreibt John Gray die fünf Stadien des Kennenlernens als Anziehung, Unsicherheit, Ausschließlichkeit, Vertrautheit und Verlobung. Ich möchte nachfolgend meine eigene Sichtweise dieser Stadien darlegen.

Erstes Stadium: Anziehung

Dies findet statt, wenn Sie jemanden treffen, mit dem Sie sich physisch, spirituell, emotional oder geistig verbinden. Sie haben Ihre Vorbereitungsarbeit geleistet. Sie sehen, daß Ihr Gegenüber viele der Qualitäten und Eigenschaften aufweist, die auf Ihrer Bedürfnis-und-Wunsch-Liste stehen. Sie wissen, daß Sie denjenigen gern näher kennenlernen möchten.

Anziehung ist etwas, daß unmittelbar in irgendeiner

Form geschieht. Von seltenen Ausnahmen abgesehen, wird Ihr idealer Partner jemand sein, mit dem Sie sich (in welchem Bereich auch immer) während des ersten Stadiums der Beziehung sofort verbunden fühlen.

Manchmal kann es sein, daß wir uns zu sehr auf die physischen Aspekte einer Beziehung konzentrieren, wenn wir uns in der Phase der Anziehung befinden. Es ist jedoch wichtig herauszufinden, ob Sie sich auch zu dem Geist des anderen hingezogen fühlen, dazu, wie der andere emotional auf das Leben reagiert, und wie er Spiritualität in sein Leben integriert. Letztendlich wünschen Sie sich eine ganzheitliche Beziehung, die eine Kombination von physischer, emotionaler, geistiger und spiritueller Verbindung darstellt.

Vergessen Sie nicht, daß Anziehung lediglich das *erste Stadium* einer Beziehung ist, in dem Sie flirten und lächeln, wenn Sie die Stimme des anderen hören. Dies ist die Zeit, wo allein die *Anwesenheit* des anderen Sie mit Liebe erfüllt, glücklich und euphorisch macht. Es sind die »Flitterwochen« der Beziehung. Doch es ist *nicht* die Phase der Verlobung, die Bereitschaft, den Rest des Lebens gemeinsam zu verbringen. Diese Verpflichtung sind Sie noch nicht eingegangen. Und obgleich Sie sich aufeinander eingelassen haben und eine wunderbare Zeit erleben, mögen die Erwartungen gegenüber jemandem, zu dem Sie sich *hingezogen* fühlen, nicht die gleichen sein wie die, die Sie an den Menschen stellen, mit dem Sie *verheiratet* sind.

Zweites Stadium: Unsicherheit

Dies ist der Zeitpunkt, wo der »Beziehungstanz« beginnt. Sie spüren, daß Sie offensichtlich den »Richtigen« oder die »Richtige« gefunden haben. Nun stellen Sie Ihre gemeinsame Verträglichkeit in Frage. Vielleicht denken Sie: »Wenn er nur dies oder jenes ändern würde, wäre er vollkommen.« Leider zeigen sich nun Ihre Ängste in bezug auf Beziehungen, ob Sie diese nun bewußt herbeigerufen haben oder nicht.

Vielleicht denken Sie, daß dies doch nicht die richtige Beziehung für Sie ist, nur weil nicht alles vollkommen und genau so ist, wie Sie es sich ausgemalt oder geglaubt haben, daß es sein würde. Doch erinnern Sie sich: Wie im »Gesetz der Vorbereitung und Anziehung« empfohlen, sollten Sie nun eine Liste mit all dem aufstellen, was Sie sich in einer Beziehung wünschen; aber lassen Sie dann jegliche Erwartungen im Hinblick auf das Ergebnis los. Niemand wird genau so sein, wie wir ihn haben wollen, denn wir alle sind nur Menschen. Wir können um Perfektion bitten, doch müssen wir verstehen, daß Perfektion für jeden Menschen etwas anderes bedeutet. Selbst Seelenpartner werden eine unterschiedliche Definition von Perfektion haben. Der Sinn einer Beziehung besteht darin zu lernen, einander *trotz* unserer Schwächen zu lieben und über sie *hinauszuwachsen.* Im Stadium der Unsicherheit neigen wir vielleicht dazu zu denken, wir sollten die Beziehung wegen dieser Schwächen beenden, doch sie sind lediglich ein normaler Teil des Prozesses, der letztendlich die Beziehung rund macht.

Manche Paare befinden sich unter Umständen lange Zeit in der Phase der Unsicherheit, während sie bei anderen schnell vorbeigeht. Vielleicht müssen Sie von Zeit zu Zeit sogar zum Stadium der Anziehung zurückgehen. Vergessen Sie nicht, jede Beziehung ist einzigartig, und wenn wir uns der Schwachstellen unseres zukünftigen Ideal-Partners bewußt werden, kann es durchaus sein, daß wir ein unsicheres Gefühl in bezug auf die Beziehung haben und nicht wissen, wohin sie führen wird.

Die Phase der Unsicherheit hängt auch mit der Beschäftigung mit unseren eigenen Beziehungsängsten zusammen. Erinnern Sie sich: Wir ziehen das an, was wir *tatsächlich* glauben, nicht nur das, von dem wir *denken*, daß wir es glauben. Wenn Sie sich also unsicher fühlen, nehmen Sie anstatt eines Vergrößerungsglases den Spiegel zur Hand, denn er wird Ihnen helfen, diese Phase durchzustehen. Wenn Sie Ihre *eigenen* Schwierigkeiten erkennen, werden Sie in der Lage sein, zu wachsen und dies auch in der Beziehung widerzuspiegeln.

Dritte Phase: Ausschließlichkeit

Sie haben das Stadium der Unsicherheit hinter sich gelassen und sind eine feste Beziehung mit dem anderen eingegangen. Sie fragen sich beide, ob dieser Mensch wirklich Ihr idealer Gefährte ist, und wollen der Verbindung die Chance geben zu wachsen, und zwar ohne die Einflüsse anderweitiger romantischer Beziehungen. Vergessen Sie nicht, daß Sie sich erst dann in einer ausschließlichen Beziehung befinden, wenn *beide* Beteiligten diese Ausschließlichkeit wollen und dies einander mit Worten bestätigen. Gehen Sie *nie* davon aus, daß Sie eine solche Beziehung haben, bevor Sie es mit dem anderen besprochen haben.

Verwechseln Sie *ausschließlich* nicht mit *verlobt* und der Bereitschaft *zu heiraten*. Dies ist nicht die Zeit für Hochzeitspläne. Es bedeutet lediglich, daß Sie übereingekommen sind, keine Liebesbeziehungen mit anderen Personen einzugehen. Die Ausschließlichkeitsphase ist die, in der Sie den Beziehungskuchen in den Ofen schieben, damit er backen kann. In der ersten Phase haben Sie die Zutaten gekauft und entschieden, welche Art von Kuchen Sie backen wollen. In der zweiten Phase haben Sie die Zutaten vermischt. Und nun wollen Sie probieren, wie das Rezept schmeckt; also haben Sie den Teig in eine Form gegeben und diese in den Ofen geschoben. Sie wissen noch immer nicht, was dabei herauskommen wird, ob er seine Form behalten wird, ob er genießbar sein wird oder ob Sie das Rezept noch weiter verbessern müssen. Doch Sie sind bereit, das Risiko einzugehen und all dies herauszufinden.

Jetzt ist nicht die Zeit, nachlässig zu werden oder unrealistische Ansprüche an Ihren Partner zu stellen. Sie sind immer noch nicht ganz sicher, ob die Beziehung etwas ist, das Sie weiterverfolgen wollen. Dies ist eine

Zeit für Sie und Ihren Partner, in der Sie liebevolle romantische Erinnerungen schaffen sollten, die es Ihnen erlauben, ein positives Gefühl in bezug auf sich selbst und die Beziehung zu entwickeln. Sie brauchen diese Erinnerungen, wenn Ihre Beziehungsängste an die Oberfläche dringen und Sie entweder von Ihrem Partner getestet werden oder aber sich selbst prüfen.

Selbst wenn Sie beschlossen haben, ausschließlich mit einem bestimmten Menschen zusammenzusein, können Sie sich zuweilen dabei ertappen, wie Sie erneut in Unsicherheit fallen. Falls Ihr potentieller Partner Wunden in Ihrem Innern bloßlegt, die Sie noch nicht geheilt haben, oder Ihnen neue zufügt, mögen Sie die Grundlage und Möglichkeiten dieser Beziehung in Frage zu stellen. Das ist normal. Vergessen Sie nicht: Ihrem zukünftigen Partner wird es genauso ergehen.

Obwohl Sie sich nach bestem Wissen und Gewissen darauf vorbereitet haben, eine Beziehung einzugehen und dies auch wirklich wollen, werden Sie sich trotzdem noch daran gewöhnen müssen, tatsächlich ein Teil eines Paares zu sein. Ein Beispiel: Wünschten Sie sich schon immer, Tango tanzen zu lernen? Sie haben Bücher darüber gelesen, Videos angeschaut und die Tanzschritte in Ihrem Wohnzimmer geübt, und es gab nur ein Problem dabei: Sie haben es *allein* getan. Endlich treffen Sie jemanden, der auch den Tango allein geübt hat und nach einem Partner Ausschau hält. Sie sind beide darauf erpicht, zusammen Tango zu tanzen. Obgleich jeder von Ihnen die einzelnen Schritte und den Rhythmus der

Musik kennt und allein geübt hat, werden Sie dennoch ziemlich sicher ein paarmal dem anderen auf die Füße treten, bis Sie sich daran gewöhnt haben, gemeinsam zu tanzen. Mit Beziehungen verhält es sich genauso. In der Ausschließlichkeitsphase der Beziehung beginnen Sie, den Beziehungstanz als eine Einheit zu üben. Natürlich gelingt es einigen Paaren schneller als anderen, ihre Schritte zu koordinieren, doch mit ausreichender Praxis überstehen die meisten Paare den Ausschließlichkeitstanz und gehen über zu Intimität und Vertrautheit.

Vierte Phase: Vertrautheit

Sie haben sich von Ihrem Partner auf der physischen, spirituellen, emotionalen und geistigen Ebene angezogen gefühlt. Mit dem Stadium der Vertrautheit beginnen Sie ernsthaft, diese Bereiche miteinander zu verbinden, um eine ganzheitliche Beziehung zu schaffen. Dies ist der Moment, in dem echte Liebe erblüht.

Sie konzentrieren sich nicht nur auf die körperliche Anziehung, die Gefühle und Empfindungen, geistigen Anregungen oder Ihre spirituelle Verbindung. Jetzt *vereinen* Sie diese Aspekte und verknüpfen sie zu *einem Ganzen*.

Vielleicht glauben Sie, daß eine Beziehung von diesem Zeitpunkt an einfacher wird, weil die Liebe so stark zwischen den beiden Partnern fließt. Doch ist dies auch der Zeitraum, in dem wir am verwundbarsten sind. Während der ersten drei Phasen haben wir in angemessener Weise einige emotionale Mauern aufrechterhalten, um uns davor zu schützen, zu sehr verletzt zu werden, falls die Beziehung nicht funktioniert.

Während der Phase der Vertrautheit gibt jeder von Ihnen diese schützenden Abgrenzungen auf, damit Sie einander wirklich in einem ungeschützten, emotional offenen Zusammenhang kennenlernen können. Damit öffnen Sie gleichzeitig die Türen zu all Ihren Ängsten vor Beziehungen. Die größte Angst ist die, daß der andere uns verlassen oder auf irgendeine andere Weise versuchen wird, uns weh zu tun. Manchmal können die Gefühle im Zusammenhang mit einer ganzheitlichen Vertrautheit in allen Bereichen so intensiv sein, daß beide Partner Angst bekommen und anfangen, dem anderen Schwierigkeiten zu bereiten. Ein Mann zieht sich dann vielleicht in seine inneren vier Wände zurück, und eine Frau wird emotional bedürftig erscheinen.

Akzeptieren Sie einfach, daß dies ein normaler Teil des Prozesses ist, und rennen Sie nicht davor weg. Durch eine ehrliche, offene Kommunikation können zwei Menschen, die das Stadium der Vertrautheit erreicht haben, diese Ängste überwinden. Dies setzt allerdings voraus, daß Sie in Ihren Gefühlen ehrlich sind und sie nicht auf Ihren Partner projizieren. Projektion ist das, was geschieht, wenn Ihre Mutter sagt: »Mir ist kalt. Du mußt einen Pullover anziehen.« Ihre Mutter projiziert ihre Bedürfnisse in der Annahme, daß Sie die gleichen haben. Ein anderes Beispiel: Ihre Angst davor, verletzt zu werden, wenn Sie sich jemandem öffnen, veranlaßt Sie dazu, anzunehmen, daß die Unnahbarkeit Ihres Liebhabers ihre Wurzeln in der Furcht hat, sich jemandem zu öffnen, weil er dann verletzt werden könnte. Das kann der Grund für sein Verhalten sein oder auch nicht; er war vielleicht die letzten vier Wochen einfach nur mit seinen Gedanken darüber beschäftigt, welches neue Auto er sich kaufen soll, und kümmerte sich nicht weiter um die Beziehung.

Die Phase der Vertrautheit in einer Beziehung wird zu Beginn die besten und schlechtesten Eigenschaften in beiden Partnern ans Tageslicht bringen. Ihr Vertrauen in den Prozeß, in sich selbst und in einander wird einer Prüfung unterzogen werden. Dies ist der Grundstein Ihres Fundaments für eine lebenslange Beziehung. In dieser Phase werden Sie genau feststellen, ob es sich bei dem anderen um Ihren idealen Partner handelt oder nicht.

Machen Sie sich klar, daß ganzheitliche Vertrautheit für *jeden* auch erschreckend ist. Denken Sie immer daran, sich und Ihren Partner zu lieben, während Sie durch diese schwierige Phase des Aufbaus einer Beziehung gehen.

Fünfte Phase: Verlobung

Sie haben beschlossen, daß Sie den Rest Ihres Lebens zusammen verbringen wollen. Sie haben Ihren Seelenpartner gefunden. Dies wird eine der besten Zeiten in Ihrer Beziehung sein. Sie sind verliebt ineinander und fühlen sich sicher. Sie sollten sich diese Zeit nehmen, um romantische Erinnerungen zu schaffen, die Ihnen später helfen werden, schwierige Phasen in Ihrer Ehe zu meistern, die weniger romantisch, dafür um so herausfordernder sein mögen.

Während der Phase der Verlobung gewöhnen Sie sich daran, vom »Ich« zum »Wir« überzugehen. Ihr Denken ist vielleicht schon beim Stadium des »Wir« angekommen, da sich diese Entwicklung während der ersten vier Phasen einer Liebesbeziehung vollzieht. Wir sind jedoch alle Individuen und haben das Bedürfnis, unsere eigene Identität zu bewahren. Aufgrund Ihrer Glaubenssätze kann es länger dauern, sich an das »Wir« zu gewöhnen. Doch wenn Sie erst einmal verlobt sind, beginnen Sie dem Prozeß des Verschmelzens zweier Individuen zu einem »Wir«.

Ihre Entscheidungen wirken sich nicht nur mehr auf *Sie* aus, sondern auch auf Ihren Partner und die Familie, die zu gründen Sie beide sich entschieden haben. Ihr Dasein dreht sich nicht länger allein um *Ihre* Wünsche und Bedürfnisse; es dreht sich um Sie, Ihren Partner und das Leben, das Sie miteinander teilen wollen.

Betrügen Sie sich nicht um den Prozeß Ihrer Verlobung. Dies ist die Zeit, wo Ihr »Wir«-Denken Teil Ihres Glaubenssystems wird. Es kann eine wunderbare und romantische Erfahrung sein, wobei es allerdings auch Momente der Unentschlossenheit und Angst geben mag. Die Tatsache, daß Sie verlobt sind, bedeutet nicht, daß Sie die alltäglichen Emotionen und Erfahrungen umgehen können, die das Menschsein mit sich bringt; doch Sie befinden sich in der allerbesten Position, Ihre Ängste zu transzendieren und immer wieder in einen Zustand der Liebe zu gelangen.

Es ist von wesentlicher Bedeutung zu erkennen, daß alle Beziehungen Ihre eigene Entwicklungszeit haben. Ein Paar muß vielleicht drei Jahre in der Phase der Ausschließlichkeit zubringen, während ein anderes sich bereits nach sechs Wochen verlobt. In Beziehungen geht es nicht um Zeitrechnung, sondern darum zu verstehen, wie wichtig es ist, daß Sie sich und Ihrem Partner erlauben, jede Phase der Liebesbeziehung in dem Tempo zu durchleben, das für Sie beide angenehm ist. Wenn einer der Partner versucht, den anderen in eine Phase zu drängen, zu der er noch nicht bereit ist, wird dies dazu führen, daß Sie die Phase später in irgendeiner Form nachholen müssen. Und das wird für Sie beide schwieriger sein, als würden Sie von vornherein die Geduld aufbringen, die Beziehung sich in ihrem natürlichen Tempo entwickeln zu lassen. Bedenken Sie auch das »Gesetz der Widerspiegelung«: Wenn Ihr zukünftiger Partner nicht dazu bereit ist weiterzugehen, welchen Ihrer *Glaubenssätze* spiegelt er dann wider? Das mag nicht auf den ersten Blick erkennbar sein. Manchmal verbergen sich Glaubenssätze und Überzeugungen, doch sie entsprechen immer der Realität. Vielleicht müssen Sie Ihr emotionales Gepäck noch einmal sorgfältig durchsuchen; wenn Sie dies tun, werden Sie unter Umständen die Veränderung bewirken, die Sie sich in der Beziehung wünschen.

Mit dem Durchleben der verschiedenen Phasen einer Beziehung errichten Sie das Fundament für Ihr Haus der Liebe. Sie sollten keine Phase umgehen oder ignorieren, nur weil Sie in Eile sind. Haben Sie sich jemals entschieden, ein Schnellverfahren anzuwenden, wenn Sie etwas zusammengebaut haben, nur um später festzustellen, daß Sie das Ganze noch einmal tun mußten und es auf diese Weise weitaus länger dauerte, als hätten Sie es gleich richtig gemacht? Haben Sie schon einmal Zeit und Energie investiert, um Pläne für eine Gruppe von Leuten zu machen, nur um herauszufinden, daß die Gruppe gar nicht das tun wollte, was Sie für sie geplant hatten? Wenn ich an Handwerkskunst denke, dann fallen mir die Teppiche der Navajo ein. Sie sind alle handgewebt, die Garne sind mit natürlichen Pflanzenfarben gefärbt, und es braucht – je nach Größe – Monate oder gar Jahre, um einen solchen Teppich fertigzustellen, doch bei allen ist garantiert, daß sie ein Leben lang halten. Ihre Beziehung mit Ihrem idealen Partner ist das Wichtigste, was Sie je erschaffen werden. Nehmen Sie sich die erforderliche Zeit für sich und Ihren Gefährten, um alle Phasen Ihrer Liebesbeziehung zu durchlaufen. Liebevolle Beziehungen brauchen Zeit und die Bereitschaft zweier Menschen, sich zu entwickeln – etwas, das nicht überstürzt getan werden kann. Indem sie das bestmögliche Fundament errichten und Schnellverfahren vermeiden, werden Sie eine Beziehung schaffen, die ein Leben lang halten kann.

Kommunikation, Höflichkeit und Mitgefühl

Liebe ist das, was Sie mit jemandem durchgemacht haben.

JAMES THURBER

Kommunikation

Kommunikation ist das wichtigste Werkzeug, das Sie brauchen, um Ihre ideale Beziehung aufzubauen und aufrechtzuerhalten. Kommunikation muß zuerst bei Ihnen selbst beginnen. Sie müssen in der Lage sein, angemessen zu entscheiden, was Sie in einer Beziehung wirklich brauchen und haben wollen. Ihre Bedürfnis-und-Wunsch-Liste ist eine hervorragende Gelegenheit dazu, doch Sie werden im weiteren Verlauf Ihrer Beziehung möglicherweise feststellen, daß sich Ihre Bedürfnisse und Wünsche ändern können und auf diese Weise spiegeln, was tatsächlich zum jeweiligen Zeitpunkt geschieht. Ein Beispiel: Sie haben eine lange, anstrengende Woche hinter sich und wollen einfach nur die Gegenwart Ihres Geliebten genießen, weil Sie sich bei ihm so wohl fühlen, doch statt dessen rufen Sie ihn an und sagen:

»Ich würde dich gern sehen, weil ich dir erzählen möchte, was bei mir alles los ist und wie erschöpft und überwältigt ich mich fühle.« Ihrem Partner mag dies anstrengend erscheinen, und vielleicht denkt er: »Ich würde sie ja gern unterstützen, doch ich fühle mich auch erschöpft und bin mir nicht sicher, ob ich momentan überhaupt etwas zu geben habe.« Ihr *tatsächliches* Bedürfnis ist die Gegenwart des anderen, doch Sie haben ihm eine ganze Liste von Dingen mitgeteilt, die sich regelrecht strapaziös angehört haben. Bevor Sie um etwas bitten, machen Sie sich klar, was genau Sie wollen und wie Sie es am besten mitteilen können.

Kommunikation ist immer schwierig. Es steht außer Frage, daß Männer und Frauen auf verschiedene Weise kommunizieren. Wenn ein Mann sich überwältigt fühlt, deprimiert oder einfach die Antwort auf etwas nicht weiß, zum Beispiel wie er sich fühlt, wird er sich in sich zurückziehen. Wenn einer Frau die gleichen Dinge widerfahren, wird sie diese mitteilen und ihre Gefühle mit den Menschen besprechen wollen, die ihr am nächsten stehen. Männer denken in Form von *Aufgaben*, Frauen in Form von *Gefühlen*. Hierbei handelt es sich um eine fundamentale biologische, innere Veranlagung, daher wird sie sich nicht ändern: Das wäre, als würde man einen Hund bitten zu miauen oder eine Katze dazu bringen wollen zu bellen; dies wird nicht passieren, trotz unserer selbstlosen Gründe für diese Bitte. Wir können versuchen, die Unterschiede zu verstehen und Brücken mit unseren zukünftigen Partnern zu bauen, damit sich jeder wohler fühlt. Die Brücke, die Sie in Ihrer letzten Beziehung gebaut haben, wird wahrscheinlich anders gestaltet sein als die, die Sie in Ihrer gegenwärtigen Beziehung errichten müssen. Jeder ist anders, und was einmal funktioniert hat, mag in der jetzigen Situation unangebracht sein.

Vergessen Sie nicht: Kommunikation ist ein beiderseitiger Vorgang. Dabei ist es von Bedeutung, daß Sie Ihre Bedürfnisse kennen und verstehen und in der Lage sind, sie entsprechend zum Ausdruck zu bringen. Doch ebenso wichtig ist es, dem Partner zuzuhören. Wenn Sie das nicht tun, können Sie nicht verstehen, was der andere sagt. Wenn Sie nicht zuhören, nehmen Sie vielleicht Dinge in bezug auf die Gefühle Ihres Partners als gegeben an, die jedoch nicht wirklich zutreffen. Falls Sie Zweifel haben, klären Sie diese, indem Sie den anderen fragen. Wenn Sie Ihren Sinn für Humor gebrauchen, wird es Ihnen normalerweise gelingen, eine Menge Fragen zu stellen und Antworten zu bekommen, noch bevor Sie die entsprechende Phase in Ihrer Beziehung erreicht haben.

Kommunikation beginnt in jeder Beziehung, sobald sich die Partner kennenlernen, also in der Phase der Anziehung. Da jeder Mensch einen anderen Kommunikationsstil hat, kann es eine Weile dauern, den eigenen Stil desjenigen, zu dem Sie sich hingezogen fühlen, herauszufinden. Einige Menschen sind so direkt, daß man sie als rücksichtslos bezeichnen könnte, während andere vielleicht so passiv sind, daß sie zu manipulieren scheinen. Ein jeder kommuniziert entweder direkt oder indirekt. Wenn Sie zum Beispiel Lisa fragen: »Würdest du gern italienisch essen gehen?«, wäre eine direkte Antwort darauf: »Ich hatte was Italienisches zum Mittagessen. Können wir woanders hingehen?« Eine indirekte Antwort dagegen würde lauten: »Ich schätze, ich kann auch zweimal am Tag italienisch essen.« Beide Antworten meinen das gleiche, doch die indirekte Erwiderung erfordert eine Interpretation.

Wenn Sie eine Liebesbeziehung beginnen, machen Sie sofort klar, welche Art der Kommunikation Sie zu akzeptieren gewillt sind. Sie haben zum Beispiel jemanden kennengelernt, zu dem Sie sich hingezogen fühlen, und derjenige sagt zu Ihnen, daß er Sie anrufen und dann ein Treffen ausmachen wird, doch dieser Anruf erfolgt nie. Wenn Sie denjenigen später wiedersehen, ganz aufgeregt und sogleich bereit sind, mit ihm auszugehen, sobald er Sie anruft, und dabei kein einziges Mal erwähnen – nicht einmal im Scherz –, daß er das schon einmal versprochen hat, dann senden Sie ihm die Botschaft, daß sein unverbindlicher Stil für Sie akzeptabel ist. Sollte sich diese Bekanntschaft jemals in eine Liebesbeziehung verwandeln, verfügen Sie bereits über einen Präzedenzfall für die Fortsetzung seines untauglichen Kommunikationsstils. Wenn Sie die Situation ändern wollen (was unter Umständen aufgrund des Charakters des Betreffenden nicht möglich ist), müssen Sie ehrlich in bezug auf Ihre Gefühle sein und darüber reden, daß sein Verhalten Sie stört. Schön wäre es, wenn Sie herausfänden, daß dies nicht der übliche Kommunikationsstil des anderen ist oder daß er bereit ist zu versuchen, Ihren Bedürfnissen nachzukommen. Weniger schön wäre es, wenn der andere ständig auf diese Weise mit anderen umgeht und nicht einsieht, daß dies unannehmbar ist, oder wenn er verspricht, sich zu ändern, es aber niemals tut. Wenn Sie andererseits ein Mensch sind, der ganz im Moment lebt und es Sie nicht stört, wenn jemand sagt, daß er Sie anrufen wird, und es dann nicht tut, dann könnte dies Ihr idealer Partner sein.

Im Laufe der verschiedenen Stadien Ihrer Liebesbeziehung werden Sie mehr und mehr miteinander kommunizieren. Wenn Sie Unterschiede in Ihrem jeweiligen Lebensstil feststellen, ist es wichtig, darüber zu sprechen, sobald diese sich zeigen. Das Ziel ist *nicht*, jemanden zu verändern, sondern zu entscheiden, ob dieser Mensch Ihnen paßt. Wenn Sie sich auf eine Beziehung einlassen, dann lernen Sie dabei den anderen durch wiederholte Erlebnisse und Erfahrungen kennen. Während Sie durch die einzelnen Phasen der Beziehung gehen, stellen Sie alles in Frage, das sich für Sie nicht richtig anfühlt. Vergessen Sie dabei nicht, daß Ihre Fragen stets der jeweiligen Phase der Beziehung entsprechen sollten, in der Sie sich befinden.

Wenn Sie sich zum Beispiel im Stadium der Unsicherheit befinden, ist dies nicht der Zeitpunkt, zu dem Sie mit Ihrem zukünftigen Partner besprechen sollten, ob er an einer Hochzeit im großen Stil interessiert ist oder lieber mit Ihnen durchbrennen will. Vielleicht wünschen

Sie sich oder hoffen, daß Ihr idealer Partner auf eine bestimmte Weise handelt, daß er Sie zum Beispiel jeden Tag anruft oder sich jedes Wochenende mit Ihnen trifft. Doch ist dies nicht die Zeit, darüber zu diskutieren, warum er nicht die Dinge tut, die er Ihrer Meinung nach tun sollte, da die von Ihnen gewünschte Handlungsweise in dieser frühen Phase der Beziehung nicht angemessen ist.

Sobald Sie jedoch die Phase der Ausschließlichkeit erreicht haben, können Sie mehr Fragen stellen. Wenn Sie zum Beispiel merken, daß Ihr potentiell idealer Partner tagelang das schmutzige Geschirr im Spülbecken stehenläßt, und diese Tatsache Sie auf die Palme bringt, dann sollten Sie Ihr Problem gleich mit ihm besprechen und nach einem Kompromiß suchen. Wenn Sie erst einmal verlobt oder verheiratet sind, ist es unrealistisch zu denken, daß Ihr Partner sich ändern und sich aus Liebe zu Ihnen in einen Ordnungsfanatiker verwandeln wird. Während der Anfangsphasen der Beziehung, in denen Sie sich näher kennenlernen, haben Sie die Gelegenheit, die Vereinbarkeit Ihrer beider Lebensweisen zu besprechen, bevor sie zu einem ernsten Problem für die Beziehung werden, an dem sie zerbrechen kann. Sobald Sie sich erst einmal in der Phase der Vertrautheit und der Verlobung befinden, ist es schwieriger zuzugeben, daß jemand nicht der Richtige für Sie ist, und ihn gehen zu lassen. Der Prozeß des Sichkennenlernens hat nichts damit zu tun, Fehler am anderen zu finden. Vielmehr geht es darum, das Teil des Puzzles zu finden, das zu Ihnen paßt.

Trotz einer guten Kommunikation werden sich die grundlegenden Charaktereigenschaften und Gewohnheiten der meisten Menschen nicht ändern. Sie können Kompromisse und Lösungsmöglichkeiten finden, doch wenn Sie damit rechnen, daß der andere sich ändert, damit die Beziehung funktioniert, sind Ihre Erwartungen wahrscheinlich zu hoch gesteckt. Beziehungen zum Seelenpartner können zwar eine Sicherheit bieten, aufgrund derer die Beteiligten Änderungen vornehmen können, doch derjenige, der sich ändern soll, muß es auch wollen. Sie können Ihr Gegenüber lieben, unterstützen und ermuntern, doch können Sie niemanden zwingen, sich zu ändern. Veränderungen sind schwierig genug, auch wenn Sie sie bei sich vornehmen wollen. Doch wenn Sie die verschiedenen Phasen einer Liebesbeziehung in einem Tempo durchleben, das beiden Partnern angenehm ist, wird jeder von Ihnen innerhalb der sicheren Grenzen dieser Beziehung die Zeit haben, die er braucht, um sich gegebenenfalls zu ändern und herauszufinden, ob er tatsächlich mit diesen Veränderungen leben kann.

Kommunikation ist nicht nur das, was Sie *sagen*. Es ist auch das, was Sie *tun*. Manche Sprachexperten behaupten sogar, daß siebzig Prozent aller Kommunikation nonverbal abläuft. Wenn Sie also einverstanden sind, etwas für Ihren Wunschpartner zu tun, es aber dann doch nicht tun, wird das der Beginn eines Vertrauensverlustes auf seiten Ihres Partners sein. Wenn Sie andererseits Ihr Wort halten, bauen Sie mit jeder Ihrer Handlungen das bestehende Vertrauen weiter auf. Nonverbale Kommunikation drückt sich unter anderem durch den Ton Ihrer Stimme aus, durch eine freundliche Tat oder eine Umarmung. Unterschätzen Sie nie die Macht des nonverbalen Ausdrucks von Liebe.

Kommunikation ist die einzige Möglichkeit, wie Sie Ihre Probleme verarbeiten und Ihre Triumphe feiern können. Der Schlüssel dazu, Ihren idealen Partner zu verstehen, Ihr Leben mit ihm zu teilen und die Beziehung zu entwickeln, die Sie beide sich wünschen, liegt in Ihrer Bereitschaft, zu wachsen und Ihre gesamten Kommunikationsfähigkeiten zu entwickeln.

Höflichkeit

Haben Sie schließlich den Menschen getroffen, von dem Sie glauben, daß er Ihr Seelenpartner ist, erwarten Sie von demjenigen oft, daß er in einer bestimmten Weise reagiert. Sie glauben, daß derjenige alles für Sie sein muß. Nun, falls Sie ein ganzheitliches, harmonisches Leben für sich selbst geschaffen haben, während Sie dabei waren, Ihren idealen Partner anzuziehen, dann wird dies weniger ein Problem sein, da es auch andere Dinge in Ihrem Leben gibt, die Ihre Bedürfnisse befriedigen. Doch wenn Sie erst einmal damit anfangen, gewisse Verhaltensweisen von dem anderen zu erwarten, vergessen Sie leicht, höflich und dankbar zu sein, und neigen dazu, sich auf Erwartungen zu konzentrieren, die nicht erfüllt werden, anstatt auf all die positiven Dinge, die geschehen.

Wenn Sie sich in der Phase der Ausschließlichkeit befinden, *erwarten* Sie vielleicht von Ihrem Partner, daß er mit auf die Geburtstagsfeier Ihrer Mutter geht. Doch ihn einzuladen und zu erwarten, daß er mitgeht, sind zwei völlig verschiedene Dinge. Ob Familienverpflichtungen nun ein Teil Ihrer Beziehung sind oder nicht, hängt von Ihrem jeweiligen individuellen Hintergrund und Ihren Glaubenssätzen ab. Höflichkeit hat damit zu tun, die Rechte Ihres zukünftigen Lebenspartners, etwas zu tun oder nicht zu tun, zu respektieren, und das schließt seine Anwesenheit bei der Geburtstagsfeier Ihrer Mutter ein. Also laden Sie ihn ein – aber *erwarten* Sie nichts.

Höflichkeit heißt, sich zu erinnern, Ihre Dankbarkeit und Anerkennung zum Ausdruck zu bringen, wenn Ihr potentieller Partner auf eine Weise handelt, die Ihnen guttut oder Sie unterstützt. Manchmal heißt es auch, dankbar zu sein, wenn er Sie in den Arm genommen, ein freundliches Wort gesagt oder Sie angelächelt hat. Wenn Sie sich von Anfang an daran gewöhnen, höflich miteinander umzugehen, wird es Ihnen leichter fallen, dieses Verhalten im weiteren Verlauf Ihrer Beziehung aufrechtzuerhalten. Jeder möchte sich anerkannt fühlen, ob er nun seit einem Monat eine Beziehung führt, seit einem Jahr oder seit fünfundzwanzig Jahren.

Höflich zu sein bedeutet beispielsweise zu erkennen, daß, obwohl Sie Neuigkeiten haben, die Sie dem anderen mitteilen wollen, unter Umständen nicht gerade der beste Moment für Ihren Partner ist, diese zu hören. Wenn Sie soeben eine Gehaltserhöhung bekommen haben und Ihre beste Freundin anrufen, um ihr davon zu berichten, und sie Ihnen als erstes sagt, daß ihr Vater ins Krankenhaus mußte, würden Sie aller Wahrscheinlichkeit nach Ihrer Freundin zuhören, sie trösten und auf einen geeigneteren Moment warten, um ihr die Neuigkeit mitzuteilen. Doch bei unserem potentiellen Lebenspartner gehen wir oft davon aus, daß er genauso aufgeregt oder traurig sein muß wie wir, wenn wir ihm etwas sagen wollen – trotz all der Dinge, die in seinem Leben passieren –, und wir erzählen einfach drauflos, selbst wenn dies nicht rücksichtsvoll gegenüber seinen momentanen Gefühlen ist. Vielleicht möchte der andere sich lieber zurücklehnen, entspannen, im Fernsehen ein Fußballspiel oder einen Film anschauen. Höflich zu sein bedeutet zu erkennen, daß andere Menschen Bedürfnisse haben, die den unseren vielleicht nicht zu jeder Zeit entsprechen, und dies zu respektieren.

Manche Menschen sind rücksichtsvoller gegenüber ihren Haustieren als gegenüber ihren Partnern. Ich weiß, daß Ihre Katze nicht mit Ihnen streiten, Ihnen weh tun oder Sie verlassen kann. Doch trotz der Tatsache, daß Sie ihr eine Million Mal verboten haben, auf den Küchentisch zu klettern, sehen und akzeptieren Sie, daß sie es weiterhin tun wird. Auch Ihr idealer Partner wird einige Gewohnheiten und Eigenschaften haben, die Ihnen nicht gefallen, mit denen Sie aber leben können; daher sollten Sie hier die gleiche Akzeptanz walten lassen, wie Sie es bei Ihrer Katze oder Ihrem Hund auch tun würden. Rücksichtnahme bedeutet, jemanden *trotz* seiner Mängel zu lieben.

Mitgefühl

Wenn Sie eine Beziehung mit einem zukünftigen Lebenspartner eingehen, wird dies nicht nur wunderbare Gefühle der Liebe hervorrufen, sondern auch Ihre Ängste verstärken. Wenn wir Angst empfinden, und sei es nur für kurze Augenblicke, neigen wir dazu, uns unangemessen zu verhalten. Es ist wichtig für Sie zu erkennen, daß Ihr potentieller Wunschpartner die gleichen intensiven Gefühle hat wie Sie, wenn Sie diese starken Empfindungen erleben. Sie werden vielleicht unterschiedlich reagieren, doch im Grunde dasselbe spüren. Daher sollten Sie sowohl Ihren eigenen Fehlern als auch denen Ihres Partners gegenüber Mitgefühl haben.

Wir alle sind Menschen und machen Fehler, während wir uns auf einer solchen gemeinsamen Reise befinden. Es ist wichtig zu erkennen, daß die meisten Menschen nicht absichtlich versuchen, Ihnen weh zu tun. Dabei stellt sich auch die Frage, inwieweit Sie übereinstimmen, doch wenn Sie wissen, daß Sie gut zueinander passen und der andere plötzlich rücksichtslos erscheint, liegt das wahrscheinlich daran, daß er gerade mit einem seiner eigenen Dämonen zu kämpfen hat. Höchstwahrscheinlich hat sein Verhalten nichts mit *Ihnen* direkt zu tun. Vielleicht steht Ihr potentieller Wunschpartner gerade vor einem Stellenwechsel in seiner Firma, und Sie wissen nicht, wie belastend die Situation für ihn ist. Wenn Sie ihm dann vorschlagen, Urlaubspläne zu machen und er keinen Kommentar dazu abgibt oder wenig Interesse zeigt, fühlen Sie sich ignoriert. Ihr potentieller Partner will im Moment nicht über seine schwierige Situation reden, doch Sie betrachten seinen Mangel an Reaktionen als persönliche Ablehnung, wobei Ihr Partner in Wirklichkeit vielleicht nicht einmal weiß, ob er sich freinehmen kann oder ob er demnächst überhaupt noch eine Arbeit hat.

Mitgefühl bedeutet, einem anderen vorübergehend etwas zu seinen Gunsten auszulegen, wenn Sie sich wegen seinetwegen frustriert fühlen. Es ist ein Geschenk, das Partner einander machen, damit ihre Beziehung die Herausforderungen und Schwierigkeiten überstehen kann, die alle Beziehungen durchmachen müssen. Dies bedeutet nicht, daß Sie die Situation einfach ignorieren, sondern daß Sie den richtigen Zeitpunkt wählen, um Dinge zu besprechen. Manchmal ist die Zeit der beste Heiler, und das Problem erledigt sich von selbst, ohne daß Sie irgend etwas unternehmen müssen.

Mitgefühl hat damit zu tun, sich einem anderen gegenüber zum Wohle der Beziehung selbstlos zu verhalten. Es heißt nicht, daß Sie zum *Märtyrer* werden sollen. Mitgefühl ist ein emotionales Geschenk und geht mit dem Vertrauen darauf einher, daß es erwidert wird, wenn Sie es brauchen.

Gute Kommunikation zu pflegen, höflich zu sein und Mitgefühl zu zeigen sind wichtige Komponenten beim Aufbau einer dauerhaften Beziehung. Wenn Sie diese Fähigkeiten entwickeln und anwenden, wird Sie das in die Lage versetzen, eine lebenslange Liebesbeziehung mit Ihrem Wunschpartner zu erleben.

Als Suzie ihre Hochzeit plante, fragte sie ihre Großmutter, wie sie und ihr Großvater es fertiggebracht hatten, mehr als fünfzig Jahre lang eine glückliche Ehe zu führen.

Ihre Großmutter erwiderte: »Am Tag unserer Hochzeit sagte ich mir selbst, daß ich ihm immer zehn Dinge vergeben würde, die er tun und die mich stören würden. Ich muß sagen, daß ich ihm gegenüber diese Dinge nie erwähnt habe.«

Suzie fragte: »Wie hast du entschieden, was auf diese Liste kam?«

Ihre Großmutter antwortete: »Oh, ich habe in Wirklichkeit nie irgendwas aufgeschrieben. Wann immer er etwas tat, was mich störte, ging ich einfach davon aus, daß es auf der Liste stand.«

Seelenpartner: Wenn Liebe widergespiegelt und Angst verstärkt wird

Liebe sorgt nicht dafür, daß die Erde sich dreht.
Liebe ist es, was die Reise lohnenswert macht.

AUDREY WOODHALL

Hindernisse sind jene
erschreckenden Dinge, die du siehst, wenn du deine
Augen nicht auf das Ziel richtest.

HANNAH MOORE

Denken Sie zurück an das »Gesetz der Widerspiegelung«: Sie erkennen in anderen Menschen genau die Gefühle und Eigenschaften, mit denen Sie in Ihrem eigenen Leben zu tun haben. Wenn Sie einem Seelenpartner begegnen, tritt das Gesetz der Widerspiegelung wesentlich stärker in Kraft. Sie fühlen sowohl die Liebe als auch die Angst und jedes andere, Ihnen gemeinsame emotionale Problem viel stärker als sonst. Es ist wichtig, daß Sie sich Ihrer Gefühle bewußt sind, diese zuerst sich selbst eingestehen und dann zu einem geeigneten Zeitpunkt auch Ihrem potentiellen Partner.

Um Ihnen zu helfen, die verstärkten Ängste innerhalb einer Beziehung zu überwinden, beschreibt Bob Mandel in seinem Buch *Two Hearts Are Better Than One* ein Spiel, das hilft, die Kommunikationswege zwischen Partnern offenzuhalten. Jeder Partner teilt dem anderen einfach alles mit, was ihm angst macht in bezug auf Beziehungen und die Vertreter des anderen Geschlechts. Zum Beispiel: »Männer wollen kontrollieren« oder: »Ich habe Angst, meine Freiheit zu verlieren.« Die Herausforderung liegt darin, daß Sie Ihren Partner weder korrigieren noch Gegenargumente zu dem, was er sagt, vorbringen. Sie stimmen ihm einfach zu. Der Sinn der Sache ist, jedem von Ihnen zu erlauben, all Ihre »Angst-Karten« offen auf den Tisch zu legen. Das Verbalisieren Ihrer auf Angst beruhenden Gedanken und Gefühle im Rahmen von Beziehungen ermöglicht es Ihnen, damit zu beginnen, sie aus Ihrem Unterbewußtsein zu entlassen. Ich möchte diesem Spiel noch eine weitere Idee zufügen: Nachdem Sie Ihre Befürchtungen und Ängste zum Ausdruck gebracht haben, zählen Sie all die Dinge auf, an die Sie glauben oder die Sie in einer liebevollen Beziehung haben wollen. Das ist der erste Schritt, um Ihr Unterbewußtsein neu zu programmieren und die Beziehung zu schaffen, die Sie sich beide wünschen. Diese Übung machen Sie am besten dann, wenn Sie in Ihrer Beziehung die Phase der Ausschließlichkeit oder Vertrautheit erreicht haben.

»Liebe ist, durch die Angst hindurchzugehen«, sagt Rokelle Lerner, ein in den USA bekannter Redner, Therapeut und Beziehungsexperte. Wenn Sie verliebt sind, gibt Ihnen das den Schlüssel in die Hand, mit dem Sie die Türen öffnen können, hinter denen Sie Ihre Ängste verstecken. Und wenn Sie diese Türen öffnen, haben Sie natürlich die Gelegenheit, alles, was sich dahinter verbirgt, ans Tageslicht zu bringen und Ihre Ängste durch liebevolle Erfahrungen zu ersetzen.

Die gefühlsmäßigen Erlebnisse, die Sie mit Ihrem Seelenpartner teilen, sind nur ein Ausläufer der nie endenden Quelle von Gefühlen, die in Ihrem Inneren sprudelt. Seelenpartner sind die Menschen, die uns die Gelegenheit geben, diese Gefühle zu erkennen und auszudrücken.

Die Ziele einer Beziehung

Sie bekommen selten das, hinter dem Sie her sind,
es sei denn, Sie wissen vorher, was Sie wollen.

MAURICE SWITZER

Wenn Ihre Beziehung in die Phasen der Ausschließlichkeit und Vertrautheit übergeht, sollten Sie damit anfangen, Ihre Kurz- und Langzeitziele für die Beziehung zu besprechen. Während der ersten Phasen der Anziehung und Unsicherheit, wo Sie beide sich kennenlernen, haben Sie wahrscheinlich bereits einiges herausgefunden, zum Beispiel ob er entschlossen ist, Junggeselle zu bleiben, oder daß sie keine Kinder will. Wenn diese Ansichten problematisch für Sie sind, hätten Sie die Beziehung nicht in die Phasen der Ausschließlichkeit und Vertrautheit übergehen lassen sollen. Denken Sie daran, daß es bei Liebesbeziehungen *nicht darum geht*, die andere Person zu ändern; es geht um die *Entscheidung, gemeinsam zu wachsen.*

In der Phase der Ausschließlichkeit werden Sie damit beginnen, sich Kurzzeitziele zu setzen, wie zum Beispiel eine Reise zu planen, an Seminaren teilzunehmen oder Ihre Freunde zum Essen einzuladen. Dies wird Ihnen zeigen, wie Sie zusammen an einem gemeinsamen Ziel arbeiten, das nichts Erschreckendes hat, und dieses Wissen wird Ihnen dabei helfen, in die Phase der Vertrautheit innerhalb der Beziehung einzutreten.

Haben Sie erst einmal dieses Stadium erreicht, werden Sie gemeinsame Langzeitziele in Betracht ziehen. Möchten Sie lieber in einem Haus oder in einem Apartment wohnen? Wie gehen Sie mit Geld um? Welche Vorstellungen haben Sie im Hinblick auf Verantwortung der Familie gegenüber? Schauen Sie sich Ihre Bedürfnis-und-Wunsch-Liste an und sprechen Sie über die Ziele auf Ihrer Liste. Wenn Ihre jeweiligen individuellen Ziele zueinander passen, können Sie sich erste gemeinsame Ziele setzen, während Ihre Beziehung sich weiter und weiter entwickelt. Sobald Sie sich für ein Ziel entschieden haben, fangen Sie an, darauf hinzuarbeiten. Werden Sie ein Team.

Nachdem Sie verlobt sind, haben Sie höchstwahrscheinlich das Ziel, eine Hochzeit zu planen. Doch was werden Ihre Ziele *nach* der Hochzeit sein? Möchten Sie eine Familie gründen? Haben Sie bereits jeder eine Familie, die Sie zu einer zusammenfügen wollen? Haben Sie Berufsziele, die möglicherweise Auswirkungen auf Ihren Partner haben könnten? Möchten Sie zu arbeiten aufhören, wenn Sie vierzig werden? Bevor Sie den Gang zum Altar machen, sorgen Sie dafür, daß Sie Ihre Ziele ehrlich diskutieren, und stellen Sie einen Plan auf, wie Sie sie erreichen können.

Im Verlauf Ihrer Beziehung werden Sie sich immer wieder Ziele setzen und sie den jeweiligen Umständen anpassen. Sie werden persönliche, berufliche und familiäre Ziele haben, doch vergessen Sie nicht, Ihren *Zielen* im Rahmen Ihrer *Beziehung* Priorität einzuräumen. Ein Ziel zu setzen bietet Ihnen eine Gelegenheit, unvergeßliche Erfahrungen zu sammeln, während Sie gemeinsam etwas erreichen und dabei sowohl als Individuum als auch als Paar wachsen.

Lösungen, bei denen beide Partner gewinnen

*Andere zu kritisieren ist, als würde man
einen Scheinwerfer auf ihre Augen richten;
dann können sie gar nichts mehr sehen.*

ANONYM

Die wirkliche Arbeit beginnt, sobald Sie Ihren Wunschpartner angezogen haben. Sie werden über verschiedene
Dinge in Ihrer Beziehung verhandeln und Kompromisse
finden müssen. Zwei Menschen werden nie in allem und
jedem übereinstimmen. Aus diesem Grund ist es wichtig, daß Sie sich sowohl im klaren darüber sind, was Sie
brauchen und was Sie *wollen*, als auch über die Dinge, bei
denen Sie zu einem Kompromiß *bereit* sind oder *kein*
Kompromiß für Sie in Frage kommt.

Wenn Sie sich durch das Aufräumen Ihres emotionalen Gepäcks vorbereitet und alle fünf Stadien einer Liebesbeziehung durchlaufen haben, sollten Sie beide wissen, daß jeder von Ihnen am Vorgang des Gebens und
Nehmens in der Beziehung teilhaben muß.

Sie können in allen Phasen der Beziehung Situationen
kreieren, aus denen beide Partner als Gewinner hervor-

gehen, doch jede muß dem Stadium der Beziehung angemessen sein. Wenn Sie sich in der anfänglichen Phase der Anziehung befinden, so ist dies zum Beispiel nicht der Zeitpunkt für den Versuch, eine Gewinn/Gewinn-Situation in bezug darauf herbeizuführen, ob der andere Sie jeden Tag anruft oder nicht. Doch es ist der richtige Zeitpunkt, um die Kommunikationsweise und die Bedürfnisse der anderen Person kennenzulernen, zu der Sie sich hingezogen fühlen.

Gewinn/Gewinn-Situationen haben damit zu tun, Lösungen zu finden und den Gedanken loszulassen, wer recht hat oder was richtig ist. Höchstwahrscheinlich gibt es in den meisten Situationen kein klares Richtig oder Falsch, sondern nur ein *Verschieden*. Gewinn/Gewinn-Situationen entstehen infolge einfacher Verhandlungen.

Der Begriff »verhandeln« mag wenig romantisch klingen, doch ist dies die beste Möglichkeit, Lösungen für Situationen zu finden, in denen Sie und Ihr Partner nicht übereinstimmen. Wenn das Problem besonders groß oder heikel ist, dann sollten Sie als erstes einen bestimmten Zeitpunkt mit Ihrem Partner ausmachen, zu dem Sie es besprechen. Handelt es sich um ein kleines Problem, wie die Auswahl des Fernsehprogramms, dann mögen ein paar Minuten ausreichen. Wenn es erforderlich ist, daß Sie einen Zeitpunkt vereinbaren, wählen Sie einen, der für Sie beide günstig ist, und nicht, wenn einer von Ihnen kurz davor ist zu explodieren oder wenn er einen wichtigen Termin einhalten muß. Wenn Sie einen Zeitpunkt festsetzen, werden Sie außerdem die Möglichkeit haben, Ihren Ärger loszulassen, bevor Sie über die Lösung des Problems verhandeln. Wenn jemand wütend ist, sind Verhandlungen unmöglich. Ärger klammert sich an der Individualität und dem Ego fest und interessiert sich nur für Richtig oder Falsch. Denken Sie daran, daß Sie und Ihr Partner sich im *gleichen* Team befinden und daß Sie ein *gemeinsames* Ziel haben, nämlich *beiderseitiges* Glücklichsein. Lassen Sie Ihr Gewinner/Verlierer-Denken im Hinblick auf Verhandlungen los, wenn es sich um Ihren Liebespartner dreht: Schaffen Sie lieber Gewinn/ Gewinn-Situationen.

Bei Diskussionen ist es wichtig, daß Sie beide die Gelegenheit haben, Ihre Sichtweise des Problems oder des Themas und auch Ihre Gefühle darzulegen. Das Gespräch sollte sich nur um Dinge drehen, die mit dem Thema zu tun haben. Halten Sie den Rest Ihres emotionalen Gepäcks unter Verschluß. Erkennen Sie Ihre Bedürfnisse und das, was Sie wollen. Entscheiden Sie, wie Ihre Bedürfnisse gewürdigt werden können. Wenn Sie das Problem oder Thema auf eine nicht-emotionale Weise diskutieren, können Sie entweder zu einem Kompromiß finden oder entscheiden, ob es in diesem Fall wichtiger ist, daß etwas so gehandhabt wird, wie einer der Partner es will. Vielleicht ist das Thema für einen von Ihnen ein Wunsch und für den anderen eine Notwendigkeit.

Wenn Sie Probleme mit der Absicht angehen, zu Gewinn/Gewinn-Lösungen zu finden, dann wird es Ihnen auch gelingen. Ihre Absicht, entsprechende Gelegenheiten zu schaffen, öffnet die Tür für das Universum, damit es Ihnen Lösungen präsentieren kann, bei denen beide gewinnen.

Nehmen wir an, Ihre Beziehung befindet sich in der vierten Phase, der Vertrautheit. Sie haben das Bedürfnis, an einem Wochenend-Seminar über das »Wachstum von Paaren« teilzunehmen. Sie möchten sich auf spiritueller Ebene tiefer mit Ihrem Partner verbinden. Sie erwähnen dies ihm gegenüber, doch er meint, daß der spirituelle Aspekt Ihrer Beziehung genau richtig ist und ihm der Gedanke eines »spirituellen Wochenendes« nicht sonderlich gefällt – im Gegenteil, dies stünde noch nicht einmal auf seiner Wunschliste. Wie sieht die Lösung in einer solchen Situation aus? Vielleicht, daß man zuerst einmal einen Vortrag über Spiritualität und Beziehungen besucht. Wenn Ihr Partner sich dabei wohl fühlt, wird er vielleicht das nächste Mal ein Tagesseminar mit Ihnen besuchen und eventuell später ein ganzes Wochenende. Auf diese Weise werden einige Ihrer Bedürfnisse erfüllt, ohne daß Sie Ihren Partner in eine Situation bringen, die ihm widerstrebt.

Noch einmal: Ich gehe davon aus, daß Sie sich in einer liebevollen Beziehung mit jemandem befinden, dem Ihr Wohlergehen am Herzen liegt, genau wie Ihnen sein Wohlergehen wichtig ist. Wenn Sie der einzige sind, der Kompromisse einzugehen bereit ist, ist das keine Gewinn/Gewinn-Lösung. Wenn Ihr Partner nicht weiß, wie man verhandelt, sollten Sie vielleicht eine Paarberatung in Erwägung ziehen. Je nach der Art Ihrer Beziehung kann Beratung ein notwendiger Teil Ihrer »Wartungsarbeiten« sein.

Gewinn/Gewinn-Lösungen sorgen dafür, daß beiden Beteiligten das Ergebnis zusagt. Es hat nichts mit dem Gefühl zu tun, daß Sie etwas verloren haben oder einen Teil Ihrer selbst aufgeben mußten, um die Beziehung am Leben zu halten. Gewinn/Gewinn-Lösungen drehen *sich nicht* darum, was richtig oder falsch ist. Sie hängen damit zusammen, Ihre Bedürfnisse innerhalb der Beziehung auf die *gleiche* Stufe wie Ihre individuellen Bedürfnisse zu stellen und in einem Zustand der Liebe zu leben.

Joan und Larry hatten ein Rendezvous. Larrys Freund John war auf Urlaub von Vietnam zu Hause, und Larry fragte Joan, ob sie auf dem Weg zum Kino bei John vorbeischauen könnten.

»Gut«, antwortete Joan, die von Anfang an eigentlich gar nicht mit Larry ausgehen wollte.

Zwei Tage später rief John sie an. Sie erinnerte sich, daß ihr erstes Gespräch sich darum drehte, daß sie beide nicht so schnell heiraten wollten. Sie war achtzehn und hatte vor, aufs College zu gehen, und er mußte zurück nach Vietnam.

In den nächsten zwei Wochen trafen sie sich jeden Abend. Ihre Verbindung war mehr geistiger und emotionaler als romantischer Natur. Joan erkannte, daß mehr zwischen ihnen war als nur eine kurze Affäre. Es war voller Süße, verhalten und still.

Während der folgenden sechs Monate, als John erneut in Vietnam war, schrieben sie sich regelmäßig. Die Briefe waren ihre Zeit der Werbung, und sie lernten einander auf diese

Weise sehr gut kennen. Joan glaubte, daß sie eines Tages heiraten und eine gemeinsame Zukunft aufbauen würden; sie wußte nur nicht, wann das sein würde.

Nachdem John aus Vietnam zurückgekehrt war, schien es, als müßten die beiden ganz von vorn anfangen mit ihrer Beziehung. Sie mußten durch die Phase gehen, in der sie sich fragten: »Ist es wirklich wahr, und stimmt es noch immer?«, doch innerhalb eines Jahres heirateten sie.

Sie sind heute seit sechsundzwanzig Jahren verheiratet und haben zwei erwachsene Kinder. »Wir mußten lernen, den anderen so zu lassen, wie er war«, sagt Joan, »und auch, daß man manchmal die Ehe vor die individuellen Bedürfnisse des einzelnen stellen muß.«

Durch seine Arbeit hat John schon immer viele weibliche Freunde gehabt. Er schien stets Frauen vorzustehen und ihnen zu helfen, mit der jeweiligen Firmenpolitik vertraut zu werden. Dabei handelte es sich nie um viele Frauen auf einmal, sondern jeweils eine Frau zu verschiedenen Zeiten in seiner Karriere. Von Anfang an gefiel Joan diese Situation nicht besonders, obgleich sie nie einen Grund hatte, sich unsicher zu fühlen.

Joan glaubt, daß John diesen Frauen gern hilft, weil seine Mutter ein geringes Selbstwertgefühl hatte. Er scheint auf einer spirituellen Mission zu sein, Frauen zu helfen. Joan wußte in ihrem Herzen, daß diese Beziehungen nicht mehr waren als Freundschaften, als Unterstützung, doch sie quälte sich trotzdem oft wegen des Konflikts in ihrem Inneren. Eines Abends kam eine dieser Frauen mit ihrem Freund zum Abendessen vorbei. Dem Freund ging es ähnlich wie Joan, und ihr wurde klar, daß sie nicht so dastehen wollte wie er.

Sie erkannte, daß sie mit John über ihre Gefühle sprechen mußte. Seine Reaktion war: »Was kann ich tun, damit du dich besser fühlst?« Joan sagte es ihm, und er war einverstanden, bestimmte Dinge in seinem Verhalten zu ändern.

Kurz nach diesem Gespräch sagte eine Frau, die mit John arbeitete, zu Joan: »Sie haben einen sehr netten Mann. Er ist äußerst respektvoll, ganz anders als so viele der Männer, mit denen wir arbeiten.«

»Ich nahm dies als Gottes Art entgegen, mich wissen zu lassen, daß alles seine Richtigkeit hat, wenn ich nicht dabei bin«, sagte Joan.

Wachstum anhand der verschiedenen Arten der Liebe

*Jede noch so kleine Aufgabe im
täglichen Leben ist Teil der vollkommenen
Harmonie des Universums.*

HL. THERESIA VON LISIEUX

*Mein Geist ist mein Garten,
meine Gedanken sind meine Bedürfnisse.
Ich werde entweder Blumen oder
Unkraut ernten.*

ANONYM

Ob Sie sich nun in den frühen Stadien einer Beziehung mit Ihrem potentiellen Wunschpartner befinden oder bereits verlobt oder verheiratet sind, Sie werden in jedem Fall die Herausforderungen und Belohnungen der Wartung und des Wachstums erfahren, die für eine gesunde, ganzheitliche Beziehung notwendig sind. Beziehungen sind wie Gärten: Sie brauchen Pflege. Wenn Sie das Unkraut ausreißen und Ihre Pflanzen wässern, düngen und dafür sorgen, daß sie die richtige Menge Licht bekommen, werden sie in den meisten Fällen wachsen und blühen. Und Sie ernten den Segen bunter Blumen und grüner Blätter.

Um zu ganzheitlicher Liebe zu finden, müssen Sie sie im physischen, spirituellen, geistigen und emotionalen Bereich entwickeln. Im Ersten Teil, dem »Gesetz der Liebe«, haben wir diese Arten der Liebe definiert. Jetzt werden wir betrachten, auf welche Weise Sie diese Liebe in einer gegenseitig erfüllenden Beziehung teilen können.

Physische Liebe wird durch Berührung, Küssen und sexuelle Intimität ausgedrückt. Zwischen »Liebe machen« und Sex haben besteht ein Unterschied. Laut Barbara DeAngelis ist »Sex der physische Akt, bei dem Sie mit Ihrem Partner ein Vergnügen teilen. Liebe machen ist der emotionale Akt der Liebe und Verehrung für Ihren Partner.«

Es stimmt, daß Sie sowohl Sex haben können, ohne Liebe zu machen, als auch Liebe machen können ohne Sex. Natürlich ist Liebe zu machen und gleichzeitig Sex zu haben die beste Kombination. Doch während Ihre Beziehung heranreift, wird es Zeiten geben, wo Sie *nur* Sex haben oder *nur* Liebe machen wollen.

Sie und Ihr Partner müssen sich frei fühlen, über dieses Thema miteinander zu reden. Manchmal fürchten wir, daß die Liebe keine Rolle spielt, wenn wir nur Sex haben und nicht Liebe machen. Doch das stimmt nicht. Sie können durchaus lustvolle Gefühle jemandem gegenüber hegen, den Sie lieben. Hin und wieder haben Sie vielleicht einfach nicht die Zeit für einen romantischen Abend, an dem Sie »Liebe machen«, würden aber dennoch den physischen Aspekt von Sex mit Ihrem Partner genießen. Wenn Ihr Partner natürlich nie Liebe machen und nur Sex haben will, dann haben Sie wahrscheinlich Probleme. Wenn Sie sich erlauben, Ihre sexuellen Bedürfnisse zum Ausdruck zu bringen, öffnen Sie die Tore der Kommunikation und schaffen so Intimität innerhalb der Grenzen Ihrer Beziehung.

Denken Sie an die Macht der Berührung, während Sie Ihrer körperlichen Liebe Ausdruck verleihen. Die Energie in Ihren Händen können Sie dazu benutzen, Liebe nicht nur während des Liebemachens oder der sexuellen Begegnung auszudrücken, sondern den ganzen Tag über. Wann immer es möglich ist, geben Sie Ihrem Liebhaber einen sanften Klaps auf den Rücken, streicheln Sie über seinen Arm oder sein Bein und halten Sie seine Hand. Umarmen Sie Ihren Partner oft, denn Umarmungen bieten immer eine Gelegenheit, Ihre liebevolle Energie miteinander zu teilen. Wenn Sie Ihren Partner berühren, dann zeigen Sie ihm Ihre emotionale Verfassung, ob liebevoll, wütend oder glücklich. Sollten Sie wütend sein, nicht einmal unbedingt auf Ihren Partner, dann ist *das* die Energie, die Sie mit ihm teilen, wenn Sie sich umarmen, an der Hand halten oder Liebe machen. Wenn Sie wollen, daß Ihr Partner sich geliebt fühlt, sorgen Sie dafür, daß Sie sich im entsprechenden gefühlsmäßigen Zustand befinden, wenn Sie ihn berühren.

Wenn Sie häufig und regelmäßig liebevolle Gesten austauschen, halten Sie die notwendige emotionale Verbindung aufrecht, die Ihnen gestattet, zu jeder Zeit in einem Zustand der Liebe zu sein.

Nehmen Sie sich im Laufe des Tages die Zeit für zärtliche Küsse, und nicht nur dann, wenn Sie Sex haben oder Liebe machen. Wenn Sie einander auch tagsüber liebevoll und innig küssen, befinden Sie sich ständig in einer Art verlängertem Vorspiel. Wie schön!

Der Ausdruck körperlicher Liebe hat nicht nur etwas mit sexuellen Erlebnissen zu tun; auch durch Ihre nonverbale Kommunikation zeigen Sie, wie sehr Sie den anderen lieben. Das gemeinsame Erleben körperlicher Liebe in nicht-sexueller Weise wird die sexuellen Erlebnisse mit Ihrem Partner noch steigern und intensivieren.

Es ist wichtig, in einem sicheren Umfeld offen über Ihre Bedürfnisse nach körperlicher Liebe zu reden. Einige Menschen brauchen vielleicht mehr Umarmungen; andere hätten gern mehr Sex; und wieder andere möchten vielleicht weniger oft Liebe machen. In allen Beziehungen wird Ihre physische Liebe wachsen und sich verändern, genauso wie die Partner wachsen und sich verändern. Durch offene Kommunikation werden Sie in der Lage sein, im Bereich der körperlichen Liebe *gemeinsam zu* wachsen und sie zu teilen.

Spirituelle Liebe drückt sich dadurch aus, daß Sie Gott, oder die universale Kraft einladen, an Ihrer Beziehung teilzuhaben. Es ist die Erkenntnis, daß Sie und Ihr Partner Hilfe von etwas brauchen, das eine Verbindung zum

Göttlichen hat, damit Ihre Beziehung wachsen und aufblühen kann. Das ist der Grund, warum die meisten Hochzeiten an einem religiösen Ort stattfinden, wie zum Beispiel in einer Kirche, Synagoge, Moschee oder einem Tempel. Sie und Ihr Partner teilen mit Ihrer Familie und Ihren Freunden die Tatsache, daß Sie Gott nicht nur willkommen heißen, sondern ihn *einladen*, auf daß er Ihnen hilft, Ihre Beziehung lebendig zu erhalten.

Spirituelle Liebe ist mit der Erkenntnis verknüpft, daß beide Partner in einer Beziehung ihre persönliche seelische Reise vollenden müssen. Sie schließt die Bitte um göttliche Unterstützung für beide Partner ein, damit sie auf demselben gemeinsamen Pfad bleiben, ohne die individuelle Reise des anderen zu behindern. Es gibt Dinge, die nicht ohne göttliche Hilfe erreicht werden können.

Während des Kennenlernprozesses ist es wichtig – vor allem wenn Sie die Phasen der Ausschließlichkeit und Vertrautheit erreichen –, die Rolle festzulegen, die jeder von Ihnen Gott, oder einer universalen Kraft, in Ihrer Beziehung geben will.

Manche Menschen üben aktiv ihren Glauben aus; andere stellen sich unerbittlich gegen jede Art von organisierter Religion, sind jedoch sehr spirituell. Einige glauben, daß Meditation der Ausdruck ihrer Verbindung zu Gott ist, während andere nicht das geringste Interesse an Spiritualität haben. Sie müssen sich darüber klar werden, welche Rolle dieses Thema in Ihrer Beziehung spielt und welche Auswirkungen es auf Ihre gegenwärtige oder zukünftige Familie haben wird.

Oftmals unterlassen wir es, in unserer Beziehung eine Verbindung zu Gott herzustellen, bis es zu einer Krise kommt – vielleicht eine Krankheit, ein Unfall oder Todesfall. Dann suchen wir plötzlich nach *Antworten* und innerem Frieden, weil wir leiden. Ich lege Ihnen dringend ans Herz, eine Beziehung zu irgendeiner spirituellen Quelle herzustellen, *bevor* eine Krise eintritt; und zwar nicht, weil dies Ihnen helfen wird, unangenehme Situationen zu vermeiden, sondern weil Sie dann, wenn Krisen eintreten, auf Ihren Glauben zurückgreifen können, daß Ihnen die Hilfe einer universalen Macht zuteil wird.

Während Sie als Paar wachsen, wird es Zeiten geben, in denen Sie sich fragen, warum Sie eigentlich zusammen sind, selbst wenn Sie sich als Ihre Seelenpartner erkannt haben. Beziehungen machen unser Leben besser, doch sie sind nicht unproblematisch. Es gibt nicht immer einfache Lösungen, aber der Beistand Gottes hilft in jeder Situation. Auf Beziehungen, in denen spirituelles Wachstum durch die bewußte Annahme von Gottes Hilfe willkommen ist, ruht göttlicher Segen.

Emotionale Liebe ist die Energie, die Sie fühlen, wenn Sie mit Ihrem Partner zusammen sind, und sie zeigt sich in jedem Wort und jeder Geste, die Sie und Ihr Partner austauschen. Während Ihre Beziehung sich entwickelt und reift, wird diese Liebe immer zuversichtlicher und stabiler.

Emotionale Liebe bringt es mit sich, einen sicheren Raum für beide Partner zu schaffen, wo sie die Gelegenheit haben, *all* ihre Gefühle auszudrücken, einschließlich Ärger, Wut, Angst, Traurigkeit, Freude, Liebe, Glück und Ekstase. Das bedeutet nicht, daß einer von Ihnen seine negativen Gefühle auf den anderen projizieren oder daß irgend jemand jemals Mißbrauch im Namen emotionaler Liebe akzeptieren sollte. Ihren Gefühlen Ausdruck zu verleihen hat nichts mit Projektion zu tun oder mit der Annahme, daß ein anderer die Situation genauso erfährt wie Sie; vielmehr geht es dabei um das Eingeständnis Ihrer Gefühle und die Bereitschaft, sie zu verarbeiten. Emotionale Liebe in einer Beziehung bietet einen sicheren, hilfreichen Raum, in dem dies möglich ist.

Sie werden eine intensivere gefühlsmäßige Intimität erleben, wenn Ihre Beziehung eine Art Heiligtum ist, in dem Sie all Ihre Gefühle zulassen und mit Ihrem Partner teilen können in dem Wissen, daß er Sie bedingungslos liebt. Das erfordert Übung. An manchen Tagen wird es leichter sein als an anderen. Wir alle sind Menschen, und ein jeder von uns hat emotionales Gepäck angesammelt. Doch mit Ihrem idealen Partner werden Sie mehr davon verarbeiten können als mit irgend jemand anderem. Dies sind die Augenblicke, in denen Sie Kommunikation, Höflichkeit und Mitgefühl üben sollten.

Geistige Liebe ist der Austausch intellektueller Anregung mit Ihrem Partner. Intellektuelle Energie führt zum Denken zwischen Ihnen und Ihrem Gefährten. Sie werden sicher nicht immer dieselben Interessen und Sachkenntnisse haben wie Ihr Partner. Vielleicht versteht er oder sie mehr von Computern und Sie mehr von Autoreparaturen. Geistige Liebe heißt, die Fähigkeit jedes Menschen zu respektieren, in verschiedenen Bereichen über Sachkenntnisse zu verfügen bzw. diese zu erlangen.

Während Ihrer gemeinsamen Lebensreise werden Sie viele Gelegenheiten haben, Ihrer geistigen Liebe Ausdruck zu verleihen. Wenn Sie Erfahrungen teilen – ein Haus kaufen, Kinder haben, Vorsorge für Ihren Ruhestand treffen, sich neue Hobbys aneignen, neue Interessen finden –, dann haben Sie die Gelegenheit, die geistige Liebe in Ihrer Beziehung zu stärken.

Ist einer von Ihnen ein Experte auf einem bestimmten Gebiet, wird der andere sich vielleicht dafür interessieren und sich weiterbilden, damit sie beide darüber reden können. Dabei geht es nicht um eine Rivalität zwischen Ihnen und Ihrem Partner, sondern darum, seine Interessen zu teilen.

Ihr Partner kann und sollte nicht Ihre *einzige* Quelle geistiger Anregung sein. Sie werden im Lauf der Beziehung selbst neue Dinge lernen müssen, die Sie mit Ihrem Partner *teilen* können. Konversation ist eines der Gewürze der Liebe. Selbst wenn Sie und Ihr Partner zu Beginn nicht viele gemeinsame intellektuelle Interessen haben, können Sie ohne Schwierigkeiten welche finden, wenn Sie beide danach Ausschau halten. Eine Verbindung im geistigen Bereich ist von wesentlicher Bedeutung beim Aufbau Ihrer ganzheitlichen Beziehung.

Ganzheitliche Liebe ist die aktive Bindung im körperlichen, spirituellen, gefühlsmäßigen und geistigen Bereich. Dies ist die höchste Form der Liebe, die Sie sowohl persönlich als auch in einer Beziehung erleben können. Damit eine Beziehung Liebe in all diesen Bereichen einschließt, müssen Sie auch in diesen Bereichen persönlich wachsen, denn Sie können nichts in Ihre Beziehung einbringen, was Sie nicht haben.

Von Zeit zu Zeit wird Ihre Verbindung Phasen durchlaufen, in denen sie in einem Bereich nicht so stark wächst wie in den anderen. Das ist nichts Ungewöhnliches; doch wenn es Ihnen bewußt wird, schauen Sie zuerst bei sich nach, und sehen Sie zu, daß *Sie selbst* in diesem Bereich wachsen, bevor Sie mit Ihrem Partner darüber reden, und überlegen Sie, was Sie tun können, um die Situation zu ändern. Doch geraten Sie nicht in Panik. Suchen Sie nach Lösungen, die bei Ihnen selbst beginnen und sich auf diesem Weg auf Ihre Beziehung auswirken können.

Die Aufrechterhaltung einer ganzheitlichen Liebesbeziehung erfordert Hingabe und Mühe von beiden Partnern. Ein Partner kann nicht allein für die ganze Beziehung verantwortlich sein. An einer Beziehung sind immer zwei Personen beteiligt, die übereingekommen sind, ihr Leben miteinander zu teilen. Daher kann nicht *ein* Partner alle Arbeit tun und sämtliche Veränderungen vornehmen.

Eine ganzheitliche Beziehung bietet einen liebevollen, geschützten Raum, in dem Sie Ihre spirituelle Reise als Individuum fortsetzen und mit einem anderen Menschen teilen können. Sie bedeutet, daß Liebe in jedem Bereich bewußt ausgedrückt und empfangen werden kann.

Byron und John lernten sich kennen, als sie für dieselbe Wohltätigkeitsorganisation arbeiteten. Sie fühlten sich vom ersten Moment an zueinander hingezogen und unternahmen bald etwas gemeinsam, gingen essen und nahmen zusammen an den Veranstaltungen teil, für die sie sich freiwillig gemeldet hatten.

Auch wenn sie sich stark zueinander hingezogen fühlten, hatten sie bei den ersten Treffen nur wenig Zeit, und sie wollten ihr erstes intimes Beisammensein nicht in Hast und Eile erleben. Sie beschlossen zu warten, bis sie Zeit für einen langen, romantischen Tag haben würden. Byron erklärte, daß dies in homosexuellen Beziehungen nicht die Norm sei. Als Byron und John schließlich ihre erste Nacht zusammen verbrachten, waren sie bereits dabei, sich ineinander zu verlieben.

Innerhalb von sechs Wochen nach ihrer ersten Begegnung wußten sie, daß sie Partner fürs Leben waren, und zogen in eine gemeinsame Wohnung. Ihre Freunde nennen sie »die Künstlervariation von Ozzie und Harriet«. Die beiden richteten sich ein gemütliches Heim ein, in dem auch andere sich wohl fühlen.

Byron und John glauben, daß ihre vergangenen Beziehungen und Erfahrungen ihnen halfen, die Bedeutung von hundertprozentiger Hingabe zu verstehen. Außerdem wußten sie, was in einer Beziehung für sie wichtig war und wo ihre Prioritäten lagen. Sämtliche Probleme – die seltsamerweise in der Regel nichts mit der Beziehung zu tun hatten, sondern mit den Familien, der Gesundheit und einem Berufswechsel – wurden von der Perspektive des »Wir« anstelle des »Ich« angegangen. Die beiden bewiesen Ihren Teamgeist bei dem, was für »uns« statt nur für das eigene »Ich« am besten war.

Byron und John sind seit vier Jahren zusammen und beide Anfang Vierzig. Sie schreiben ihre gute Beziehung der Tatsache zu, daß sie eine geistige, emotionale und spirituelle Bindung hatten, bevor sie sich auch physisch aufeinander einließen. Sie wußten, daß sie einander mochten und ergänzten, daher konnten sie ohne Schwierigkeiten in eine ganzheitliche Beziehung übergehen.

Zyklen der Beziehung

Auf der Straße zum Erfolg gibt es
viele einladende Parkplätze.

STEVE POTTER

Alle Beziehungen verlaufen in Zyklen, genauso wie Ihr Leben Zyklen aufweist. Wir alle kommen als Babys auf diese Welt und durchlaufen die Phasen des Kleinkindes, Kindes, Teenagers, jungen Erwachsenen, Erwachsenen, Erwachsenen mittleren Alters und schließlich des reifen Erwachsenen. Ein »reifer« Erwachsener zu sein bedeutet glücklicherweise eher eine Geistesverfassung und muß nicht unbedingt mit dem hohen Alter des Betreffenden einhergehen, doch wir alle sind in der Entwicklung begriffen. Während jeder dieser Phasen unseres Lebens machen wir verschiedene Erfahrungen.

Unsere Beziehungen werden anders sein, je nachdem wie viele wir gehabt haben, in welchem Lebensabschnitt wir uns befinden und was wir zum Zeitpunkt der Beziehung wollen. Ihre erste wahre Liebe kann erblühen, wenn Sie sechzehn oder sechzig sind. Die Ziele in Ihrer Beziehung werden unterschiedlich sein, je nachdem ob

Sie beide zum ersten Mal frisch verheiratet sind, Kinder aufziehen oder im Ruhestand sind. Diese Erfahrungen werden sich darauf auswirken, wie Sie miteinander umgehen.

Wenn zum Beispiel gerade Ihr erstes Baby geboren wurde und Sie nicht genug Schlaf bekommen, fühlen Sie sich vielleicht nicht gerade sexy und romantisch. Auch Ihr Mann bekommt wahrscheinlich nicht genug Schlaf und hat vielleicht das gleiche Gefühl. Sie wollten beide Eltern sein und freuen sich darüber, ein Baby zu haben, doch dies wird ohne Frage ein neuer Zyklus in Ihrer Beziehung sein. Sie müssen sich regelrecht darum bemühen, Zeit für Ihre körperliche Liebe zu finden. Manche Menschen vernachlässigen diesen Teil ihrer Beziehung, sobald ihre Kinder auf die Welt kommen, doch sollten Sie das nicht tun. Um ganzheitliche Liebe zu erfahren, müssen Sie während der gesamten Dauer Ihrer Beziehung eine emotionale, geistige, spirituelle *und* physische Verbindung mit Ihrem Partner leben.

Wenn Sie oder Ihr Partner durch eine persönliche Wachstumserfahrung gehen, kann auch dies den Zyklus der Beziehung beeinflussen. Zu diesen Erfahrungen, die sich auf Beziehungen auswirken, zählen der Verlust eines Elternteils, ein wichtiger Berufswechsel (positiv oder negativ), eine Krankheit und die eventuell erforderliche Erneuerung Ihrer spirituellen Verbindung zu Gott. Wenn Sie mit sich selbst unzufrieden sind, können Sie in Ihrer Beziehung nicht voll bei der Sache sein, weil

Sie nicht etwas geben können, was Sie nicht haben, selbst wenn Sie Seelenpartner und Lebensgefährten sind. Jeder von Ihnen sollte weise genug sein zu erkennen, wann der andere ein wenig Mitgefühl braucht, und wissen, daß er wieder mehr Anteil an der Beziehung nehmen wird, sobald er seine persönliche Wachstumserfahrung vollendet hat. Obgleich diese Erfahrung Ihres Partners Auswirkungen auf Sie hat, hat sie nicht immer mit *Ihnen* zu tun. Wenn Sie Kommunikationsziele diskutieren, versuchen Sie darin übereinzustimmen, daß jeder von Ihnen bekanntgeben wird, wenn er etwas durchlebt, das er nicht mit Ihnen teilen möchte. Auf diese Weise wird der andere nicht vollkommen im Ungewissen gelassen.

Selbst wenn Sie mit Ihrem Seelenpartner zusammen sind, hat nicht jede Erfahrung, die Sie machen, mit *beiden* Partnern zu tun. Sie sind nach wie vor zwei Individuen, die beschlossen haben, ihr Leben miteinander zu teilen. Das bedeutet, daß Sie von Zeit zu Zeit sich auf die spirituelle Liebe besinnen und Ihrem Partner den Raum geben müssen, daß er fliegen und lernen kann, Dinge allein zu tun. Sollte Ihr Partner über einen längeren Zeitraum nicht mit Ihnen kommunizieren, dann brauchen Sie vielleicht professionelle Hilfe, um diesen Zyklus durchzustehen.

Einige der Zyklen werden positiv sein; Sie werden das Gefühl haben, als ob es Rosen in Ihrem Leben regnete. Positive Beziehungszyklen beinhalten die Zeit des ersten Verliebtseins, der Verlobung, Ihren Hochzeitstag, die frischverheiratete Phase, den Kauf Ihres ersten eigenen Hauses, die Geburt Ihrer Kinder, deren Auszug – und Großeltern zu werden. Doch werden Sie feststellen, daß selbst die positiven Zyklen anstrengend sein können. Sowohl in den positiven als auch negativen Zyklen stehen die beteiligten Partner zuweilen unter Streß.

Hundertprozentige Hingabe an das positive Wachstum beider Partner und der Beziehung ist eine wesentliche Voraussetzung, um sowohl die positiven als auch die negativen Zyklen von Beziehungen zu überstehen. Ohne diese Hingabe werden Sie vielleicht die Beziehung beenden wollen, wenn die Situation schwierig wird. Hingabe wird Ihnen die Kraft geben, wenn nötig loszulassen und trotz Hindernissen durchzuhalten. Beziehungen haben mit Entscheidungen zu tun. Hingabe an eine Beziehung ist die *Entscheidung*, durch alle Zyklen dieser Beziehung hindurch zusammenzubleiben, einschließlich guter, schlechter, häßlicher und auch solcher Ziele, die besser sind als alles, was Sie sich je erträumt haben.

Waynes Freund Keith und Janets Schwester Barbara hatten beschlossen, die beiden, die sich nicht kannten, zu einem Treffen zu überreden. Wayne war ein gebranntes Kind in dieser Beziehung, daher wollte er erst einen Blick auf Janet werfen, bevor er bereit war, sich mit ihr zu treffen.

Janet arbeitete in einem Restaurant in seiner Nähe, also ging Wayne eines Nachmittags dorthin, um etwas zu trin-

ken und sich Janet anzusehen. Für ihn war es Liebe auf den ersten Blick. Am gleichen Abend fuhr er zu ihrem Haus, um sie abzuholen. Janet und Wayne schienen von Anfang an zusammenzupassen. Am folgenden Samstag gingen sie zum ersten Mal gemeinsam ins Kino, doch eine Woche später mußte Wayne zum Militär. Janet war darüber nicht sehr glücklich und sagte, sie wäre nicht ein einziges Mal mit ihm ausgegangen, wenn sie das gewußt hätte. Doch sie mochte ihn wirklich gern, also schrieb sie ihm trotzdem. Als er zurückkam, nahmen sie die Beziehung wieder auf, und Wayne bat Janet im September des gleichen Jahres, seine Frau zu werden. Janet wußte, daß sie Wayne heiraten wollte, doch sie wollte nicht seine Verlobte sein, während er in Übersee war. Sie hatte zu viele Geschichten von Männern gehört, die zum Militär gingen, nur um sich bald darauf von ihren Verlobten zu trennen, weil sie eine andere Frau getroffen hatten.

Wayne gab nicht auf. Im Dezember machte er ihr erneut einen Heiratsantrag und wollte ihr einen Ring schenken. Sie wollte immer noch warten, doch an ihrem Geburtstag im Januar nahm sie schließlich seinen Antrag an. Im März ging Wayne für vierzehn Monate nach Übersee.

Während dieser Zeit schienen die beiden eine übersinnliche Verbindung miteinander zu entwickeln. Janet träumte zum Beispiel von Dingen, die auf seinem Schiff passierten, und schrieb ihm darüber. Wayne war schockiert, daß sie diese Dinge wußte.

Er kam auf einen Noturlaub nach Hause, da sein Vater wegen einer Herzoperation ins Krankenhaus mußte. Während dieser Zeit heirateten sie.

In den ersten fünf Jahren war ihre Ehe alles in allem recht gut. Doch dann – und darin stimmen beide überein – begann für Wayne eine egoistische Phase. Er kümmerte sich weder um Janet, noch half er ihr bei der Arbeit mit ihrem Baby. Janet arbeitete tagsüber und Wayne nachts. Sie schienen keine Zeit mehr füreinander zu haben.

Eines Tages, als sie nach Austin fuhren, um ein Wochenende bei Verwandten zu verbringen, hörten sie im Radio, wie jemand über die Lehren von Edgar Cayce sprach. Alles, was gesagt wurde, traf Janet und Wayne mitten ins Herz. Sobald sie wieder zu Hause waren, begannen sie, Edgar Cayces Lehren zu studieren.

Diese spirituelle Reise wurde das Fundament für ihr Wachstum als Individuen und als Paar. Sie half ihnen, ihre ganzheitliche Beziehung zu festigen.

Eine der Philosophien, die ihnen dabei halfen, die Probleme in ihrer Ehe und in ihrem Leben in den Griff zu bekommen, findet im »Gebet der Unterschiedslosigkeit« ihren Ausdruck: »Er oder sie ist göttlich, so wie auch ich göttlich bin. Tue das, was uns Frieden und Harmonie bringt.«

Janet und Wayne sind seit achtundzwanzig Jahren verheiratet. In ihrer Ehe haben sie zwei Kinder heranwachsen sehen, den Tod ihrer Eltern betrauert und den Segen der Geburt zweier Enkel erfahren. Sie haben sich immer wieder Zeit genommen, sich zu begegnen, und sie achten darauf, über ihre Bedürfnisse zu sprechen und achtsam und liebevoll miteinander umzugehen.

Rückblickend stellen sie beide fest, daß von dem Moment ihrer ersten Begegnung an göttliche Intervention eine

Rolle in ihrem Leben gespielt hat. Ihre übersinnliche Verbindung half ihnen oft zu verstehen, was der andere fühlte und durchmachte. Sie erkannten die Bedeutung der universalen Fügung und wie wichtig es ist, Glauben und Geduld zu haben, was ihnen ermöglichte, eine liebevolle Beziehung aufzubauen.

Zwanzig Dinge, um die Liebe lebendig zu erhalten

Freundlichkeit im Reden erzeugt Vertrauen.
Freundlichkeit im Denken erzeugt Tiefe.
Freundlichkeit im Geben erzeugt Liebe.

LAOTSE

Sie haben Ihren Wunschpartner gefunden. Sie denken, daß von nun an das Leben nur noch wunderbar sein wird. Und das wird es – für einige Augenblicke, vielleicht sogar für viele. Doch sollten Sie die »Wartung« nicht ignorieren, mit deren Hilfe Ihre Beziehung weiterhin wunderbar bleiben und die Ihnen helfen wird, die Liebe und Romantik zu bewahren. Einige Ihrer Beziehungszyklen werden weniger liebevoll und romantisch sein als andere, daher habe ich nachfolgend einige Dinge aufgeführt, die Sie tun können, um die Liebe in Ihrer Beziehung lebendig zu erhalten.

1. Sagen Sie wenigstens einmal am Tag »Ich liebe dich«.
2. Küssen Sie Ihren Partner leidenschaftlich (wenigstens dreimal am Tag).

3. Legen Sie Liebesbriefchen in das Auto Ihres Partners und in seine Aktentasche, und stecken Sie eins an den Spiegel.

4. Genehmigen Sie beide sich einmal wöchentlich oder jede zweite Woche ein Rendezvous.

5. Planen Sie einen romantischen Kurzurlaub für einen Tag, ein Wochenende oder eine ganze Woche.

6. Veranstalten Sie ein Überraschungspicknick.

7. Lernen Sie etwas über das liebste Hobby Ihres Partners, damit Sie mit ihm darüber reden können.

8. Lernen Sie ein paar romantische Sätze in einer wohlklingenden Sprache, wie zum Beispiel Spanisch, Französisch oder Italienisch.

9. Baden Sie gemeinsam bei Kerzenschein.

10. Geben Sie Ihrem Partner eine entspannende, nichtsexuelle Massage.

11. Senden Sie Ihrem Gefährten per E-Mail eine erotische Botschaft.

12. Arrangieren Sie ein Abendessen für sich und Ihren Partner, bei dem Nacktsein erlaubt ist.

13. Schicken Sie einfach so einen Strauß Blumen.

14. Rufen Sie an, um »hallo« zu sagen.

15. Senden Sie Ihrem Partner eine romantische Grußkarte.

16. Sagen Sie Ihrem Partner mindestens einmal am Tag etwas, das Sie an ihm schätzen.

17. Setzen Sie nie voraus, daß Ihr Partner etwas tun wird. Haben Sie stets den Respekt und die Höflichkeit, ihn zu *bitten*.

18. Lesen Sie gemeinsam ein erotisches Buch.
19. Gehen Sie tanzen.
20. Machen Sie einen Nachtspaziergang unterm Sternenhimmel.

Beim »Gesetz der Erhaltung« geht es darum zu erkennen, an welchem Punkt der Beziehung Sie sich befinden, und entsprechend zu handeln. Erhalten ist nie leicht, doch es muß deshalb nicht schmerzhaft sein. Vorbeugende Maßnahmen sind immer besser, als etwas reparieren zu müssen, was kaputtgegangen ist.

Jede Beziehung ist einzigartig und erfordert spezielle »Wartungsarbeiten«. Vielleicht wird es Ihnen so vorkommen, als ob Sie Fehler machten, während Sie zu erkennen versuchen, welche Wartungsarbeiten in Ihrer Beziehung durchgeführt werden müssen; also seien Sie liebevoll und geduldig mit sich selbst. Ihr Partner wird vor der gleichen Herausforderung stehen. Außerdem wird diese sich verändern. Genau wie die Beziehung wächst und sich verändert, werden sich auch die erforderlichen Maßnahmen zur Erhaltung ändern.

Jede Handlung, jeder Gedanke und jede Kommunikation von Ihrer Seite oder der Ihres Partners wird sich auf die Erfordernisse der Wartung Ihrer Beziehung auswirken. In dem Moment, in dem Sie beschließen, sich zu binden und Ihr Leben miteinander zu verbringen, werden Sie ein Team. Teams erfordern die Mitarbeit aller Beteiligten in dem Bemühen, dasselbe Ziel zu erreichen.

Mit der angemessenen »Wartung« wird Ihre Verbindung all ihre Höhen und Tiefen überleben, und Sie werden mehr seelisches Wachstum und Liebe erfahren, als Sie sich jemals erträumt haben. Ihre Beziehung ist ein Segen Gottes, daher sollten Sie *alle* Momente ehren, die sie in Ihr Leben bringt.

Zwei Herzen sind besser als eines.

BOB MANDEL

VIERTER TEIL

Das Gesetz des Loslassens

Einige der größten Geschenke Gottes
sind nicht erhörte Gebete.

GARTH BROOKS, »Unanswered Prayers«

Wenn eine Tür sich schließt, öffnet sich eine andere.
Gehe davon aus, daß
neue Türen noch größere Wunder,
Herrlichkeiten und Überraschungen enthüllen werden.

EILEEN CADDY

$\mathcal{W}$ie oft haben Sie schon darum gebetet, daß Gott Ihnen jemand Bestimmten schicken wird? Würde er nur dieses eine Gebet erhören, dann würden Sie ihn bestimmt nie mehr um etwas anderes bitten ... In Garth Brooks Hitsong »Unanswered Prayers« (Nicht erhörte Gebete) erzählt er die Geschichte, wie er seine erste große Liebe Jahre später bei einem Football-Spiel der High School wiedersieht. Er stellt sie seiner Frau vor. Er denkt über seine Vergangenheit nach, als er hoffte und betete, daß die Beziehung mit seiner ersten Liebe ewig währen möge. Als er sie dann Jahre später wiedertrifft, stellt er fest, daß *seine Frau* das Geschenk seines Lebens ist. Daraufhin dankt er Gott, daß er seine Gebete damals nicht erhörte, denn sonst wäre er heute nicht mit seiner Frau verheiratet.

Wenn Sie spüren, daß etwas nicht geschieht, worauf Sie gehofft und worum Sie gebetet haben, dann erinnern Sie sich: Sie können nicht wissen, was gleich um die nächste Ecke herum auf Sie wartet. Eine Freundin hat oft zu mir gesagt: »Wenn deine gegenwärtige Beziehung nicht funktioniert, dann liegt das daran, daß Gott eine bessere für dich hat.«

Wenn Sie sich mitten in einer Situation befinden, wo Sie jemanden, den Sie lieben, gehen lassen müssen, wollen Sie so etwas natürlich nicht hören – selbst wenn es stimmt. Nehmen Sie sich einen Moment Zeit, und schreiben Sie ein paar Beispiele auf, als Sie etwas unbedingt wollten, es nicht bekamen und nicht wußten, daß etwas Besseres auf Sie wartete. Zum Beispiel hofften Sie vielleicht, in eine bessere Position in einer anderen Abteilung Ihrer Firma aufzusteigen. Sie bewarben sich, hatten ein Vorstellungsgespräch und dachten, Sie wären der perfekte Anwärter für die Stelle. Doch Sie erhielten die Beförderung nicht. Zwei Monate später wurde die Stelle gestrichen. Kurz danach erhielten Sie eine Beförderung in *Ihrer* Abteilung. Als Sie die erste Beförderung nicht bekamen, fühlten Sie sich vielleicht abgelehnt und waren wütend. Doch würden Sie rückblickend sagen, daß Ihr Gebet tatsächlich nicht erhört wurde, oder sind Sie nicht eher einer Enttäuschung aus dem Weg gegangen? Legen Sie Ihre Liste an einen Ort, an dem Sie jederzeit nachlesen können, wenn Sie glauben, daß Gott nicht zuhört. Das wird Sie an Zeiten erinnern, wo Ihre nicht erhörten Gebete ein Geschenk waren.

Wenn Sie sich einsam fühlen oder leiden, ist es leicht, mit Gott zu hadern. Sie denken vielleicht, daß Ihre Gebete ignoriert werden, wenn Sie glauben, der richtige Partner sei das einzige, was in Ihrem Leben fehlt, und er Ihnen einfach nicht begegnet. Das trifft besonders dann zu, wenn Sie in einer Beziehung waren, von der Sie glaubten, daß sie eine Zukunft hätte. Sie investierten Zeit, Energie und Liebe in einen anderen Menschen, nur um herauszufinden, daß Ihre Gefühle nicht auf Gegenseitigkeit beruhten oder daß es sich bei der Beziehung lediglich um eine Art »Sprungbrett« handelte. Sie können Ihre Frustration vermindern, wenn Sie den Aufwand an Zeit in Grenzen halten, den Sie in eine Beziehung investieren, die nicht auf lebenslange Dauer angelegt ist.

Anzeichen dafür, daß eine Beziehung nicht stimmt

Sie wissen nie, was genug ist,
bevor Sie wissen, was mehr als genug ist.

WILLIAM BLAKE

Wir alle sind schon in unseren Beziehungen an Kreuzungen angelangt, wo wir entscheiden mußten, ob wir bleiben und versuchen sollten, die Beziehung zu retten, oder wo uns klar wurde, daß wir uns trennen und allein weitergehen mußten. Beziehungen mit Menschen erinnern mich an Beziehungen zu Autos. Wenn Sie ein neues Auto kaufen, ist das eine sehr aufregende Angelegenheit. Sie versprechen, sich alle Mühe zu geben, das Auto zu pflegen und dafür zu sorgen, daß es aussieht und riecht wie neu. Je länger Sie das Auto besitzen, desto mehr haben Sie zu tun. Sie müssen vielleicht den Ölfilter wechseln, Keilriemen, Schläuche oder Reifen und den Motor überholen lassen; dann brauchen Sie eine neue Batterie, oder die Klimaanlage muß repariert werden. Mit der notwendigen Pflege und Wartung kann Ihr Auto wesentlich länger halten, als Sie es sich hätten vorstellen können. Doch was ist, wenn der neu gekaufte Wagen ein Montagsauto ist? Es muß jede Woche in die Werkstatt, und zwar für mehr als nur einen schnellen Ölwechsel. Irgendwann werden Sie genug von den Problemen haben und das Auto gegen ein besseres eintauschen.

Alle Beziehungen erfordern einen gewissen Aufwand. Manchmal brauchen sie mehr als schnelle zehn Minuten, um sich zu begegnen. Das ist ein Teil des Wachstumsprozesses beider Partner und der Beziehung. Es gibt jedoch einige Anzeichen, die darauf hinweisen, daß es sich um eine »Montagsbeziehung« handelt. Dann sollten Sie sich dies eingestehen und sie gegen eine neue eintauschen. Ihre Lektion mag sehr wohl etwas damit zu tun haben, »einfach nein zu sagen«. Wenn Sie sich selbst nicht genug lieben, um gesunde Grenzen zu wahren, wird es auch keinen anderen geben, der dies für Sie tut.

Warnsiguale für eine schlechte Beziehung

Ihre Intuition (nicht Ihre Angst) sagt Ihnen,
daß etwas nicht stimmt
Sie haben ein Gefühl im Bauch, daß irgend etwas an der Beziehung nicht stimmt, wobei es sein kann, daß Sie über keinerlei Fakten verfügen, die Ihre Gefühle bestätigen würden. Doch Ihre Instinkte sind das beste Meßgerät, ob diese Beziehung richtig für Sie ist oder nicht. Wenn Ihre Intuition Ihnen sagt, daß etwas nicht stimmt,

dann ist dem aller Wahrscheinlichkeit nach auch so. Ihre Intuition würde Ihnen kein »Hier-stimmt-was-nicht«-Signal senden und erwarten, daß Sie sich um die andere Person kümmern. Ihre Intuition hat die Aufgabe, Sie zu beschützen, und nicht, andere Menschen zu bessern.

Sie haben unterschiedliche Wertvorstellungen
Wertvorstellungen schließen Ehrlichkeit, Arbeitsethik und spirituelle Glaubenssätze ein. Für Sie ist es um Beispiel wichtig, einen Plan für die Zukunft zu haben, und Ihr potentieller Partner ist ein Mensch, der mehr in der Gegenwart lebt. Natürlich müssen Sie sich zunächst über Ihre eigenen Wertvorstellungen im klaren sein, bevor Sie wissen können, ob sie sich von denen Ihres Partners unterscheiden.

Schlechte Kommunikation
Sie haben das Gefühl, Ihrem potentiellen Partner sämtliche Informationen aus der Nase ziehen zu müssen. Sie müssen regelrecht erraten, was er denkt. Seine Worte stimmen nicht mit seinen Handlungen überein. Zum Beispiel sagt Ihr zukünftiger Partner am Mittwoch zu Ihnen: »Laß uns am Samstag ins Kino gehen.« Der Samstag kommt und geht, doch Sie haben nichts mehr von ihm gehört.

Einer von beiden mag den anderen mehr
Das haben wir alle schon einmal erlebt. Eine Person in der Beziehung denkt, daß der andere anbetungswürdig ist. Doch das Gefühl ist nicht beiderseitig.

Physische oder emotionale Unerreichbarkeit
Wenn derjenige, in den Sie verliebt sind, verheiratet oder
verlobt ist oder Beziehungen mit mehreren anderen Personen hat, dann ist offensichtlich in den meisten Fällen
(*extrem* karmische Verbindungen ausgenommen) eine gewisse physische Unerreichbarkeit vorhanden und die Beziehung mit einem deutlichen Negativ-Zeichen versehen.
Doch vergessen Sie die emotionale Unerreichbarkeit nicht.
Wenn Ihr möglicher Partner zum Beispiel dreißig Jahre alt
ist und das andere Geschlecht haßt, weil seine erste Liebe
ihm mit neunzehn das Herz gebrochen hat, dann haben
Sie es mit jemandem zu tun, der emotional gesehen auf
der Hut ist und nicht für Sie da sein kann. Wenn derjenige
nach so vielen Jahren seinen Schmerz nicht loslassen und
wieder lieben kann, ist es unwahrscheinlich, daß Sie sein
Heiler für Beziehungen sind. Menschen müssen heilen
wollen, und letzten Endes müssen sie sich selbst heilen.

Mangel an Harmonie im körperlichen, emotionalen,
geistigen und spirituellen Bereich
Liebe ist nicht alles. Sie müssen auch zueinander passen.
Ist das nicht der Fall, dann werden Sie Ihre Energie und
Anstrengungen in den Versuch investieren, Ihren potentiellen Partner dazu zu bringen, die Dinge in Ihrem
Sinne zu tun, statt Ihre Beziehung zu genießen. »Zueinander passen« bedeutet nicht, daß Sie niemals verhandeln oder Kompromisse eingehen müssen, doch sollten
Sie nicht gezwungen sein, das aufzugeben, was für Sie
am wichtigsten ist.

Allein das Potential des anderen lieben

Wenn Sie sich zu jemandem hingezogen fühlen, über den Sie ständig denken: »Mit meiner Hilfe kann dieser Mensch sein volles Potential verwirklichen und jemand sein, von dem er nicht einmal geträumt hat, daß er es sein wollte«, dann fühlen Sie sich mehr zu dem Potential des Betreffenden hingezogen als zu der Person, die er in Wahrheit ist. Sie werden schließlich Ihre Zeit und Energie damit vertun zu denken: »Wenn ich ihn nur genug liebe und Geduld habe, dann wird er lernen, seine Flügel auszubreiten und zu fliegen«, statt an der realen Beziehung teilzuhaben und sie zu genießen.

Achten Sie auf die Warnzeichen für eine »Montagsbeziehung«. Wenn Sie mehr Zeit damit verbringen, die Beziehung zu retten, als sie zu genießen, dann sollten Sie sich dies einmal genauer ansehen und entscheiden, ob Ihre Beziehung wirklich das richtige für Sie ist.

Vielleicht werden Sie nach einigen Tagen, Wochen, Monaten oder sogar Jahren erkennen, daß Sie eine Beziehung führen, die nicht diejenige ist, »bis daß der Tod uns scheidet«. Dann wird Ihnen bewußt, daß Sie in Kürze die Erfahrung des Loslassens durchleben müssen.

Da jeder Mensch und jede Beziehung einzigartig ist, wird auch das Erlebnis des Loslassens entsprechend der jeweiligen Situation einzigartig sein. Jedoch gibt es Phasen, die jeder irgendwann im Prozeß des Loslassens erleben wird, und das sind die fünf Stadien der Trauer:

Verdrängung, Verhandeln, Wut, Depression und schließlich Akzeptieren.

Jemandem, der lange Zeit verheiratet war und sich plötzlich als Single wiederfindet, mag es leichter fallen, die Beziehung loszulassen als jemandem, der mit seinem potentiellen Partner nur wenige Monate zusammen war. Es hängt alles von den Erlebnissen ab, die sich im Laufe der Beziehung zugetragen haben. Wenn Sie verheiratet waren, haben Sie vielleicht schon einen großen Teil des Trauerprozesses während der Ehe durchlebt, so daß Sie sich zu dem Zeitpunkt, zu dem eine Scheidung rechtlich gültig ist, bereits in der Phase des Akzeptierens befinden. Kannten Sie Ihren potentiellen Partner jedoch nur kurz, hängen Sie vielleicht noch an dem Potential, das der Beziehung innewohnte. Da das Potential etwas ist, das erst noch verwirklicht werden muß, kann es schwieriger sein zu erkennen, wo die Beziehung nicht funktioniert hat, als hätte Sie das, was nicht funktionierte, über einen längeren Zeitraum *gelebt.* Natürlich kann derjenige, der geglaubt hat, mit seinem Seelenpartner verheiratet zu sein, und ihn dann verliert, zunächst völlig am Boden zerstört sein.

Das alles hängt von den betreffenden Personen und von den Erfahrungen in der Beziehung ab. Vergessen Sie nicht, Sie und Ihre Erfahrungen sind einzigartig. Nehmen Sie sich die notwendige Zeit zum Trauern, und lassen Sie die Beziehungen los, die für Sie nicht gestimmt haben. Das Durchleben des Trauerprozesses ist für jeden eine andere Erfahrung. Es kann ein paar Tage dauern, Wochen oder Monate, um durch die verschiedenen Phasen zu gehen, je nach der Person und den Umständen am Ende der Beziehung. Achten Sie immer darauf, wo Sie stehen und wohin Sie gelangen wollen.

Stadien der Trauer

Während Sie durch die dunklen Tunnel
des Lebens gehen,
scheint an beiden Enden immer ein Licht.

ANONYM

*D*ie fünf Stadien der Trauer heißen Verdrängung, Verhandeln, Wut, Depression und Akzeptieren.

Verdrängung ist Ihre Weigerung zu glauben, daß die Beziehung nicht funktioniert hat. Sie mögen viel Zeit damit verbringen zu rechtfertigen, warum der Mensch, von dem Sie glaubten, er sei Ihr Wunschpartner, Sie nicht wie versprochen anruft, unnahbar erscheint oder einfach grob und unhöflich ist. Da Sie von dem anderen in bezug auf die Wichtigkeit der Beziehung vielleicht gemischte Signale bekommen, klammern Sie sich an die wenigen positiven Zeichen und ignorieren oder rechtfertigen all die anderen, die nicht positiv sind. Zum Beispiel ruft derjenige Sie eines Abends an und sagt, daß er zur Zeit sehr viel Arbeit hat und sich in ein paar Tagen wieder melden wird. Vor einem Monat hätte er ein solches Versprechen gehalten. Doch eine Woche vergeht, und Sie haben immer noch nichts von ihm gehört. Zehn Tage später ruft er dann vielleicht tatsächlich an und gibt sich erneut unnahbar, doch Sie klammern sich an seine Aussage, daß er überarbeitet ist.

Als nächstes werden Sie anfangen, mit sich selbst und vielleicht sogar mit Gott zu *verhandeln*. Sie hoffen und beten zu Gott, er möge Ihnen diesen einen Gefallen tun. Wenn er Ihnen nur noch dieses eine Mal helfen und auf göttliche Weise intervenieren würde, um Ihrem Wunschpartner zu zeigen, was für ein wunderbarer Mensch Sie sind und warum er den Boden küssen sollte, auf dem Sie wandeln, dann würden Sie nie mehr um etwas bitten. Vielleicht verhandeln Sie darum, abzunehmen; oder erwarten nicht länger von Ihrem Partner, das zu tun, was er versprochen hat, da Erwartungen nicht »spirituell« sind; oder Sie ignorieren Aussagen, die auf Ihrer Bedürfnis-und-Wunsch-Liste der Charaktereigenschaften eines idealen Partners stehen. Verhandeln im Trauerprozeß hat nichts mit dem Aushandeln und Finden einer gegenseitig annehmbaren Lösung von Problemen zu tun. Vielmehr hängt es damit zusammen, daß Sie Ihre gesunden Grenzen ignorieren, die Ihnen helfen, sich selbst als Person wertzuschätzen und die Dinge zu bewahren, die Sie in einer Beziehung haben wollen.

Irgendwann schließlich werden wir *wütend* darüber, daß unser potentieller Gefährte ein Schurke ist, uns abgewiesen oder unsere Gefühle nicht erwidert hat. Mißachten oder ignorieren Sie Ihre Wut nicht. Da Wut kein angenehmes Gefühl ist, sind wir vielleicht versucht, sie in eine Schachtel zu stecken, den Deckel draufzutun, sie in ein Regal im Schrank zu legen, das Licht auszumachen, die Tür zu schließen und den Schlüssel herumzudrehen. Oft glauben Menschen, die sich aktiv darum bemühen, ein spirituelles Leben zu führen, sie hätten nicht das Recht, wütend zu sein, da dies kein spirituelles Gefühl ist. Das einzige Problem hierbei ist, daß die in Ihrem emotionalen Gepäck versteckte Schachtel irgendwann auftauchen wird. Das kann während Ihrer nächsten Beziehung sein oder der übernächsten, doch eines Tages wird sie gefunden, abgestaubt und geöffnet werden. Wut ist ein normales menschliches Grundgefühl. Wenn Ärger angemessen ausgedrückt wird, ist er eine gute Sache, da er uns motivieren kann, Veränderungen vorzunehmen. Wir sollten die Energie, die Wut uns gibt, dazu benutzen, um vorwärtszugehen. Wenn wir uns unserer Gefühle nicht bewußt sind, kann es sein, daß wir im Zorn verharren. Und wenn das geschieht, projizieren wir ihn auf jede Person, die ein zukünftiger Wunschpartner sein könnte. Auf diese Weise sabotieren Sie Ihre Beziehungen selbst. Die andere Möglichkeit ist die, daß wir demjenigen, der uns weh getan hat, es mit gleicher Münze heimzahlen wollen. Wenn Sie an Karma glauben oder daran, daß man erntet, was man sät, sollten Sie Ihre Energie nicht mit Rachegedanken verschwenden. Gott ist ein besserer Richter und eine fähigere Jury, als je ein Mensch sein kann. Irgendwann werden Sie Ihren Angreifern schließlich vergeben müssen, wenn Sie verhindern wollen, ständig das gleiche Thema und damit die gleichen Schmerzen zu wiederholen. Vergebung braucht ihre Zeit, also erwarten Sie nicht, daß sie sich über Nacht einstellt. Zuerst müssen Sie sich selbst erlauben, die Wut zu spüren und sie zu verarbeiten. Nutzen Sie sie, um Veränderungen vorzunehmen, die Ihr Leben und Ihre zukünftigen Beziehungen positiv beeinflussen werden.

Im weiteren Verlauf des Trauerprozesses werden Sie sich schließlich *depressiv* fühlen – ein Zustand, den die meisten von uns um jeden Preis vermeiden wollen. Das kann so weit gehen, daß wir uns mit Alkohol, Drogen, Essen, Sex, Glücksspiel und unzähligen anderen Süchten betäuben, die ein falsches Gefühl von Hochstimmung in uns erzeugen. Wenn Sie deprimiert sind, werden Sie traurig und melancholisch sein und darüber weinen, was war oder hätte sein können. Vielleicht glauben Sie, daß Sie nie mehr einen anderen Menschen treffen werden, in den Sie sich verlieben könnten. Ein Zustand der Hoffnungslosigkeit kann die Folge sein. Doch die gute Neuigkeit ist, daß auch diese Phase vorübergehen wird. Sie können Ihre Gefühle – einschließlich der Depression – nicht leugnen, doch sollten Sie Dinge tun, die Ihnen helfen, diesen Zustand zu überwinden. Es ist wissenschaftlich bewiesen, daß Fitneß-Training helfen kann, die physikalische (chemische) Reaktion von Depressionen zu verringern. Wenn Sie ins Fitneß-Studio gehen, denken Sie an die neuen Freunde, die Sie vielleicht kennenlernen werden. Außerdem gibt es bestimmte Nahrungsmittel, die helfen können, Depressionen zu mindern – beispielsweise Schokolade, Rotwein und Käse –, da sie wohltuende Stoffe im Gehirn freisetzen. (Natürlich sollten Sie diese Dinge in Maßen zu sich nehmen.) Sorgen Sie dafür, daß Sie unter Leute gehen und Dinge tun, die Ihnen Freude machen. Treffen Sie sich mit Ihren Freunden, finden Sie ein neues Hobby, oder lernen Sie eine neue Sprache. Vielleicht neigen Sie dazu, zu Hause zu bleiben, Trübsal zu blasen und zu weinen. Sie haben das Recht, Ihrem Wunsch nach Rückzug nachzugeben und Ihre Wunden heilen zu lassen. Nur sehen Sie zu, daß Sie nicht zum Einsiedler werden. Im Lauf der Zeit werden Ihre Momente der Niedergeschlagenheit immer weniger werden.

Und eines Tages werden Sie schließlich aufwachen und feststellen, daß Sie die Situation *akzeptiert* haben. Das ist der Augenblick, wo Sie Gott vielleicht für jene nicht erhörten Gebete danken sollten. Sie werden in der Lage sein, auf die Beziehung zurückzublicken und dankbar für die Dinge zu sein, die Sie gelernt haben. Vielleicht gelingt es Ihnen sogar, über einige der zweischneidigen Erfahrungen in der Beziehung zu lachen. Obgleich Akzeptieren immer das Ziel ist, können Sie es nicht erzwingen. Wenn Sie sich erlauben, Ihre Gefühle auszuleben, wenn Sie sie spüren, werden Sie den Zustand der Akzeptanz schneller erreichen.

Es kann sogar vorkommen, daß Sie hin und wieder zurückfallen in kurze Momente der Verdrängung, des Verhandelns, der Wut und der Depression. Diese Momente werden kürzer sein und immer seltener auftreten, doch sollten Sie wissen, daß sie Teil des Prozesses sind.

Jede Beziehung, an der wir teilhaben, ist eine Gelegenheit für uns, etwas über uns selbst zu erfahren – unabhängig davon, wie lange sie dauert. Es ist eine Gelegenheit, unserer Seele zu gestatten, sich zu öffnen, sich auszudehnen und zu wachsen.

Ich hatte viele Beziehungen, bevor ich meinen idealen Partner fand. Ich weiß, daß es eine schmerzhafte Erfahrung sein kann, jemanden gehen zu lassen, mit dem Sie eine Verbindung haben. Doch jedesmal, wenn ich eine Beziehung loslassen mußte, die nicht mehr stimmte, vertraute ich auf den spirituellen Prozeß. Ich glaube, daß alle Dinge so geschehen, wie sie geschehen sollen. Jede Erfahrung, einschließlich der, einen anderen Menschen loszulassen, geschah letzten Endes zu meinem eigenen Besten und war ein Teil des Planes, den Gott für mein Leben hat. Jede vergangene Beziehung brachte mich eine Person näher zu meinem idealen Partner.

Wann immer Sie in der Lage sind, mühelos in einem Zustand der Liebe zu leben, und sei es nur für eine kurze Zeit, ist die Beziehung erfolgreich.

Spirituelles Wachstum

Sie haben die Freiheit zu wählen,
doch werden die Entscheidungen, die Sie heute
treffen, bestimmen, was Sie morgen haben,
sein und tun werden.

ZIG ZIGLER

Alle Beziehungen sind Gelegenheiten für unsere Seele zu wachsen. Wie ich im Zweiten Teil, dem »Gesetz der Vorbereitung und Anziehung«, erläutert habe, sind die Menschen, die Ihren Weg kreuzen, ein Spiegel für einen Teil Ihrer Seele. Manchmal gefällt uns der Spiegel. Nehmen wir an, Sie finden einen liebevollen, netten und kontaktfreudigen Freund. Vielleicht werden Sie sogar überrascht sein, was Sie alles gemeinsam haben. Sie sind verwandte Seelen und vom ersten Augenblick an Freunde fürs Leben. Natürlich gilt dieselbe Regel auch für Eigenschaften, die wir reflektieren und die wir lieber unter den Teppich kehren würden, wie zum Beispiel Wut, Angst oder Unentschlossenheit. Doch in Übereinstimmung mit dem universalen Gesetz bringen wir Menschen in unser Leben, die uns helfen, diese Themen in den Griff zu bekommen.

Daher sind alle Beziehungen Sprungbretter, die es uns

ermöglichen, schließlich unseren idealen Partner zu finden. Sie lehren uns wichtige Lektionen und bereiten uns darauf vor, unserem potentiellen Seelenpartner zu begegnen. Einige Menschen scheinen jedoch mehr »Sprungbrett-Beziehungen« als andere zu haben. Jede Seele tritt mit ihrem eigenen Beziehungskarma in die irdische Sphäre ein.

In mancher Hinsicht sind Beziehungen wie die Klassen in einer Schule. Sie gehen in den Kindergarten, die Vorschule, Grundschule, Realschule, ins Gymnasium und in manchen Fällen in die Handelsschule oder aufs College. Es kommt sehr selten vor, daß ein Sechsjähriger die Grundschule überspringt und gleich aufs Gymnasium geht. Hin und wieder gibt es junge Genies unter uns, doch sind sie die Ausnahme und nicht die Regel.

Damit will ich sagen, daß Sie bei Beendigung einer Beziehung, wenn Sie Ihren Partner loslassen müssen, erkennen sollten, daß dieses Erlebnis ein notwendiger Teil Ihrer Lernerfahrung war, genau wie die Vollendung der fünften Klasse notwendig war, bevor Sie in die sechste gehen konnten. Es kann sein, daß Sie Ihren Lehrer in der fünften Klasse oder die Hausaufgaben nicht mochten, doch als Sie mit der sechsten Klasse begannen, waren Sie dankbar für die Lektionen, die Sie auf Ihre neuen Aufgaben vorbereitet haben. Vielleicht waren Sie sogar dem bösen Lehrer der fünften Klasse dankbar. Bei Beziehungen ist es das gleiche: Ihre letzte und die vorhergehenden haben Ihnen geholfen, sich auf die nächste vorzubereiten. Irgendwann werden Sie dann Ihr Diplom oder Ihren Lebenspartner bekommen, falls es das ist, was Sie wollen.

Das ist der Grund, warum es so wichtig ist, eine Beziehung in Liebe zu beenden oder loszulassen. Wenn Sie wütend sind, bitter, feindselig, wenn Sie sich rächen wollen oder grundsätzlich in einem Zustand der Angst wegen Ihrer letzten Beziehung oder Beziehungen im allgemeinen leben, welchen Partner werden Sie dann wohl anziehen?

In manchen Fällen mögen Sie glauben, daß Ihr Partner alles falsch gemacht hat oder an allem schuld war. Er hat Ihnen unrecht getan, und Sie waren ein unschuldiges Opfer. Selbst wenn das der Fall ist, sollten Sie die Beziehung in Liebe loslassen und an das universale Gesetz von Ursache und Wirkung glauben. Das Universum hat sein eigenes Justizsystem, ein höheres Gesetz mit härteren Strafen, als Sie sie je verhängen könnten. Einer meiner Mentoren meinte dazu: »Die Mühlen des Karmas mahlen langsam, aber gerecht.« Grundsätzlich sollten Sie sich von allen Rachegedanken fernhalten und es dem Universum überlassen, entsprechende Schritte vorzunehmen. Ihre Aufgabe ist es, sich um sich selbst und um Ihr Leben zu kümmern.

Wenn Sie in einem Zustand der Angst verharren, kostet Sie das eine ungeheure Menge Energie, die Ihrer Lebenskraft abgezogen wird. Sie verbringen Ihre Zeit damit, wütend zu sein, traurig und mißtrauisch; Sie projizieren Ihre Gefühle auf andere potentielle Partner und tun sich selbst leid, weil Sie sich abgewiesen fühlten. Das alles kostet Energie, die Sie einsetzen könnten und sollten, sich selbst zu dem idealen Partner zu machen, den Sie in Ihr Leben bringen wollen. Es gibt nicht einen Menschen auf der Welt, der nicht seinen Körper, seinen Geist und seine Seele verbessern kann. Denken Sie daran: Sie ziehen das an, was Sie ausstrahlen.

Stellen Sie sich vor, Sie tanzen. Jeder Tanz steht für verschiedene Lektionen, die Sie in diesem Leben lernen. Diese Lektionen schließen das Verarbeiten von Angst, Wut und Unsicherheit ein, doch auch Freude gehört dazu, Lachen – und die wichtigste Lektion von allen: Liebe. Die Musik für viele verschiedene Arten von Tänzen erklingt – Twostep, Walzer, Tango, Jitterbug und langsames Wange-an-Wange-Tanzen. Gerade wird zu einem neuen Tanz aufgespielt, und Sie beginnen vielleicht mit einem Partner, doch ein anderer kommt mitten im Tanz dazu. Wenn die Musik wechselt, haben Sie vielleicht einen neuen Partner oder auch nicht. Sie können von einem Partner zum nächsten wechseln, je nachdem, ob Sie einen anderen Lehrer brauchen, um andere Lektionen zu lernen. Einige Partner wollen vielleicht nur den Tango mit Ihnen lernen. Wenn der Tango zu Ende ist, beschließen sie, sich einen neuen Partner zu nehmen und wieder Tango zu tanzen. Es hängt allein davon ab, wieviel Tango sie tanzen wollen. Andere fangen vielleicht mit dem Tango an, möchten aber auch Walzer und überhaupt alles lernen, was die Band spielt. Diese Personen sind vielleicht mehr daran interessiert, mit *Ihnen* zu tanzen, als daran, welcher Tanz es ist. Betrachten Sie Ihre vergangenen Beziehungen als Tänze, bei denen Sie sich selbst besser kennengelernt haben und Ihnen klarer geworden ist, was Sie sich von einem lebenslangen Tanzpartner wünschen.

Wir ziehen Menschen an, die Spiegel für die Lektionen sind, die wir lernen müssen. Nehmen wir an, Sie stellen im Laufe einer Beziehung fest, daß Sie Angst vor Vertrautheit und Intimität haben, und verarbeiten diese Angst, statt sie unangemessen auszuleben. Damit meine ich, daß Sie in der Vergangenheit – wann immer Sie das Gefühl hatten, jemand kam Ihnen emotional zu nahe – damit anfingen, Ihren Partner zurückzuweisen und an allem, was er tat, etwas auszusetzen. Doch dieses Mal haben Sie Ihre Ängste zugegeben und Entscheidungen getroffen, die für Sie und die Beziehung gesund waren. Wenn jedoch einer der Spiegel Ihres Partners auch Angst vor Intimität zeigt und er nicht bereit ist, im Verlauf Ihrer Beziehung daran zu arbeiten, werden Sie irgendwann nicht mehr das gleiche seelische Wachstum spiegeln. Hat erst einmal einer der Partner die Lektion gelernt, für die die Beziehung steht, muß entweder der andere die gleichen Veränderungen an sich vornehmen, oder es wird zu Schwierigkeiten kommen. Das ist so, als ob einer der beiden Partner sich im Tango versucht, während der andere Walzer tanzt. Sie sind aus dem Rhythmus, Sie treten sich auf die Füße, und Sie wissen nicht mehr, wer führt. Wenn Sie bemüht sind, denselben Tanz zu tanzen, besteht zumindest die Chance, daß Sie mit der Musik fließen werden – auch wenn Sie gelegentlich einen falschen Schritt machen. Dies ist die Gelegenheit für das seelische Wachstum, das jeder Beziehung innewohnt.

Nicht immer sind die Lektionen einer Beziehung ungeheuer wichtige, das Gewissen prüfende, karmische Erlebnisse. Sie können so einfach sein wie das, was wir in einer Beziehung wollen oder nicht wollen. Unter Umständen werden Sie mehrere Beziehungen brauchen, bevor Sie die Wichtigkeit von zueinander passenden Lebensweisen verstehen.

Vielleicht haben Sie geglaubt und davon geträumt, daß ein Musiker für Sie der ideale Partner wäre. Das Universum schuf daraufhin für Sie die Gelegenheit, einem solchen Menschen zu begegnen. Sie trafen sich, und Sie gingen miteinander aus. Es dauerte jedoch nicht lange, bevor Sie merkten, daß die ständigen Tourneen und die unregelmäßigen Arbeitszeiten mit Ihrem idealen Lebensstil nicht übereinstimmten. Da die Beziehung Ihnen die Möglichkeit gab zu erkennen, daß diese Lebensweise Ihren Bedürfnissen nicht entsprach, war sie mit Sicherheit keine Verschwendung von Zeit, Energie und Liebe.

Oder Sie haben sich in jemanden verliebt, der witzig und geistreich ist, weiß, wie ein Telefon funktioniert, und es auch benutzt. Er gibt Ihnen das Gefühl, etwas Besonderes zu sein. Doch leider fehlt die seelische Verbindung, die Sie in einer Beziehung brauchen. Da Sie diese nicht herstellen können, werden Sie sich schließlich trennen.

Doch war die Beziehung deshalb eine Zeitverschwendung? Nein. Vielmehr hat sie Ihnen gezeigt, daß es tatsächlich Menschen gibt, die Eigenschaften haben, wie Sie auf Ihrer Liste für einen idealen Partner stehen. Wahrscheinlich hatten Sie sogar ein wenig Spaß mit dem anderen und erlebten einige heilsame Augenblicke des Lachens.

Nach dem College arbeitete Melanie fast zwei Jahre, bevor ihre Firma sie in einen anderen Bundesstaat versetzte. Sie war jung, neugierig und ging völlig in ihrem Beruf auf. Heiraten stand für sie nicht an erster Stelle. Ihre Eltern hatten eine schlechte Ehe geführt und sich scheiden lassen, als sie ein Teenager war. Melanie und ihr jüngerer Bruder beschlossen damals, mit ihrem Vater zu leben. Bald fand Melanie sich in der Rolle der Ersatzmutter für ihren Bruder wieder und half ihrem Vater, den Haushalt zu führen. Jetzt, ein paar Jahre später, als sie zum ersten Mal ihr eigenes Leben führte, hatte sie nicht die Absicht, in absehbarer Zukunft wieder die Rolle der Versorgerin zu übernehmen, indem sie heiratete und eine Familie gründete.

Sie schien Männer anzuziehen, die lediglich mit ihr schlafen wollten. Doch hatte sie keine Zeit für sie, da sie die ganze Zeit arbeitete. Und mit Sicherheit wollte sie nicht, daß irgendein Mann dachte, er könnte irgendeinen Teil ihres Lebens kontrollieren.

Ungefähr einen Monat, nachdem sie ihre neue Stelle angetreten hatte, fühlte sie sich einsam. Sie kante niemanden außer ihren Kollegen im Büro. Sie bemühte sich, Freunde zu finden.

Eines Tages lernte sie ihren Nachbarn Rusty kennen, und die beiden wurden schnell Freunde. Sie erkannte beinahe auf den ersten Blick, daß sie verwandte Seelen waren. Noch nie in ihrem Leben hatte sie solche Gefühle für einen Mann empfunden.

Ihre Freundschaft vertiefte sich schnell, doch ihre Beziehung entwickelte sich nicht reibungslos. Melanie hatte zum erstenmal das Gefühl, daß sie vielleicht doch eine feste Beziehung mit einem Mann haben wollte. Rusty interessierte sich für alles, was sie tat, und war aufmerksam, ohne ihr auf die Nerven zu gehen; auch liebten sie die gleichen Dinge, wie zum Beispiel Kino, Theater und ehrenamtliche Tätigkeiten.

Trotz der wundervollen Aspekte der Beziehung sandte Rusty gemischte Signale in bezug auf das, was er von der Beziehung wollte. Melanie brachte ärgerlich ihre Gefühle darüber zum Ausdruck. Es war, als ob jedesmal, wenn sie sich näherkamen, einer von ihnen einen Streit vom Zaun brach.

Die Beziehung wurde zu einer emotional zermürbenden, vier Jahre dauernden Reise sowohl für Melanie als auch für Rusty. Jeder rief im anderen sowohl das Beste als auch das Schlechteste hervor. Wenn alles gut lief, schien das Leben himmlisch zu sein, doch wenn es nicht gut lief, war es die reine Hölle.

Eines Nachts hatte Melanie einen Traum über sich und Rusty. An einem grauen, wolkenverhangenen Tag standen sie an einem Bahnhof. Melanie umarmte Rusty und verabschiedete sich von ihm. Obwohl er kein Gepäck hatte, war ihr bewußt, daß er wahrscheinlich für längere Zeit verreisen würde. Sie hörte eine laute Stimme vom Himmel, die ihr zurief: »Laß ihn gehen! Falls er zurückkommt, wird er für immer bei dir bleiben.«

Als Melanie aufwachte, wußte sie, daß sie die Beziehung beenden mußte, da sie für keinen von ihnen beiden gut war. Rusty gehen zu lassen, war das Schwerste, was sie je hatte tun müssen.

Sie erkannte, daß Rusty in ihr Leben gekommen war, um ihr zu zeigen, daß sie tatsächlich einem Mann vertrauen konnte und daß sie eines Tages heiraten und eine Familie haben wollte. Rusty hatte sie Liebe gelehrt. Er hatte ihr die Sicherheit gegeben zu lernen, was sie sich an einem Partner wünschte.

Sie brauchte lange, um über Rusty hinwegzukommen, da er nie zurückkehrte. Dennoch fühlt sie sich beschenkt; wegen ihrer Beziehung mit Rusty weiß sie jetzt, was für sie funktioniert und was nicht.

Karen war zehn Jahre lang mit einem Mann verheiratet gewesen, von dem sie dachte, er sei ihr Seelenpartner. Sie waren beide unabhängige Persönlichkeiten, doch im Laufe der Jahre hatte sich sowohl ihr persönliches als auch ihr berufliches Leben sehr miteinander verwoben. Während ihrer gemeinsamen Zeit hatten sie viele verschiedene Dinge in der spirituellen New-Age-Bewegung ausprobiert. Wenn sie zum Beispiel etwas kreieren wollten, erstellten sie eine Ziel-Tafel, meditierten und visualisierten das gewünschte Ergebnis gemeinsam. Meistens gelang es ihnen, die geschäftlichen Ziele, Gelegenheiten persönlichen Wachstums oder die materiellen Dinge zu realisieren, die ihnen vorschwebten.

Eines Tages schloß sich Karens Mann einer spirituellen Bewegung an, die ihr nicht zusagte. Schließlich verlangte er von ihr, sich derselben Gruppe anzuschließen, da er sich sonst von ihr trennen würde. Sie glaubte nicht, daß er sie für etwas, das sie als Kult bezeichnete, verlassen würde, doch genau das tat er. Sie machte eine gefühlsmäßig zermürbende Scheidung durch und blieb mit ihrem gemeinsamen Haus und einer enormen Hypothek zurück. Er hatte alle Geschäfte übernommen, die sie gemeinsam aufgebaut hatten, was sie finanziell so gut wie mittellos ließ.

Karen hatte geglaubt, daß ihr Mann ihr Seelengefährte war und ein Teil ihrer Lebenskraft. Wenn er nicht mehr Teil ihres Lebens war, so dachte sie, würde sie im wahrsten Sinne des Wortes sterben. Nach der Trennung wurde sie physisch krank und war emotional völlig niedergeschlagen.

Ihre Mutter in Virginia bestand darauf, daß sie über das Erntedankfest nach Hause kam. Auf ihrem Weg dorthin, im Flughafen zwischen zwei Flügen, rief ein Mann Karens Namen und kam auf sie zu. Da sie sich in einem emotional geschwächten Zustand befand, bekam sie es mit der Angst zu tun und lief davon. Als der Mann sie schließlich einholte, stellte sie fest, daß es Greg war, ein alter Freund aus der HighSchool-Zeit.

Sie tauschten ihre Telefonnummern aus, und Greg sagte, er würde sie gern mal besuchen kommen. In der gleichen Woche rief er sie an und meinte, er könne am nächsten Wochenende vorbeikommen. Karen erwiderte: »O ja, das wäre schön.« Dann bekam sie es mit der Angst zu tun, rief ihre Freundinnen an und bat sie, sie sollten kommen und das Wochenende bei ihr verbringen. Sie war noch nicht bereit, mit einem Mann allein zu sein. Obgleich sie Greg vertraute und hier und da auch schon wieder mit jemandem ausgegangen war, suchte sie nicht nach einer festen Beziehung. Greg kam sie an dem Wochenende besuchen, und sie alle verbrachten eine schöne Zeit miteinander.

An Weihnachten überraschte er Karen mit einem unerwarteten Geschenk, einer Armbanduhr. Jetzt erkannte sie, daß er sie wirklich mochte, und sie freundete sich mit dem Gedanken an, sich auf eine Liebesbeziehung mit ihm einzulassen.

Nach ungefähr drei Monaten wurden sie schließlich ein Paar. Greg half Karen, sich darauf zu konzentrieren, einen neuen Job zu finden, aus ihrem alten Haus auszuziehen, das so voller Erinnerungen an ihre Ehe war, und ein neues Leben zu beginnen. Er bot ihr sogar an, vorübergehend in sein Ein-Zimmer-Apartment zu ziehen, während sie sich eine neue Wohnung suchte.

Innerhalb eines Monats fand sie eine neue Stelle und zog zu Greg in sein winziges Apartment. Die nächsten Monate waren zermürbend, während Karen darauf wartete, ihr Haus verkaufen zu können. Gregs Wohnung war zu eng, was sich bald negativ auf die Beziehung auswirkte. Sie merkten, daß sie als Paar nicht zueinander paßten.

Fünf Monate später, nachdem sie ihr Haus verkauft hatte, zog Karen bei Greg aus und in ihre eigene Wohnung. Inzwischen hatte sich ihre Beziehung mit ihm zusehends verschlechtert. Karen empfand Dankbarkeit für Greg, weil sie spürte, daß er sie aus einer furchtbaren Situation in ihrem Leben gerettet hatte. Doch schließlich verlief ihre Beziehung und sogar ihre Freundschaft im Sande.

Dennoch ist sie ihm dankbar dafür, daß er zu einem Zeitpunkt in ihr Leben kam, wo sie Hilfe brauchte, und daß er ihr eine Schulter zum Anlehnen bot. Was beweist, daß alle Beziehungen ihre Aufgabe haben, selbst wenn sie nicht darauf angelegt sind, ein Leben lang zu halten.

Warum Menschen an Beziehungen festhalten, die nicht funktionieren

Folge dem ersten Gesetz der Löcher:
Wenn du dich in einem befindest, höre auf zu graben.

DENNIS HEALEY

Wenn wir versuchen, tatsächlich ein spirituelles Leben zu führen, neigen wir dazu, das Positive hervorzuheben. Etwas loszulassen, von dem wir glaubten, daß wir es haben wollten, wird in unserer Kultur nicht als wichtiger Übergang zu etwas Neuem betrachtet. Im Gegenteil, es wird normalerweise als Versagen eingestuft, da man uns gelehrt hat, Errungenschaften, Kontrolle und Macht zu respektieren. Etwas loszulassen schließt definitionsgemäß keines dieser Dinge ein. Letztendlich hängen wir an Beziehungen und Dingen wegen unserer Vorstellung, daß Loslassen weder etwas mit Wachstum zu tun hat noch in unserem besten Interesse geschieht. Loslassen kann bedeuten, daß wir emotionale Schmerzen empfinden, was wir um jeden Preis zu vermeiden suchen. Es fühlt sich tatsächlich sicherer an, an etwas Vertrautem festzuhalten, selbst wenn es unangenehm ist. Also klammern wir uns an Hoffnung, Angst und unser Ego in dem Versuch, das vertraute Gefühl zu bewahren.

Hoffnung

Ich glaube, daß *Hoffnung* der wichtigste Grund ist, warum Menschen an Beziehungen hängen, die nicht gut für sie sind. Von Kindheit an wurden uns Geschichten über Aschenputtel, Schneewittchen und Dornröschen vorgelesen. Der gemeinsame rote Faden bei diesen Geschichten besteht darin, daß der Prinz die in Not befindliche Maid rettet, die beiden heiraten und von da an bis in alle Ewigkeit glücklich und zufrieden leben. Das einzige Problem hierbei ist, daß die Geschichten vergessen zu erwähnen, *wie* man glücklich bis in alle Ewigkeit leben kann. Die Aussage ist, daß wir lediglich wissen müssen, wer unser Prinz oder unsere Prinzessin ist, und alles andere sich fügen wird.

Wenn wir aufhören, Märchenbücher zu lesen, gehen wir zu Fernseh- und Film-Märchen über. Auch hier verlieben sich Helden und Heldinnen, und auch hier wird angedeutet, daß die beiden nach Überwindung der verschiedensten Hindernisse für immer glücklich miteinander leben. Selbst in dem Film *Vom Winde verweht* hört Scarlett auf der Treppe ihrer Villa zu weinen auf und sagt: »Morgen ist ein neuer Tag!«, was darauf hindeutet, daß wahrscheinlich alles gut werden wird. Wenn Filme oder Bücher das Leben nachstellen, wie zum Beispiel der Film *Die Brücken von Madisan County*, bezeichnen wir sie als romantische Tragödien. Doch wir lieben diese romantischen Tragödien, da wir bei ihnen weinen, hoffen und uns das märchenhafte Ende wünschen können, nach dem wir in unserem eigenen Leben suchen.

Zusätzlich zu den Märchen, die uns vom ewigen glücklichen Leben miteinander erzählt haben, leben wir in einem Land wie den Vereinigten Staaten, das *auf Hoffnung aufgebaut ist*. Von den Pilgervätern, die in Plymouth Rock gelandet sind, über die Emigranten, die via Ellis Island in die USA eingewandert sind, bis zu den vielen Menschen heute, die bereit sind, ihr Leben zu riskieren, indem sie Flüsse und Meere überqueren, um in Amerika zu leben, haben sie alle eines gemeinsam – die *Hoffnung* auf ein besseres Leben. Das Faszinierendste an Amerika ist die Möglichkeit, hier Erfolg zu haben. Dies bedeutet die Kommerzialisierung von *Hoffnung*. Hoffnung ist die Basis für den Verkauf unzähliger Produkte, für Dienstleistungen und sonstige Geschäfte. Wenn Sie nur in dieses oder jenes geldmachende Projekt investieren, können Sie reich werden. Wenn Sie dieses Make-up und jene Designer-Kleidung tragen und regelmäßig ins Fitneß-Studio gehen, werden Sie phantastisch aussehen. Falls Sie an diesem Workshop oder Seminar teilnehmen, werden Sie inneren Frieden finden. Bitte verstehen Sie mich nicht falsch. In manchen Fällen kann die Hoffnung, die verkauft wird, Ihnen dabei helfen, das gewünschte Resultat zu manifestieren, doch es funktioniert nicht ohne Bemühungen von Ihrer Seite. Einen Hometrainer lediglich zu besitzen wird nicht dazu führen, daß Sie abnehmen. Sie müssen ihn tatsächlich besteigen, einschalten, laufen und schwitzen. Sowohl der Verkauf von Hoffnung als auch Ihre Bemühungen sind nötig, das gewünschte Resultat zu erzielen. Wunschdenken allein reicht nicht aus.

Jedem, der einen spirituellen Lebensweg verfolgt, wird gesagt, er müsse freundlich und liebevoll sein und dürfe nie etwas erwarten. Wenn wir in einer schwierigen Beziehung stecken, ist das einzige, was uns dann noch bleibt, die Hoffnung, daß alles gut werden wird, wenn wir den anderen nur genug lieben. Es ist wichtig, freundlich und liebevoll zu sein. Doch wir müssen die Erwartung hegen dürfen, glücklich zu werden. Wenn unsere Beziehung uns nicht glücklich macht, haben wir es unter Umständen mit einem nicht erhörten Gebet zu tun. Ihr idealer Partner wartet vielleicht gleich um die nächste Ecke.

Hoffnung in Beziehungen basiert oft darauf, daß Menschen sich verändern. Umstände mögen sich ändern, und Wunder können geschehen – doch wenn es zu den wesentlichen Charaktereigenschaften eines Menschen zählt, beispielsweise unnahbar oder arbeitswütig zu sein, handelt es sich hierbei in den meisten Fällen um etwas, das sich nicht ändern wird, es sei denn durch ein spirituelles Erwachen des Betreffenden. Leider sind wir Erdenbewohner nicht in der Lage, ein spirituelles Erwachen bei einem anderen Menschen herbeizuführen. Wenn die Charaktereigenschaften einer Person nicht denen auf Ihrer Liste für einen Idealpartner entsprechen, dann ist es an der Zeit weiterzugehen. Der Betreffende wird in den meisten Fällen nicht in der Lage sein, zu der Person zu werden, nach der Sie suchen. Es wird immer so sein, als hätten Sie ein rotes Kleid kaufen wollen, jedoch keines finden können, das Ihnen gefiel, und hätten sich statt dessen mit einem rosafarbenen zufriedengegeben. Sie hängen es in Ihren Schrank und *hoffen*, es würde rot.

Nun, jeder von uns kennt Geschichten von Menschen, die demjenigen, von dem sie aus tiefstem Herzen glaubten, er sei ihr Seelenpartner, Zeit gaben, alle Ängste und Blockaden zu verarbeiten und aus dem Weg zu räumen. Man ist versucht zu sagen, daß solche Menschen sich an die *Hoffnung* klammerten. Doch in diesen Fällen behaupte ich, daß sie intuitiv darauf vertrauten, daß die Beziehung zustandekommen und funktionieren würde. Unter Umständen mußten sie die Beziehung sogar für eine Weile loslassen, in manchen Fällen ziemlich lange, doch letzten Endes hatten sie das Vertrauen, daß alles gut werden würde.

Wie können Sie den Unterschied zwischen Hoffnung und Vertrauen erkennen?

Hoffnung ist ein *Wunsch*, daß etwas wahr sein möge. Intuitiv fühlen Sie, daß irgend etwas nicht stimmt; daher müssen Sie die Situation sich selbst, Ihren Freunden und anderen gegenüber rechtfertigen. Sie analysieren jeden Aspekt der Situation und suchen nach Fakten, die Ihnen helfen, Ihre Theorien und Schlüsse zu untermauern.

Wenn andere mit Ihren hoffnungsvollen Gedanken nicht übereinstimmen, werden Sie defensiv und ärgerlich und suchen vielleicht sogar nach weiteren Anzeichen, die Ihre Hoffnung bestärken. Hoffnung beinhaltet Verdrängung. Erinnern Sie sich an die erste Phase des Trauerprozesses. Nehmen wir an, Ihr Geliebter, mit dem Sie seit drei Jahren zusammen sind, will Sie nicht heiraten. Er sagt, er möchte keine Verpflichtung eingehen. Ihre Intuition ließ Sie zu einem früheren Zeitpunkt vermuten, daß er Sie betrog. Sie folgten Ihren Instinkten und entdeckten, daß Sie recht hatten. Dies geschah mehrere Male während der Beziehung. Doch Sie fuhren fort zu glauben, daß er im Lauf der Zeit zur Ruhe kommen und Sie heiraten würde. Die Tatsachen enthüllten – und Ihre Intuition wußte es –, daß etwas in der Beziehung nicht so war, wie es hätte sein sollen, doch Sie beschlossen, die Fakten zu ignorieren in der Hoffnung, daß der andere sich ändern würde. Ihre Chancen, daß ein Mensch sich den Hoffnungen eines anderen zuliebe ändert, stehen schlechter als die, im Lotto zu gewinnen. Natürlich besteht immer die *Möglichkeit*, doch in manchen Situationen sollten Sie sich lieber an der *Wahrscheinlichkeit* orientieren.

Vertrauen ist, wenn Sie einfach *wissen*, daß etwas wahr ist. Man hört oft Menschen sagen, daß sie schon immer, seit sie denken können, gewußt haben, daß sie Arzt, Schriftsteller oder Musiker werden würden. Manche sagen, das sei Schicksal. Vertrauen und Schicksal mögen sehr wohl miteinander verknüpft sein, doch in jedem

Fall heißt Vertrauen zu wissen, daß etwas geschehen wird, bevor es sich manifestiert hat. Sie stellen es nicht einmal in Frage. Das bedeutet nicht, daß Sie nicht dafür arbeiten müssen, doch das innere Wissen ist einfach vorhanden. Sie haben vielleicht weder einen Beweis noch irgendeine logische Erklärung, um Ihr Vertrauen zu untermauern, doch es geht hierbei auch nicht um Beweise. Wer vertraut, ist nicht ängstlich und macht sich auch keine Sorgen. In Ihrer Realität ist alles, was Ihr Vertrauen besitzt, bereits eine getane Sache. Sie haben die Zuversicht, daß es bereits eingetroffen ist; es ist nur noch eine Frage der Zeit. Vertrauen ist die leise Stimme, die Sie spüren und gelegentlich auch hören können, wenn sich Zweifel an einer Situation einzuschleichen beginnen, und die Ihnen sagt, daß Sie – unabhängig davon, wie bedrohlich die Sturmwolken zu sein scheinen – nach dem Sturm den Regenbogen sehen werden. Wenn Sie Vertrauen haben, so haben Sie das innere Wissen, daß trotz der offensichtlichen Gegebenheiten alles gut werden wird. Sie brauchen weder sich selbst, Ihrer Familie noch Ihren Freunden die Situation zu erklären oder sie zu rechtfertigen. Es handelt sich hierbei um einen Glauben, der bis in den Kern Ihrer Seele reicht. Vielleicht wird Ihr Vertrauen hier und da ein wenig irritiert, doch am Ende sind Sie überzeugt, daß Gott mit Ihnen gemeinsame Sache macht. Sie können diese friedvolle Verbindung unter anderem spüren, wenn Sie meditieren, beten oder einfach an den Strand gehen. Als ich mich einverstanden erklärte, dieses Buch zu schreiben, fragte ich mich, ob ich wirklich so gut dafür geeignet war, da ich zu dem Zeitpunkt meinen eigenen idealen Partner noch nicht gefunden hatte. Doch ich hatte Vertrauen in den Prozeß und wußte, daß ich ihm irgendwann begegnen würde. Als der Vertrag für das Buch schließlich nur noch unterschrieben werden mußte, war ich Jim bereits begegnet.

Angst

Der zweite Grund, warum wir uns an Beziehungen klammern, die nicht funktionieren, ist *Angst*. Wenn Sie alleinstehend sind, sagt Ihnen unsere Kultur, daß mit diesem Status etwas nicht stimmt. Sie gehören nicht zu der Gruppe mit Partner, Haus und zweieinhalb Kindern. Da wir dazugehören wollen und Teil einer Gruppe sein möchten, entfernt uns unser Alleinsein von den anderen und verstärkt die Angst, daß wir unseren idealen Partner nicht finden werden. Und wenn wir dann jemanden kennenlernen, haben wir oft das Gefühl, alles tun zu müssen, damit die Beziehung funktioniert. Wir meinen, wir müßten dringend unseren Idealpartner oder unsere Idealpartnerin finden, trotz der Tatsache, daß wir noch mit der Definition dessen beschäftigt sind, welche Eigenschaft wir uns bei einem Partner wünschen – ganz zu schweigen davon, selbst ein idealer Partner zu werden, damit wir zu demjenigen passen, den wir finden wollen.

Irgendwann werden Sie in ein Alter kommen, in dem Sie befürchten, allein zu bleiben. Glücklicherweise haben sich die Zeiten geändert, und viele Menschen heiraten erst später im Leben. Doch wenn Sie beschließen, eine Beziehung aufrechtzuerhalten, nur weil Sie nicht allein sein wollen, dann bedenken Sie, daß der einsamste Platz auf der Welt der neben der falschen Person ist. Wenn Ihr Partner Ihren Bedürfnissen nicht entspricht, werden Sie Schwierigkeiten haben, diese Leere zu füllen. Irgendwann werden Sie nur noch wütend sein, weil der Mensch, von dem Sie erwarten, diese Leere zu füllen, dazu nicht in der Lage ist. Und Sie werden anfangen, ihm die Schuld am Versagen der Beziehung zu geben. Tief in Ihrem Innern werden Sie daraufhin wütend auf sich selbst, weil Sie wußten, daß dieser Mensch nicht die Eigenschaften und Wesenszüge aufwies, die zu Ihnen paßten, und dennoch diesen tödlichen Kreislauf des Sichzufriedengebens mit dem fortsetzten, was Sie nicht wollen und was Ihnen nichts bringt. Ein anderer Mensch kann Ihnen nicht helfen, sich weniger einsam zu fühlen, nur indem sein wärmender Körper des Nachts neben Ihnen liegt. Im Gegenteil, wenn es keine ganzheitliche Verbindung zwischen Ihnen gibt, die Ihr Herz und Ihre Seele berührt, wird Ihnen die Beziehung schließlich Energie rauben. Sie wird Ihre Lebenskraft verringern, statt sie zu stärken. Das wiederum hat noch mehr emotionale und spirituelle Leere zur Folge, die aufgefüllt werden muß und mit Sicherheit nicht die zusätzliche Energie wert ist, nur um dem physischen Alleinsein zu entgehen. Statt dessen sollten Sie die Energie nutzen, um Dinge zu tun, die Ihnen emotionale und spirituelle Erfüllung schenken können. Wenn Sie genauso werden, wie Sie sich Ihren idealen Partner wünschen, werden Sie in der Lage sein, diesen anzuziehen.

Vielleicht sind Sie es auch einfach nur leid, immer an die Falschen zu geraten. Sie wollen vor der Welt nicht mehr eingestehen müssen, daß auch die letzte Beziehung nicht funktioniert hat. Sie möchten vielleicht an etwas festhalten, von dem Sie von Anfang an wußten, daß es nicht richtig für Sie ist oder war – nur weil es einfacher ist. Oder vielleicht wird es Ihnen auch zuviel, daß Ihre Bekannten immer wieder versuchen, Sie zu »verkuppeln«, oder Sie bedauern, weil Sie allein in den Urlaub fahren. Doch glauben Sie mir, wenn die Beziehung nicht stimmt, ist es besser, das Mitleid Ihrer Freunde oder Familie zu ertragen, als zu versuchen, einen viereckigen Stift in ein rundes Loch zu zwingen. *Darüber hinaus sind Sie in all Ihren Beziehungen immer mit dem Menschen zusammen, der zu dem Zeitpunkt ein idealer Partner für Sie ist.* Jeder von Ihnen ist als Katalysator für seelisches Wachstum in das Leben des anderen gekommen. Alle Beziehungen helfen Ihnen, als Mensch zu wachsen, und irgendwann werden Sie schließlich Ihrem Seelenpartner begegnen.

Wenn Sie aus Angst an einer Beziehung festhalten, dann sollten Sie den genauen Grund für diese Angst herauszufinden versuchen. Haben Sie erst einmal verstanden, um welche Form von Angst es sich handelt, werden Sie in der Lage sein, sie zu verarbeiten. Doch Sie können nichts verarbeiten, das Sie nicht verstehen. Wenn

Sie also Ihre Angst nicht verstehen und verarbeiten, gehen Sie das Risiko ein, sich immer wieder auf die gleiche Art von Beziehung einzulassen.

Ego

Unser Ego hält oft daran fest, wer in einer Beziehung recht oder unrecht hat. Dabei kann es sich um auftauchende Probleme handeln oder um die Beziehung selbst. Wenn wir daran festhalten, was recht oder unrecht ist, wird es schwierig, loszulassen und weiterzugehen. Wir leben in einer Kultur, die uns vorpredigt, es gäbe etwas Wichtigeres im Leben, als recht zu haben. Von einer spirituellen Warte aus gesehen ist jedoch die Liebe am wichtigsten. Diese Liebe schließt nicht nur andere Menschen ein, sondern auch uns selbst. Michael Ryce, der Seminare über das Thema »Beziehungen« abhält, empfiehlt, daß Sie – falls Sie sich zwischen Liebe und Rechthaben entscheiden müssen – immer die Liebe wählen sollten. Manchmal bedeutet die Entscheidung, in Liebe leben zu wollen, daß man sich von seinem Partner trennen muß. Unter Umständen ist das nicht nur für Sie, sondern auch für den anderen besser.

Haben Sie schon einmal jemanden gekannt, der Pflanzen liebte, aber geradezu berüchtigt dafür war, daß ihm alle eingingen? Vielleicht hat er ihnen zuviel Wasser gegeben – oder vergessen, sie zu gießen. Vielleicht hat er nie dafür gesorgt, daß sie genug Sonnenlicht bekamen, oder sie im Winter im Freien gelassen. Oder vielleicht hatte er auch einfach nur kein »grünes Händchen«, obwohl er alle Anweisungen zur Pflanzenhaltung bis aufs I-Tüpfelchen befolgte. Irgendwann beschließt der Betreffende vielleicht, eine neue Pflanze zu kaufen, und nimmt sich vor, daß diese unter keinen Umständen eingehen wird. Die Pflanze wird krank. Der Mensch versucht unter Einsatz seiner Zeit und Energie, die Pflanze zu retten. Sie stirbt jedoch trotzdem, da ein unheilbarer Pilz ihre Wurzel abgetötet hatte. Während der Betreffende versuchte, diese eine Pflanze zu retten – weil er es nicht mehr hören konnte, wenn seine Bekannten ihn »Tödliche Grüne Hand« nannten –, wurden auch seine übrigen Pflanzen krank und gingen schließlich ein. Wenn Sie all Ihre Zeit und Kraft auf die Bemühung konzentrieren, etwas zu retten, was nicht zu retten ist, dann werden Ihnen unter Umständen die Gelegenheiten entgehen, andere Dinge wachsen zu lassen.

In einem Zustand der Liebe zu leben und sich in Beziehungen von seinem Ego zu distanzieren heißt nicht, daß Sie sich von anderen mit Füßen treten lassen sollen. Im Gegenteil, jeder Mensch sollte gesunde Grenzen haben. Zu wissen, was Sie in einer Beziehung wollen und erwarten, wird Ihnen helfen, diese Grenzen zu entwickeln. Wenn jemand Ihre Grenzen wiederholt auf unangemessene Weise überschreitet, sollten Sie sich von diesem Menschen trennen. Es ist besser, allein weiterzugehen und eine negative Situation hinter sich zu lassen, als auszuharren, weil Sie recht behalten wollen. Letzten

Endes ist das völlig unwichtig. Die Befriedigung, im Recht zu sein, ist kurzlebig im Vergleich zu den Frustrationen, die Sie ertragen mußten.

Wenn Sie in einer Beziehung stecken, die nicht funktioniert, ist es leicht, sich an Hoffnung, Angst und auf dem Ego basierenden Glaubenssätzen festzuklammern, die Sie davon abhalten, weiterzugehen und zu wachsen. Ich betrachte jede Beziehung gern als Stufe auf einer Leiter. Wenn Sie oben ankommen, haben Sie Ihren Lebensgefährten gefunden. Manche Treppen sind niedrig und haben nur wenige Stufen, während andere scheinbar Hunderte haben. Doch wenn Sie oben ankommen wollen, müssen Sie jede Stufe nehmen, eine nach der anderen. Falls Sie versuchen, ein paar zu überspringen, riskieren Sie es zu stürzen. Außerdem kann es zuweilen vorkommen, daß Sie glauben, Sie hätten das oberste Ende der Treppe erreicht, nur um dann festzustellen, daß es eine weitere Treppe zu ersteigen gilt, die darauf wartet, Sie noch höher hinauf zu bringen.

War es Angst –
oder Liebe?

*Liebe ist ein Raum, in dem alle anderen Emotionen
erfahren werden können.*

ROBERT PRINABLE

*Angst ist nicht die Gegenwart,
sondern nur Vergangenheit und Zukunft.*

EIN KURS IN WUNDERN

Liebe ist, wenn Sie nicht nur für sich das Beste wollen, sondern auch für die Menschen, die Sie lieben. Liebe ist nicht selbstsüchtig. Manchmal heißt Liebe, daß man loslassen und weitergehen muß. Wenn es Ihnen, nachdem Sie einen Teil des Trauerprozesses durchlaufen haben, immer noch schwerfällt, in die Phase des Vergebens und Loslassens überzugehen, dann sollten Sie sich selbst die folgenden Fragen stellen:

• Wenn ich mich selbst wirklich lieben würde, warum wollte ich dann mit jemandem zusammensein, der dieses Gefühl nicht erwidert?

• Wenn ich die andere Person liebe, möchte ich dann, daß derjenige alles tut, von dem er glaubt, daß es für sein Wachstum und Glück notwendig ist – selbst wenn das bedeutet, daß er nicht mehr mit mir zusammensein wird?

Ich weiß, manchmal ist es leichter, im Syndrom des »armen Ich« oder des Opfers von Beziehungen zu schwelgen, die nicht so gelaufen sind, wie wir es uns erhofft hatten. Doch wenn Sie sich selbst und auch Ihren letzten Partner wirklich lieben, werden Sie irgendwann das wollen, was für Sie beide am besten ist. Ich versichere Ihnen, daß es einen Grund gibt, wenn Sie nicht zusammen sind. Trotz der Weisheit, die jeder von uns auf der Erde erlangen kann, werden wir nie mehr wissen als Gott.

Wenn Sie schließlich irgendwann mit einem Gefühl der Liebe und Dankbarkeit auf die Beziehung zurückblicken können, dann fragen Sie sich: »Was war ihre Basis? War sie auf Gefühlen von Liebe oder Angst aufgebaut?« Wenn die Verbindung auf wahrer Liebe beruhte, dann werden Sie selbst dann, wenn Sie leiden, dem anderen nur Gutes wünschen. Basierte die Beziehung jedoch auf Angst, wird es Ihnen wichtig sein, den anderen zu kontrollieren oder zu besitzen. Sie werden glauben, daß der andere *Ihre* Vorstellung davon, »wie man sein Leben leben sollte«, übernehmen muß, trotz seines Bedürfnisses, ein Individuum zu sein. Wenn Sie Ihre Muster in vergangenen Beziehungen verstanden haben, kann Ihnen das helfen zu erkennen, warum Sie Verbindungen eingehen, die auf Angst basieren, und Sie in die Lage versetzen, diese Art von Beziehungen nicht mehr in Ihr Leben zu bringen oder zumindest »nein« zu sagen, wenn sie vor Ihrer Tür stehen.

Muster in vergangenen Beziehungen

Sie werden stets das gleiche bekommen,
wenn Sie stets das gleiche tun.

ANONYM

Die Erfahrung des Loslassens wird leichter, wenn Sie verstehen, warum Sie überhaupt die Beziehung geführt haben. In ihrem Buch *It's All in the Playing* schreibt Shirley MacLaine, daß das Leben jedes Menschen unter einem bestimmten Thema steht. Einige von uns stecken mitten in Dramen, andere in Komödien, Romanzen, Tragödien oder aufregenden Abenteuern. Wenn Ihr Thema zum Beispiel das Drama ist, wird es das immer bleiben, selbst wenn Sie die Hauptdarsteller, Nebendarsteller, Drehbücher und den Handlungsort wechseln. Die Filme *Casablanca* und *Alien* haben beispielsweise sehr unterschiedlichen Drehbücher, sind aber beides Dramen.

Wenn Sie genug von dem Thema haben, das Sie in Ihrem Leben ständig wiederholen, besteht die einzige Möglichkeit, es hinter sich zu lassen, darin, daß Sie es verstehen und Veränderungen vornehmen. Sie werden wohl nie in der Lage sein, Ihrem karmischen Lebensthema zu entfliehen, doch können Sie sich für bessere Drehbücher entscheiden, die Ihnen mehr zusagen. Um wirklich zu begreifen, warum Sie immer wieder den gleichen Menschentyp anziehen, müssen Sie nach innen schauen, um Ihre Vergangenheit zu verstehen und damit auch den Spiegel, den sie für Sie kreiert. Ich persönlich glaube, daß der schnellste und einfachste Weg, die eigenen, uns immer wieder sabotierenden Spiegel zu erkennen, von Dr. Barbara DeAngelis entwickelt wurde. Sie beschreibt die notwendigen Handlungen in ihrem Buch *Wie viele Frösche muß ich küssen?* Nachfolgend werde ich auf einige davon näher eingehen.

Als erstes schreiben Sie eine »emotionale Suchanzeige« für die Art von Lebensgefährten, die Sie gern in Ihr Leben bringen würden. Die meisten Leute würden eine Anzeige aufgeben, die so oder ähnlich lautet:

GESUCHT: Attraktiver, liebevoller Mensch für eine gegenseitig erfüllende, lebenslange Partnerschaft. Er muß in der Lage sein, seinen Gefühlen Ausdruck zu verleihen, und emotional erreichbar sein. Den Boden, auf dem ich wandle, sollte er ehren. Er muß erfolgreich sein, sollte jedoch nicht zuviel arbeiten. Wenn Sie emotional gesund, treu, ehrlich und auf der Suche nach einer lebenslangen Beziehung sind, dann rufen Sie mich an.

Die nächste Anzeige, die Sie schreiben müssen, gilt für den Typ Mensch, den Sie *tatsächlich* bisher in Ihrem

Leben angezogen haben. Diese Anzeige liest sich vielleicht eher folgendermaßen:

GESUCHT: Sind Sie unfähig, eine feste Verbindung einzugehen? Sich Ihrer Gefühle nicht bewußt? Nicht in der Lage zu kommunizieren? Ich suche jemanden, mit dem ich eine lange, schmerzhafte, nicht verpflichtende, unkommunikative, sexuell frustrierende Beziehung eingehen kann, in der mir ständig gemischte Signale gesendet werden. Ich werde Ihnen eine detaillierte Liste Ihrer Charakterfehler erstellen, die Gründe dafür aufzählen und darlegen, wie Sie sie überwinden können. Sie müssen dafür wenig oder keine Energie aufbringen. Ich ziehe es vor zu analysieren, warum Sie mich ignorieren oder schlecht behandeln, als tatsächlich Zeit mit Ihnen zu verbringen. Doch können Sie mich jederzeit anrufen, selbst wenn Sie sich längere Zeit in sich selbst zurückgezogen haben, ohne mir Bescheid zu geben oder sich zu melden. Wenn Sie sich gern ausweichend verhalten und glauben, die beste Lebensphilosophie lautet »Unterlassungssünden sind besser als begangene Sünden« und darüber hinaus nicht wissen, wie man ein Telefon benutzt, dann setzen Sie sich bitte mit mir in Kontakt.

Diese Anzeige mag Ihnen überspitzt vorkommen, doch Sie wird Ihnen die Chance bieten, ehrlich in bezug auf die Partner zu sein, die Sie bisher beim Universum »bestellt« haben. Sie mag Ihnen vielleicht sogar helfen, über die extremen Funktionsstörungen der Beziehungen zu lachen, die Sie immer wieder in Ihr Leben bringen. Wenn

Sie den Personentyp ändern wollen, den Sie anziehen, dann müssen Sie eine andere Suchanzeige aufgeben.

Um Ihnen verstehen zu helfen, warum Sie die Art von Mensch, die auf die zweite Anzeige reagiert, in Ihr Leben gebracht und akzeptiert haben, sollten Sie eine Liste von jedem Partner erstellen, mit dem Sie eine *wichtige* Beziehung hatten. Dazu gehören nicht die Menschen, mit denen Sie nur ein paarmal ausgegangen sind. Vielleicht handelt es sich sogar nur um eine einzige Person, falls Sie bisher nur eine wichtige Beziehung hatten. Dann beschreiben Sie – mit einem oder zwei Worten – jene negativen Eigenschaften und Charakterzüge, die Sie am meisten störten. Ihre Liste kann zum Beispiel die Begriffe *wütend, unehrlich, launisch, arbeitslos, selbstversunken* oder *nicht vertrauenswürdig* beinhalten. Lassen Sie hierbei die positiven Eigenschaften außer acht. Wenn Sie für jeden Ihrer Partner eine eigene Liste gemacht haben, markieren Sie alle Begriffe, die wiederholt auftreten. Erstellen Sie dann eine zusammenfassende Liste der betreffenden Worte oder Eigenschaften. Fallen Ihnen irgendwelche Trends ins Auge? Treten einige derselben Charakterzüge und Eigenschaften immer wieder aufs neue auf?

Der nächste Schritt besteht darin, Ihre emotionale Programmierung zu verstehen. »Emotionale Programmierung ist eine Ansammlung von Entscheidungen und Glaubenssätzen, die Sie über sich selbst, über andere und die Welt im allgemeinen geschaffen haben, als Sie heranwuchsen«, behauptet Dr. DeAngelis. Nach Meinung der

Psychologen haben Sie den Großteil dieser Programmie-
rungen erhalten, bevor Sie fünf Jahre alt waren.

Sie müssen eine Liste der schmerzvollsten Situationen
und Ereignisse erstellen, die Sie in Ihrer Kindheit erlebt
haben. Ihre *Auflistung* kann Punkte enthalten wie:
»Meine Eltern ließen sich scheiden« oder: »Mein Vater
kam nie zu meiner Geburtstagsfeier« oder: »Meine Mutter war Alkoholikerin«. Nach jeder Aussage schreiben
Sie eine Entscheidung auf, die Sie im Hinblick auf Ihre
damaligen Gefühle trafen. Wenn Ihr Vater nicht zu Ihrer
Geburtstagsfeier kam, entschieden Sie vielleicht, daß
Männer unverantwortlich sind – und daß man nicht auf
sie zählen kann. Diese Entscheidung führte später unter
Umständen zu Beziehungen mit Männern, die verant-
wortungslos waren und auf die Sie sich nicht verlassen
konnten. Schließlich war das die Botschaft, die Sie in
Ihrer Kindheit erhielten.

Oft kommt es vor, daß wir die emotionale Situation
wiedererschaffen, in der wir aufgewachsen sind – und
zwar nicht, weil sie uns so gut gefiel, sondern weil es
sich vertraut anfühlt und wir die Spiele, die gespielt werden, bereits kennen. Wenn Sie in Ihrer Seele glaubten,
daß Ihr Zuhause Liebe widerspiegelte, es in Wirklichkeit
aber einsam war, dann glauben Sie vielleicht, daß Liebe
und Einsamkeit dasselbe sind. Wenn Sie nicht wissen,
was Ihr unbewußter Spiegel ist, dann können Sie ihn
unmöglich verändern.

Der nächste Schritt ist der, eine Beschwerdeliste über
Ihre Eltern aufzustellen. Vergleichen Sie diese mit der

Aufstellung negativer Charakterzüge in Ihren wichtigen Beziehungen. Gibt es irgendwelche Eigenschaften, die sich überschneiden? Haben oder hatten Sie Partner, die die gleichen negativen Merkmale aufweisen wie ein Elternteil oder beide? Versuchen Sie bewußt oder unbewußt, eine Situation aus Ihrer Kindheit zu reparieren?

Für die Erstellung dieser Listen werden Sie wahrscheinlich eine Weile brauchen. Vielleicht sollten Sie sie mit einigen Ihrer Freunde besprechen, um zu einem wirklich ehrlichen Ergebnis zu gelangen. Ich empfehle Ihnen, das zweite Kapitel in Dr. DeAngelis' Buch *Wie viele Frösche muß ich küssen?* noch einmal zu lesen und die dort beschriebenen Übungen durchzuführen. Sie werden auf einleuchtende Beispiele und Erklärungen stoßen.

Nur wenn Sie Ihre Aufmerksamkeit in bezug auf Ihre emotionalen Muster steigern, wird es Ihnen möglich sein, sie nach und nach zu verändern. Doch die gute Neuigkeit ist, daß Sie sie *ändern können.* Das erfordert zwar Arbeit und vollen Einsatz Ihrerseits, doch wird es mehr als der Mühe wert sein. Wenn Sie sich von Ihrer Liste überwältigt fühlen, sollten Sie vielleicht professionelle Hilfe oder Gruppen in Erwägung ziehen, die sich mit ähnlichen Themen befassen und Ihnen helfen können, Ihre Vergangenheit zu verstehen und zu akzeptieren, damit Sie sie loslassen und den nächsten Schritt in Ihrem Leben tun können.

Julies Freundin Joanna hatte einen akademischen Grad, nahm an Hochschulkursen teil und war politisch aktiv. Sie war eine hervorragende Organisatorin und Verwaltungsbeamtin. Doch sie wechselte ständig von einer Sekretärinnenstelle zur nächsten. Ungefähr drei Jahre nach dem College-Abschluß sagte sie zu Julie: »Ich habe keine Lust mehr, weiter als Sekretärin zu arbeiten.«

»Nun, Joanna, es gibt einen sicheren Weg, wie du das nächste Mal keine Sekretärinnenstelle mehr bekommst«, erwiderte Julie.

Joanna war ganz aufgeregt und wollte wissen: »Wie denn? Sag es mir!«

»Bewirb dich nicht um eine«, antwortete Julie.

So einfach war das. Joanna bewarb sich nie mehr um eine Stelle im Sekretariat und hat heute eine angesehene Position in der Verwaltung inne.

Julie meint, daß Menschen sich in bestimmten Situationen wiederfinden, weil es – bewußt oder unbewußt – die Rolle ist, um die sie sich bewerben. Wenn Sie nicht mit einem Partner zusammensein wollen, der Eigenschaften hat, die Ihnen mißfallen, dann bewerben Sie sich nicht darum, der Partner eines solchen Menschen zu werden. Wenn Sie sich fragen, warum Sie immer wieder eine bestimmte Art von Mensch anziehen, dann suchen Sie wahrscheinlich nach Eigenschaften oder einem Lebensstil, der mit diesem Personentyp einhergeht. Oder vielleicht spielen Sie auch eine Rolle, die die andere Person zwingt, eine Rolle zu spielen, die Sie widerspiegelt.

Julie hatte den Eindruck, daß sie in einer Beziehung mit einem Mann steckte, der die Rolle ihres Vaters spielte. Ob-

gleich die Beziehung viele gute Seiten hatte und der Mann –
im Gegensatz zu Julies Vater – sie sowohl beruflich als auch
persönlich unterstützte, spielte er dennoch eine vaterähnliche
und Julie eine tochterähnliche Rolle.

Diese Beziehung hatte die Energie einer Seelenpartnerschaft
und wies eine geistige Verbindung auf, wie Julie sie zuvor
noch in keiner ihrer Beziehungen erlebt hatte. Selbst nachdem
sie sich von dem Mann getrennt hatte, dauerte es noch einige
Jahre, bis ihr klar wurde, daß sie, falls sie keine Beziehung
mehr mit einem Mann haben wollte, der die Rolle des Vaters
übernahm, auch nicht mehr die der Tochter spielen durfte.

Julie war sich lange nicht bewußt, daß sie wie eine Tochter
handelte, da sie andererseits eine sehr unabhängige Frau ist
und nicht jemand, der ständig Bedürfnisse hat, die befriedigt
werden müssen; sie suchte auch nicht nach einem Mann, der
finanziell oder in irgendeiner anderen Hinsicht für sie sorgen
würde. Doch sie erkannte, daß die erste Beziehung, die jedes
Mädchen mit einem Mann hat, die zu seinem Vater ist. Dabei
lernt es, wie es sich Männern gegenüber verhalten und welche
Rolle es spielen muß.

Julie wurde klar, daß sie wie eine Tochter handelte und in
ihren Liebesbeziehungen väterliche Typen anzog. Sie wollte
»alles für Papa tun« und seine Bestätigung bekommen, indem
sie sagte: »Sieh mich an, sieh, was ich getan habe.« In ihrer
Arbeit zum Beispiel konnte sie erwarten, ihrem Freund ihre
Projekte zu zeigen, doch nicht auf die Art, wie sie sie ihren anderen Kollegen zeigte. Da er und sie im gleichen Bereich tätig
waren, konnte er nachvollziehen, was sie tat und warum sie es
tat. Doch präsentierte sie ihm ihre Projekte wie ein aufgeregtes

kleines Mädchen, das begeistert war, vor seinem Papa so klug dazustehen.

»Ich verhielt mich wie Shirley Temple – wie eine altkluge, frühreife Vierjährige, die sich den Vierzigern näherte –, grinste von einem Ohr zum anderen und sagte: ›Schau, was ich gemacht habe‹«, sagte Julie. »Natürlich habe ich nicht genauso gehandelt, doch innerlich habe ich mich so gefühlt. Ich bin sicher, daß einiges dieser Energie meine Handlungen geprägt hat.

Wann immer ich mich so verhielt, spielte mein Freund seine Rolle und wurde ganz aufgeregt, wie ein stolzer Vater«, fuhr Julie fort.

Schließlich sah sie, daß das Ganze mit einer Diät vergleichbar war. Wenn Sie Ihre Nahrungsweise ändern müssen und wissen, daß Sie eine Schwäche für Kartoffeln in jedweder Form haben – Pommes frites, Kartoffelbrei, gebackene Kartoffeln und Kartoffelchips –, dann können Sie Ihre Kartoffelsucht nicht einfach aufgeben, indem Sie entscheiden, daß Sie von jetzt an zwar alle möglichen Kartoffelgerichte essen werden, aber keine Chips mehr oder nur noch Pommes frites. Sie müssen Kartoffeln per se aufgeben. Irgendwann werden Sie dann nach und nach in der Lage sein, sie auf eine gesunde Art wieder in Ihren Essensplan aufzunehmen.

Julie hatte das Gefühl, daß es sich mit Beziehungen genauso verhält. Wenn Sie ein Muster haben, das nicht gut für Sie ist, dann müssen Sie es durchbrechen. Sie müssen alles, was dieses Muster bei Ihren vergangenen Beziehungen auch nur im entferntesten widergespiegelt hat, völlig aufgeben – selbst wenn das Muster an sich nicht schlecht ist –, bis Sie die Gründe *verstehen, warum Sie es übernommen haben. Sie müssen ein Verständnis dafür entwickeln, woher das Muster kommt, warum Sie es aufrechterhalten, wie Sie es beenden können, mit welchem positiven Verhalten Sie das alte ersetzen können, wie Sie es mit neuen Augen betrachten können und wie Sie Ihre Reaktionen auf das Drücken der jeweiligen Knöpfe, die das Muster aktivieren, ändern können.*

In ihrer nächsten Beziehung bewarb sich Julie nicht um die Rolle der Tochter und fand auf diese Weise einen Partner statt einen Vater.

Wenn Sherry auf ihre Beziehungen zurückblickte, sah sie, daß sie alle unter einem ähnlichen Thema standen: Suche nach Liebe, gerettet und ergänzt werden. Außerdem erkannte sie, daß sie nie einen der Männer ausgesucht hatte, mit denen sie eine Beziehung hatte – sie war von ihnen ausgewählt worden, und das machte es ihr sehr schwer loszulassen, wenn die Beziehung nicht mehr stimmte.

Als sie Jerry zum ersten Mal traf, war sie siebzehn und er zweiundzwanzig. Sie stand kurz vor ihrem High-School-Abschluß, und er hatte gerade das College beendet und wollte Tiermedizin studieren. Nachdem sie drei Jahre miteinander befreundet waren und sich geschrieben hatten, heirateten sie. Sherry war Hals über Kopf in Jerry verliebt. Außerdem hoffte sie, von einer physisch und verbal ausfallenden Mutter errettet zu werden.

Obwohl sie glaubte, ein ganzer Mensch zu sein, hatte sie das Gefühl, durch einen anderen Menschen abgerundet werden zu müssen. »Zu denken, daß ein anderer Sie ganz machen kann, hört sich gut an, doch erst wenn Sie tagein, tagaus in einer Beziehung stecken, merken Sie, daß Sie ein ganzer Mensch sein müssen, bevor Sie eine gesunde Beziehung führen können«, sagt Sherry. »Sie brauchen eine andere Person, damit sie Ihre Ganzheit teilen kann, nicht um Sie zu ergänzen. Wenn Sie selbst noch nicht ganz sind, wird die Beziehung zu einem Konkurrenzkampf, in dem es darum geht, wer von wem ergänzt wird.«

Nach fünfzehn Jahren einer lieblosen, kalten Beziehung mit Jerry, der als Psychopath diagnostiziert worden war, und als sie merkte, daß ihre beiden Kinder sein unmögliches Verhalten nachahmten, beschloß sie, sich von ihm zu trennen. Zunächst hatte sie geglaubt, daß sie in der Lage wäre, um der Kinder willen die Ehe aufrechtzuerhalten. Doch als sie sah, daß ihre Ehe den Kindern schadete, wußte sie, daß sie ihnen nicht das liebevolle Elternhaus bot, das sie ihnen geben wollte. Die Scheidung lief freundschaftlich. Doch bald darauf beschloß Jerry, daß er das Fürsorgerecht für die Kinder haben und Sherrys Leben zerstört sehen wollte.

Die nächsten sechs Jahre verbrachte sie mit Kämpfen um das Sorgerecht und dem Versuch zu überleben. Zuweilen kam sie nach Hause und merkte, daß jemand in ihr Haus eingebrochen war und ihre Papiere durchwühlt hatte. Zuerst wollte sie zurückschlagen, doch wann immer sie solche Gedanken hatte, setzten sich Jerrys negative Handlungen fort. Sherry hatte das Gefühl, als wollte das Universum ihr sagen, sie solle Jerry in Liebe loslassen und ihm ihren Segen geben. Wenn sie sich rächen wollte, lieferte sie der negativen Energie nur noch mehr Zündstoff.

Eines Tages hatte sie einen schweren Autounfall, da der Bremszylinder ihres Wagens beschädigt worden war. Nach dem Unfall schickte sie einen Automechaniker zum Schrottplatz, um den Wagen zu untersuchen und festzustellen, ob es noch andere Gründe für den Unfall gab. Der Bremszylinder war mittlerweile gestohlen worden. Sherry glaubte, daß dies ein Zeichen dafür war, daß Jerry vor nichts haltmachen würde und sie ihm verzeihen, ihren Segen geben und ihn in ihrem Innern loslassen mußte, damit sie ihr eigenes Leben leben konnte. Als sie bereit war, Jerry zu segnen und ihn von liebevollem weißem Licht umgeben zu visualisieren, nahm die Beziehung ihr Ende.

Im Laufe der Jahre hatte sie mehrere Beziehungen mit Männern, bei denen sie das Gefühl hatte, seelisch mit ihnen verbunden zu sein. Auch hier waren es immer die Männern, die sie aussuchten, doch sie spürte eine spirituelle Verbindung mit ihnen. Bei allen Beziehungen war sie jedoch auf die eine oder andere Art Mißhandlungen ausgeliefert: verbal, emotional und sogar körperlich. All diese Männer waren, wie sie, berufstätig und gebildet.

Wann immer sie Mißhandlungen ausgesetzt war oder verfolgt wurde, bat sie den Erzengel Michael und seine Engelschar um Hilfe. Wie durch ein Wunder stellte der betreffende Partner dann sein Verhalten ein oder ging fort.

Sie lernte von einer Beziehung zur anderen, ihre Grenzen auszudehnen, obwohl sie noch immer nie selbst ihren Partner wählte. Wenn Sie sich machtlos fühlen, ist Loslassen besonders hart, da Ihr Geist von Gefühlen der Ablehnung, der Wut und von Schmerz überwältigt wird.

In einer ihrer Beziehungen bat ihr Partner sie eines Morgens, seine Frau zu werden. Als sie am selben Abend zu ihm nach Hause ging, fand sie ihn mit einer seiner Exgeliebten im Bett. Das war ein Wendepunkt für Sherry, da sie erkannte, daß dies nichts mit ihr zu tun hatte. Es war sein Thema. »Wenn er mich am Morgen bitten konnte, seine Frau zu werden, und am gleichen Abend mit einer anderen Frau ins Bett ging, dann wußte er einfach nicht, was er wollte«, sagte Sherry. »Außerdem sah ich, daß ich selbst nicht wußte, was ich von einer Beziehung wollte, und daß ich das widergespiegelt bekam.«

Obwohl es ihr weh tat, die Beziehung loszulassen, war sie in der Lage, sie in Liebe zu beenden. Sie erkannte die Lektion, die sie lernen mußte.

Diese Erfahrung half ihr zu glauben, daß man, wenn man eine Beziehung unter unglücklichen Bedingungen beendet, eine weitere Verbindung anzieht, die unglücklich ist. Sherry meint, daß es auch dann, wenn Sie uneins sind, wichtig ist, freundschaftlich auseinanderzugehen. Sie können nicht eine Beziehung hinter sich lassen und Scham und Schuld auf den anderen projizieren. Wenn Sie jemanden in Ihr Leben bringen wollen, der liebevoll und freundlich ist, müssen Sie sich zuerst selbst so fühlen und verhalten.

Ihre nächste Beziehung basierte auf Liebe. Sherry glaubt, daß dies möglich war, weil es ihr gelungen war, ihre vorherige Beziehung in Liebe zu beenden, und weil sowohl sie als auch ihr neuer Partner sich auf der Suche nach Liebe befanden. Obgleich er wesentlich jünger war als sie, paßten sie gut zueinander und liebten sich. Irgendwann allerdings schaffte der Altersunterschied langfristige Probleme. Er wünschte sich

Kinder, doch Sherry konnte keine mehr haben. Schließlich verliebte er sich in seine Jogging-Partnerin. Der Zeitpunkt für die Beendigung dieser Beziehung war nicht gut für Sherry, doch war es nur eine weitere schwierige Erfahrung unter vielen anderen. Sie fühlte sich als Opfer und fragte: »Wie konntest du mir das antun?«

Bald darauf zog sie in einen anderen Bundesstaat, weil sie eine neue Arbeit bekommen hatte. Dort ging sie eine neue Beziehung ein, die von Anfang an stürmisch verlief. Die Widerspiegelung ihrer Opferhaltung – das Gefühl, das sie hatte, als ihre vorige Beziehung zu Ende ging – setzte bald ein. Ihr ist klar, daß sie die jetzige Beziehung wohl bald beenden muß.

»Es ist wichtig, wie man eine Beziehung beendet«, meint Sherry, »denn das schafft die Basis für Ihre nächste Beziehung.«

Jedesmal, wenn sie einen Mann gehen lassen mußte, griff sie zu Affirmationen, Gebeten und Visualisierungen, damit sie schneller heilen konnte. Sie bittet um göttliche Hilfe nicht nur für sich selbst, sondern auch für die andere Person.

Sherry sieht, daß sie ganz sein muß und nicht bedürftig, bevor sie ihren idealen Partner anziehen kann. Sie weiß, daß sie nicht das Recht hat, jemanden aufzufordern, sich zu ändern; doch sie weiß auch, daß sie das Recht hat, ihre persönlichen Grenzen abzustecken. Es geht darum zu erkennen, was für Sie funktioniert und was nicht, sich selbst kennenzulernen und zu wissen, wer man ist.

Sherry ist dabei, ihre gegenwärtige Beziehung in Liebe zu beenden. Sie hat vor, eine aktivere Rolle bei der Wahl ihres nächsten Partners zu spielen, statt von ihm ausgewählt zu werden. Mit fünfundvierzig Jahren freut sich Sherry darauf, ihre alten Muster zu durchbrechen und in ihrer nächsten Beziehung die Lektionen anzuwenden, die sie gelernt hat.

Ihre vergangenen Partner waren zum jeweiligen Zeitpunkt ideale Gefährten für Sherry, und sie zog sie an, weil sie ihr Lektionen über persönliche Entscheidungen und Selbstliebe brachten. Bis sie diese Lektionen verinnerlicht hat, werden immer wieder die gleichen Lehrer auftauchen.

Verzeihen

Zu verzeihen ist die erhabenste und
schönste Form der Liebe.
Im Austausch dafür werden Sie unermeßlichen
Frieden und Glück erfahren.

ROBERT MULLER

Verzeihen ist ein emotionaler Zustand, der uns von Wut, Bitterkeit, Schuld, Angst und Scham erlöst. Wie ich wiederholt in diesem Buch erwähnt habe, können – und sollten – Sie Ihre Gefühle nicht verdrängen oder vergraben, doch sollten Sie danach streben, sie so schnell wie möglich zu überwinden. Wenn Sie an Vergebung denken, dürfen Sie nicht vergessen, daß dies alle Personen einschließt, die Ihnen weh getan haben, auch Sie selbst. Vergebung schenkt uns inneren Frieden in bezug auf all die Situationen, die unser Leben negativ beeinflußt haben. Ohne Vergebung tragen wir ständig die negativen Gefühle und Energien von Erfahrungen mit uns herum, die uns in der Vergangenheit Schmerzen zugefügt haben.

Vergebung wird oft damit assoziiert, jemandem (der vermutlich nicht der goldenen Regel »Was du nicht willst, daß man dir tu, das füg auch keinem andern zu« gefolgt ist) seine Vergehen nachzusehen. Doch letztendlich hat Vergebung damit zu tun, *sich selbst* von der emotional, geistig und spirituell mühseligen Aufgabe zu befreien, all die negativen Dinge mit sich herumzuschleppen, die andere Menschen Ihnen angetan haben. Wenn Sie ein Leben führen, ohne zu verzeihen, dann ist das so, als würden Sie eine Schubkarre schieben, und jedesmal, wenn Ihnen jemand weh tut, einen weiteren Stein in Ihre Schubkarre laden. Zusätzlich laden Sie auch dann immer einen Stein in Ihre Schubkarre, wenn Sie glauben, etwas falsch gemacht zu haben. Die Steine variieren in ihrer Größe, je nach der Schwere des jeweiligen Vergehens. Vielleicht haben Sie nur kleine Steinchen und einige von der Größe eines Golfballs oder Fußballs in Ihrer Karre, vielleicht aber auch ein paar Felsbrocken. Jeder für sich betrachtet, scheinen diese Steine keine große Last darzustellen, doch zusammengenommen sind sie ziemlich schwer. Stellen Sie sich vor, daß Sie ein Leben lang solche Steine sammeln und diese Last vor sich herschieben. Wie viele Steine befinden sich in Ihrer Schubkarre?

Die Wut und den Schmerz über vergangenes Leid mit sich herumzutragen – ob es sich nun dabei um etwas handelt, was Ihnen jemand angetan hat oder was Sie einem anderen zugefügt haben – trägt nur dazu bei, Ihren Energiefluß zu blockieren – was dazu führt, daß wir von der universalen Lebenskraft getrennt werden, die wir Liebe nennen. Wenn Sie anderen vergeben, dann tun Sie das auch, um *sich selbst* zu retten.

Es ist nicht schwer, die Steine in unserer Schubkarre zu benennen, die von den Kränkungen anderer Menschen

331

herrühren. Meistens wissen wir genau, wer uns verletzt hat und auf welche Weise. Doch was ist mit den Steinen, für die Sie sich selbst verzeihen müssen? Was ist mit der endlosen Reihe von schlechten Beziehungen, die Sie geführt haben. Vielleicht geben Sie sich selbst die Schuld, zu lange in einer Beziehung geblieben zu sein, wo Sie schlecht behandelt wurden. Doch die Wahrheit ist, daß jede Beziehung eine Gelegenheit für Wachstum bietet. Die Dinge sind genau so geschehen, wie sie für Ihre Seele und Ihre spirituelle Entwicklung notwendig waren. So etwas wie Versagen gibt es nicht, nur Gelegenheiten, zu lernen und zu wachsen. Dadurch, daß Sie eine bestimmte Situation durchlebt haben, sind Sie vielleicht ein mitfühlenderer Mensch geworden. Der Punkt ist folgender: Wenn Sie sich nicht selbst vergeben, fügen Sie Ihrer Schubkarre noch mehr Lasten hinein, was dazu führt, daß Sie sich immer langsamer und schwerfälliger durch Ihr Leben bewegen.

Wahrscheinlich wird Ihre Schubkarre nie völlig leer sein. Sie werden immer wieder Prüfungen bestehen müssen, und Sie werden immer wieder sich selbst und anderen für irgend etwas vergeben müssen. Das nennt man menschliche Erfahrung. Es ist wichtig, täglich Inventur zu machen und zu sehen, wie viele Steine Sie mit sich herumschleppen und wo Sie sich im Prozeß der Vergebung befinden.

Verzeihen ist eine Reise. Ohne göttliche Intervention wird es in den meisten Fällen nicht über Nacht geschehen. Doch es gibt einige Schritte, die Sie unternehmen können, um den Prozeß zu beschleunigen. Schreiben Sie alles genau auf, für das Sie sich selbst und anderen verzeihen sollten. Sie müssen diese Liste mit niemandem teilen, nur mit sich selbst und Gott, wenn Sie wollen. Doch wenn Sie wissen, was Sie zu vergeben versuchen, können Sie darüber meditieren, es visualisieren und dabei Gott um Hilfe bitten. Wenn Sie verstehen, was Sie vergeben, werden Sie außerdem weniger dazu neigen, Ihre Vorwürfe und Gefühle von Wut, Scham und Bitterkeit auf andere Menschen zu projizieren.

Sich selbst und anderen zu verzeihen ist ein Prozeß, der Zeit und Mühe braucht. Ein vergebendes Herz schafft Raum, in dem Liebe wachsen kann. Ohne Vergebung wird Ihr Herz kalt und hart. Solange Ihr idealer Partner keine Marmorstatue ist, wird verzeihen etwas sein, das Sie Ihr Leben lang üben müssen.

Symbolische Handlungen

Gedanken allein können keine
Wesensänderung herbeiführen; Ihre Bemühungen
müssen in die richtige Richtung gehen,
und Gedanken und
Bemühungen müssen einander entsprechen.

P. D. OUSPENSKY und G. I. GURDJIEFF

Seit Anbeginn der Zeit hat der Mensch Rituale geschaffen, die ihm halfen, die Kluft zwischen der geistigen und physischen Welt zu überbrücken. Tänze, Altäre
und Gebete sind alle dazu eingesetzt worden, mit den
universalen Mächten, die entweder als Gott oder Götter
empfunden wurden, zu kommunizieren, wenn die Menschen göttlichen Beistand suchten. Rituale wurden praktiziert, bei denen um Regen gebeten und dafür gedankt
wurde, daß es regnete, damit das Getreide gedieh, die
Jagd erfolgreich verlief, eine Ehe zustandekam und gesunde Nachkommen geboren wurden. Da das physische
Überleben früherer Zivilisationen zum großen Teil von
Mächten abhing, die jenseits ihrer Kontrolle lagen, war
Vertrauen in das Universum eine Notwendigkeit. In der
Vergangenheit wurden mehr Rituale praktiziert, um die
geistige und physische Welt miteinander zu verbinden,

als dies heute der Fall ist. In der modernen Welt wird Ihr Supermarkt die Orangen aus Südkalifornien einfliegen lassen, wenn die Orangenernte in Florida durch Frost zerstört wurde. Vielleicht wird der Preis höher sein, doch Sie werden nicht auf Orangen verzichten und auch nicht fürchten müssen zu verhungern.

Was ich damit sagen will, ist, daß Symbole und Rituale sehr wichtige Hilfsmittel sind, um unserem logischen, analytischen Verstand zu ermöglichen, eine Brücke zu unserer Seele und der nicht greifbaren spirituellen Welt zu schlagen. Sie geben unserem Geist etwas, das er erfassen kann, und sie zeigen uns unseren spirituellen Standort.

Nachfolgend finden Sie mehrere Techniken, die Ihnen helfen können, den Prozeß des Loslassens zu beschleunigen und symbolisch zu unterstützen.

Tagebuch schreiben

Wenn Sie niederschreiben, was Sie im Rahmen einer Beziehung fühlen, die Sie loszulassen versuchen, verarbeiten Sie Ihre Emotionen. Das Tagebuch ist ein sicherer Ort, wo Sie alles ausdrücken können, was Sie wollen. Sie müssen weder nett sein noch politisch korrekt, noch müssen Sie im Recht sein. Sie können alles in Worte fassen, was Sie fühlen. Ihr Tagebuch sollte etwas sein, das nur für Ihre Augen bestimmt ist. Wenn Sie Ihre Emotionen nicht an die Oberfläche dringen lassen, werden Sie irgendwann in andere Bereiche Ihres Lebens durchsickern. Dann zeigen sie sich vielleicht als Wut, Krankheit oder Depression, doch zeigen werden sie sich. Diese unterdrückten Emotionen können sogar genau das sein, was Sie davon abhält, Ihren Wunschpartner anzuziehen. Ein Tagebuch zu führen hilft Ihnen, Ihre Gefühle und Ihre Beziehungsmuster zu verstehen. Muster und Gewohnheiten, die Sie nicht verstehen, können Sie schwerlich aufgeben. Das Niederschreiben Ihrer Gefühle und Gedanken kann der erste Schritt sein, Dinge loszulassen, die nicht funktionieren.

Briefe

In manchen Fällen kann es angebracht sein, Ihrem Expartner oder Ihren Expartnern einen Brief zu schreiben, in dem Sie Ihre Gefühle über die jeweilige Beziehung zum Ausdruck bringen. Jedoch bedeutet die Tatsache, daß Sie diesen Brief schreiben, nicht, daß Sie ihn *abschicken* oder dem Betreffenden *geben* sollten. Das Briefeschreiben kann eine Form des Abschlusses sein. Wenn Sie beabsichtigen, den Brief, den Sie schreiben, abzuschicken, sollte er von den Gefühlen handeln, die Sie bezüglich der Beziehung haben. Er *sollte nicht* den Versuch darstellen, Ihrem ehemaligen Partner jede einzelne Begebenheit verständlich zu machen, in der Sie sich ungerecht behandelt fühlten, und ihm zeigen, wie Sie beide für immer glücklich miteinander leben könnten, wenn er nur seine Schwächen überwinden würde. Ein Brief hat damit zu tun, eine Tür zu schließen und nichts weiter zu erwarten – außer zu wissen, daß Sie Ihre Gefühle ehrlich zum Ausdruck gebracht haben. Der Brief sollte immer mit Worten der Dankbarkeit über die Beziehung enden, da sie Ihnen half, zu lernen und zu wachsen.

Gebete
Vergessen Sie nicht, Gott – oder was immer Sie als universale Macht betrachten – zu bitten, Ihnen dabei zu helfen, Menschen und Situationen loszulassen, die Ihnen Schmerzen bereiten. In der Bibel heißt es: »Bitte, und du wirst empfangen.« Versuchen Sie es. Es funktioniert.

Erinnerungsschachtel
Vielleicht möchten Sie alles, was Sie an Ihren Expartner erinnert, in eine Schachtel tun. Das können Bilder sein, Briefe und Geschenke. Auf diese Weise verschwinden Dinge, die Sie an die Beziehung erinnern, aus Ihrem täglichen Blickfeld. Hierbei handelt es sich um das sogenannte »Aus-den-Augen-aus-dem-Sinn-Prinzip«. Wenn Sie Ihre Erinnerungsschachtel füllen und dabei in Erinnerungen schwelgen, ist Ihnen vielleicht zum Weinen zumute. Weinen Sie nur, denn Tränen sind gut, da sie freisetzen und uns helfen, zu trauern. Wahrscheinlich wird der Moment kommen, in dem Sie Ihre Erinnerungsschachtel am liebsten wegwerfen möchten. Doch irgendwann werden Sie die Bilder vielleicht wieder in Ihr Fotoalbum einkleben wollen. Bevor Sie also irgendeine endgültige Entscheidung über den Inhalt der Schachtel treffen, sorgen Sie dafür, daß Sie alle Stadien des Trauerprozesses durchlaufen haben. Die Zeit heilt tatsächlich alle Wunden.

Brennende Schüssel

Phoenix steigt auf aus der Asche. Das Verbrennen von Dingen hat seit jeher Beendigung und Wiedergeburt symbolisiert. Wenn Sie die Fotos und Briefe Ihrer Expartner nicht mehr wollen, können Sie sie verbrennen. Doch empfehle ich Ihnen, diese Dinge so lange in einer Erinnerungsschachtel aufzubewahren, bis Sie *genau wissen*, daß Sie sie nicht mehr wollen. Sie sollten eine klare, rationale Entscheidung treffen und nicht eine, die auf Kummer, Wut und Schmerz basiert. Wenn es sich richtig anfühlt, können Sie diese Erinnerungsstücke verbrennen. Falls Sie bereits in einem frühen Stadium Ihres Trauerprozesses eine Feuer-Zeremonie vornehmen wollen, dann schreiben Sie lieber einen Brief oder malen Sie ein Bild und verbrennen Sie dies.

Visualisierung

Wenn Sie meditieren, können Sie den Menschen, der Ihnen Schmerz zugefügt hat, umgeben von einem weißen, heilenden Licht visualisieren. Das mag zunächst schwierig sein. Sie können die negativen Gefühle und die Energie, die Sie für diesen Menschen empfinden, durch Ihren Körper fließen und durch Ihre Hände austreten lassen. Wahrscheinlich müssen Sie dies eine Weile üben, doch irgendwann werden Sie in der Lage sein, es mit einem liebevollen Gefühl zu tun, und dann wird die Heilung wirklich beginnen.

Affirmationen

Affirmationen sind positive Aussagen über das, was Sie zu erreichen *erwarten,* nicht hoffen. Beim Prozeß des Loslassens ist es die Erklärung, daß Sie verziehen haben und die Beziehung loslassen. Ein Beispiel: *Ich befreie mich selbst und Todd* (oder wen auch immer) *von vergangenen Schmerzen, Hoffnungen und Erwartungen, was die Beziehung hätte sein können. Wir sind frei weiterzugehen, hin zu neuen und lohnenderen Erfahrungen.*

Veränderung Ihrer physischen Umgebung

Vielleicht möchten Sie die Möbel in Ihrem Haus umstellen, neue Bettwäsche kaufen oder ein Zimmer streichen. Jedesmal, wenn Sie Ihre physische Umgebung verändern, verändern Sie damit auch den Energiefluß. Es wäre sicherlich hilfreich, wenn Sie ein Buch über Feng Shui lesen würden, die chinesische Kunst der harmonischen Gestaltung und des Energieflusses in Ihrem Wohnraum. Die Theorie besagt, daß die Anordnung von Möbelstücken und Wohnaccessoires in einem Raum diesen universal freundlicher gestalten kann, um das anzuziehen, was Sie in Ihrem Leben haben wollen. Ihr Schlafzimmer zum Beispiel sollte etwas Rotes haben, um den Fluß der sexuellen Energie zu intensivieren. Sie können auch die Entscheidung treffen, Ihre Schränke aufzuräumen. Geben Sie die Dinge weg, die Sie nicht mehr haben wollen, oder veranstalten Sie einen privaten Flohmarkt, bei dem Sie alte Kleidungsstücke, Möbel, Bücher, Geschirr und andere Sachen, die Sie nicht mehr benutzen, loswerden. Wenn etwas nicht mehr gebraucht wird und nur noch als Staubfänger dient, dann lassen Sie es gehen, und schaffen Sie auf diese Weise Raum für etwas Neues.

Verändern Sie sich selbst
Es mag oberflächlich klingen, doch ist dies jetzt vielleicht der richtige Zeitpunkt, eine andere Frisur auszuprobieren, Ihre Garderobe auf den neuesten Stand zu bringen und sich ein neues Hobby zuzulegen. Verändern Sie Ihre Muster, und tun Sie etwas völlig Neues. Tun Sie Dinge, die Ihnen ein gutes Gefühl in bezug auf sich selbst geben. Vielleicht ist es eine Maniküre oder eine Massage. Wichtig ist, Dinge zu tun, die Ihnen erlauben, sich weiterzuentwickeln und zu dem Menschen zu werden, dem Sie begegnen wollen. Wenn es eine Leere in Ihrem Leben gibt, können Sie die Trauer am besten verarbeiten, indem Sie diese Leere mit Dingen und Betätigungen anfüllen, die Ihnen guttun und Ihr Selbstwertgefühl stärken.

Seifenblasen
Erinnern Sie sich, als Sie noch ein Kind waren und Seifenblasen machten? Sie flogen bunt schillernd durch die Luft und zerplatzten. Manchmal macht es mir Spaß, Seifenblasen zu machen und zu visualisieren, wie meine Wut und mein Schmerz davonfliegen und schließlich in der Luft zerplatzen. Ich weiß, das hört sich ein wenig albern an, doch wenn es Ihnen einen Augenblick der Freude und ein Lachen schenkt, ist es ein Schritt hin zum Loslassen und Weitergehen.

Es gibt keine magischen Schnell-Lösungen, die Ihnen die zuweilen schwierige Erfahrung des Loslassens abnehmen. Sie können Loslassen weder kaufen noch verstehen oder auf Wunsch geschehen lassen. Es passiert, wenn Sie sich darum bemühen, Ihre Vergangenheit und Ihr gegenwärtiges Leben zu begreifen, und bereit sind, den nächsten Schritt in Ihre Zukunft zu tun. Was Sie loslassen müssen, ist für jede Situation einzigartig. Geduld und Zeit sind die Schlüssel, die Ihnen erlauben, den Prozeß des Loslassens zu erfahren und wahrzunehmen. Betrachten Sie das Ganze als den Versuch, über eine Brücke von einer Insel zur anderen zu gehen. In der Mitte der Brücke befindet sich eine Tür mit einem geheimen Code. Alle Schritte, die Sie machen, um die Brücke zu überqueren, sind Teil des Geheimcodes, der Ihnen schließlich ermöglichen wird, die Tür zu öffnen. Vielleicht wird der Versuch, den Code zu entschlüsseln, Sie zuweilen frustrieren und ermüden, eines Tages werden sich Ihre Anstrengungen bezahlt machen, und die Tür wird sich öffnen. Dann wird es Ihnen möglich sein, die Brücke zu überqueren und das Land des Loslassens und der Vergebung zu betreten.

Wenn ich loslasse, was ich bin,
werde ich zu dem, was ich sein könnte.

John Heider

Nachwort

Als ich sehr jung war, verliebte ich
mich bis über beide Ohren ... und glaubte allen
Ernstes, daß ich nie wieder so
fühlen könnte ... doch neun Jahre später ...
tat ich genau das, und um ein Vielfaches stärker
und tiefer als zuvor.

ISAK DINESEN

Die verblüffendste, komplizierteste, ekstatischste, freudigste und zugleich lebensspendende, geheimnisvolle Reise, die Sie je machen werden, ist die Reise mit dem Ziel, Ihren Wunschpartner zu finden. Doch das ist nicht das Ende. Wenn Sie ihn erst gefunden haben, setzt sich die geheimnisvolle Reise fort. Sie werden Augenblicke tiefster Liebe und höchsten Glücks erfahren, die weit über Ihre kühnsten Träume hinausgehen. Es sind genau diese Augenblicke, die Sie motivieren, auch während der normalen Wachstumsschmerzen, die Teil jeder Beziehung sind, die Verbindung aufrechtzuerhalten.

Mit Hilfe der Fallbeispiele, die ich mit Ihnen geteilt habe, sind Sie in der Lage zu erkennen, daß die Beziehungen, in denen Sie sich befinden und die für Sie stimmen oder die sich nicht so entwickelt haben, wie Sie es erhofft oder geplant hatten, zu dem Zeitpunkt genau richtig für Sie sind oder waren. Manchmal sind die Menschen, mit denen wir eine Beziehung führen, nur gekommen, um uns Mitgefühl, Einfühlungsvermögen und – das wichtigste – Liebe zu lehren.

Viele Menschen glauben, daß es Bestimmung oder reine Glückssache ist, den idealen Partner zu finden – es ist einfach Schicksal. Doch ich muß Sie daran erinnern, daß das Schicksal nur dann an Ihre Tür klopft, wenn Vorbereitung und Gelegenheit sich treffen.

Einige Ihrer vorübergehenden Partner können Ihnen helfen, sich auf eine Beziehung mit Ihrem idealen Gefährten oder Seelenpartner vorzubereiten, doch müssen Sie die wirkliche Arbeit in Ihrem Innern selbst tun. Sie müssen wissen, wonach Sie bei einem Partner suchen, und auch glauben, daß Sie es verdienen, diesen Menschen zu finden. Sie müssen sich erlauben, Ihre alten Wunden zu heilen, und Ihre Angst, verletzt zu werden, aufgeben. Gott will nicht, daß Sie Schmerzen haben, und wenn Sie leiden, wird er Ihnen helfen, dieses Leid zu überwinden. Wir sollten darauf vertrauen und daran glauben, daß wir selbst dann, wenn wir verletzt werden, an dieser Erfahrung wachsen, daß unsere Weisheit zunimmt, wir mehr Mitgefühl entwickeln und liebevoller werden.

Jeder Mensch, der seinen idealen Partner gefunden hat, hat aktiv am Prozeß des Lebens teilgenommen. Ihre Vorbereitungen werden irgendwann auf Gelegenheiten treffen. Sie werden nie genau wissen, wer Ihr idealer Partner sein wird oder wann Sie ihm begegnen werden. Es ist jedoch unwahrscheinlich, daß Sie ihn finden werden, wenn Sie nicht aktiv am Leben teilnehmen. Sie müssen das Leben zelebrieren, indem Sie es wirklich genießen. Wenn Sie das Leben an sich genießen, befinden Sie sich in einem Zustand der Liebe, vertrauen Ihrer Intuition und sind bereit, Risiken einzugehen.

Nichts – außer Steuern zahlen, Atmen und Sterben – ist garantiert. Wenn Sie nicht bereit sind, ein paar Risiken auf sich zu nehmen, sich anderen Menschen zu öffnen oder Gelegenheiten wahrzunehmen, wenn sie sich bieten, dann wird es für andere schwierig sein, sich Ihnen zu nähern, da Sie in einem Zustand der Angst leben. Dann werden Sie Menschen anziehen, die Ihre tatsächlichen Gefühle widerspiegeln und nicht das, was Sie sich wünschen oder zu fühlen glauben.

Ich weiß, die Reise ist nicht leicht. Doch wenn Sie sie als ein Mysterium betrachten und daran glauben, daß Sie den fehlenden Teil finden werden, während Sie die Suche danach genießen, werden im Laufe Ihrer Reise immer wieder Überraschungen und Belohnungen auf Sie warten. Wie Tennyson schreibt: »Es ist besser, geliebt und verloren zu haben, als nie geliebt zu haben.«

*Um das Herz zu schulen,
muß man bereit sein, aus sich herauszugehen und in
liebevollen Kontakt mit anderen zu treten.*

JAMES FREEMAN CLARKE

Weiterführende Literatur

*I*ch habe über viele Jahre hinweg Menschen beraten und ihnen geholfen, das Leben zu führen, das sie sich wünschten. Aus eigener Initiative habe ich nach den besten Möglichkeiten für emotionale und spirituelle Heilung gesucht, damit meine Klienten lernen können, hinzuhören, zu vertrauen und ihrer eigenen Intuition zu folgen. Wenn auch Sie dies tun, können Sie alles in Ihr Leben bringen, was Sie wollen, einschließlich Ihres idealen Partners.

Nachfolgend finden Sie weiterer Bücher, deren Lektüre Ihnen helfen kann, Ihr Wachstum zu beschleunigen:

BACH, RICHARD: *Brücke über die Zeit.* Frankfurt – Berlin: Ullstein 1990

CHOPRA, DEEPAK: *Die sieben geistigen Gesetze des Erfolgs.* München: Heyne 1998

CHOPRA, DEEPAK: *Lerne lieben, lebe glücklich. Der Weg zur spirituellen Liebe.* Bergisch-Gladbach: Lübbe 1998

DEANGELIS, BARBARA: *Männer.* München: Heyne 1995

DEANGELIS, BARBARA: *Wie viele Frösche muß ich küssen?* München: Heyne 1996

GAWAIN, SHAKTI: *Gesund denken. Kreativ visualisieren.* München: Heyne 1994

GEORGIAN, LINDA: *Schutz-Engel.* München: Heyne 1995

GEORGIAN, LINDA: *Unser geistiges Potential.* München: Heyne 1998

GRAY, JOHN: *Mars, Venus und Partnerschaft. Vertrautheit, Nähe und Liebe durch offene Kommunikation.* München: Goldmann 1996

JEFFERS, SUSAN: *Selbstvertrauen gewinnen. Die Angst vor der Angst verlieren.* München: Kösel 1995

KINGMA, DAPHNE ROSE: *Die kleinen Gesten der Liebe. Glücklich sein und glücklich bleiben.* Wessobrunn: Integral 1996

MYSS, CAROLINE: *Geistkörper-Anatomie. Die sieben Zentren und Geist und Heilung.* München: Knaur 1997

Danksagung

Jedesmal, wenn man ein Buch schreibt, kommt es in großem Maße durch die Liebe, Hilfe, Unterstützung und Ermutigung vieler anderer Menschen zustande. Ich möchte an dieser Stelle Jim Anderson dafür danken, daß er immer da war, um mit mir zu beten und mir bei der Erkenntnis half, daß Gottes Plan erfüllt von göttlicher Ordnung ist. Ich danke meinem Rechtsanwalt Eric Cheshire für seine Hilfe auf dem Weg durch das juristische Labyrinth; Irving und Marge Cowan für ihre lebenslange Freundschaft und dafür, daß sie mich und meine Berufung, anderen Menschen zu helfen, von Anfang an unterstützt haben. Mein Dank geht an Nina L. Diamond, eine Lektorin, deren kreative Einsicht immer wieder dafür sorgt, daß alles richtig gemacht wird; an meine Literaturagentin Lynn Franklin, die zudem eine spirituelle Freundin ist, ausgestattet mit Verständnis und Erfahrung, um meine Karriere als Schriftstellerin in die richtigen Bahnen zu lenken. Mein Dank geht an Peter Green, meinen Manager und juristischen Berater, mir hilft, einen kühlen Kopf zu bewahren, damit ich meine Aufgabe erfüllen kann, und an Jocelyn Greenky vom *George*-Magazin, meine wunderbare Freundin und New Yorker Seelenschwester, die immer für mich da ist. Vielen Dank an Brian Hartline, dessen Unterstützung mir bei der Verwirklichung vieler meiner Träume – einschließlich dem Finden meines idealen Partners – geholfen hat, und an meine persönliche Assistentin Diane und ihren Ehemann, Chris Hurst, dafür, daß sie durch Höhen und Tiefen hindurch stets an meiner Seite waren.

Dankeschön geht an Pam Johnson für ihre optimistische Persönlichkeit und die Fähigkeit, sich auf meine Gedanken einzustimmen und mir dabei zu helfen, sie zu Papier zu bringen. Meiner Lektorin bei Schuster & Schuster, Sydny Miner, danke ich für ihre Inspiration beim Aufbau einer idealen Beziehung und dafür, daß sie das Schreiben dieses Buches zu solch einer wunderbaren Erfahrung gemacht hat. Ich danke meinem liebevollen Freund John Nero für die Jahre, in denen er mein irdischer Engel war; Sandra und Patti Post, meiner Schwester und meiner Nichte, für ihren unermüdlichen Beistand und ihren Glauben an meine Fähigkeiten; meinem Hypnotherapeuten Frank Rocco dafür, daß er immer ein offenes Ohr für mich hatte und mir dabei half, meinen idealen Partner zu finden. Jim Ryan danke ich dafür, daß er mein idealer Partner ist, meinem Neffen Daniel Silagy für seine unschätzbare Hilfe bei allem, was mit Web-Seiten zu tun hat, und seiner Frau Deborah für ihre Fähigkeit, diese Technik für die Schaffung ihrer vollkommenen Beziehung anzuwenden und auf diese Weise andere zu inspirieren. Vielen Dank an Curtis Skoda, mein Bruder im Geiste, mein besonderer Engel, der viele Jahre lang an meiner Seite war und mir stets bei all dem geholfen hat, was ich nicht allein tun konnte.

Mein Dank geht auch an Masanori Sugiura, meinen guten Freund und meine Verbindung zu Japan, der mir eine zuverlässige Hilfe war und immer noch ist, meine Aufgabe in Japan zu erfüllen; Mr. Yamasaki und seinen Mitarbeitern danke ich dafür, daß sie mich wie eine liebevolle Familie aufnehmen, wann immer ich in Japan bin, und auch für ihre unermüdliche Hilfe bei allen persönlichen und beruflichen Angelegenheiten.

Mein tief empfundener Dank geht an meine verstorbene Mutter, Marie Georgian Simmons, die mich nach wie vor führt, die mir ihre Fähigkeit der außersinnlichen Wahrnehmung geschenkt hat und die *die* Inspiration meines Lebens war; und an meinen verstorbenen Vater, Anthony Georgian, der mich immer geliebt und unterstützt hat. Ich weiß, daß sie ihre ideale Beziehung auch im Jenseits weiterführen. Besonders möchte ich noch meinen Hunden danken, den beiden Pekinesen Smarty und Star, daß sie mich bei guter Laune gehalten und mir soviel Freude bereitet haben. Und schließlich danke ich Gott, Jesus, den Engeln und den Heiligen, daß sie mir das Geschenk gemacht haben, anderen Menschen helfen zu dürfen.

HEYNE BÜCHER

Engel

Pietro Bandini
Die Rückkehr der Engel
Von Schutzengeln, himmlischen
Boten und der guten Kraft,
die sie uns bringen
13/9771

Terry Lynn Taylor
Die Engel waren zur Stelle
13/9802

Geoffrey James
Engelszauber
13/9810

Paola Giovetti
Engel
08/9634

Linda Georgian
Schutz-Engel
13/9668

Dorothy Maclean
**Du kannst mit
Engeln sprechen**
13/9722

Robert C. Smith
Schutzengel und Heilengel
13/9728

Rosemary Ellen Guiley
Robert Michael Place
Tarot der Engel-Mächte
Tarot-Deck mit 78 Karten
und Begleitbuch
13/9774

Gayan S. Winter
Schutzengel-Tarot
13/9807

13/9771

HEYNE-TASCHENBÜCHER